Political Economy

政治经济学研究

2018年第1辑

中国《资本论》研究会◇编

胡家勇◇主编

中国社会科学出版社

图书在版编目（CIP）数据

政治经济学研究.2018年.第1辑/胡家勇主编.—北京：
中国社会科学出版社，2018.10
ISBN 978-7-5203-3674-1

Ⅰ.①政… Ⅱ.①胡… Ⅲ.①政治经济学—研究②中国
经济—研究 Ⅳ.①F0②F12

中国版本图书馆CIP数据核字（2018）第266188号

出 版 人	赵剑英	
责任编辑	卢小生	
责任校对	周晓东	
责任印制	王 超	

出　　版	中国社会科学出版社
社　　址	北京鼓楼西大街甲158号
邮　　编	100720
网　　址	http://www.csspw.cn
发 行 部	010-84083685
门 市 部	010-84029450
经　　销	新华书店及其他书店
印　　刷	北京明恒达印务有限公司
装　　订	廊坊市广阳区广增装订厂
版　　次	2018年10月第1版
印　　次	2018年10月第1次印刷
开　　本	710×1000 1/16
印　　张	14.5
插　　页	2
字　　数	236千字
定　　价	60.00元

目　录

《共产党宣言》《资本论》与新时代中国特色社会主义一脉相承

胡 钧

摘要 马克思主义自诞生之日起，就成为人类社会发展的指路明灯，《共产党宣言》是科学社会主义诞生的标志，《资本论》标志着科学社会主义的完成，习近平中国特色社会主义思想标志着科学社会主义在中国的成功。在近代中国处于内忧外患民族危亡境地，中国先进分子断然选择了马克思主义，建立了中国共产党。从此，中国人在精神上就由被动转入主动，中国革命面貌为之一新。今天，我们必须毫不动摇地坚持和发展中国特色社会主义，同时面对进入新时代这一现实，也必须从思想观念理论认知上进行重大调整。

关键词 科学社会主义诞生 完成 成功 革命面貌

2018年5月5日是马克思诞辰200周年，今年还是标志着马克思主义诞生的《共产党宣言》（以下简称《宣言》）发表170年；去年又是马克思主义的伟大经典著作《资本论》第一卷发表150年。在这个重要的历史节点上，全世界信仰马克思主义的人都隆重地举行纪念活动，最好的纪念就是认真学习马克思主义基本理论这门必修课，坚持和发展21世纪马克思主义、当代马克思主义，将共产主义事业进行到底。

今天，共产主义事业的后继者正在将马克思主义的基本原理与自己面临的实际结合起来，形成实际运动的指导思想，它在中国的现实形式就是习近平新时代中国特色社会主义，它就是将《宣言》《资本论》等所阐述的基本原理与当今中国的实际相结合形成的马克思主义中国化的新的一脉

［作者简介］胡钧，中国人民大学经济学院教授、博士生导师。

相承的伟大理论。为了给予新时代中国特色社会主义以科学论证，有必要追根溯源，追寻到马克思主义的经典著作《宣言》与《资本论》所阐述的基本原理及其与中国的实际相结合形成的马克思主义中国化的不断深入的发展过程。

一　在《宣言》的指引下建立了中国共产党，是"开天辟地的大事变"

《宣言》是马克思、恩格斯为世界上第一个共产党——共产主义者同盟撰写的党纲，它以极其精练的文字和篇幅阐述了科学社会主义的重要的基本原理，并且作为公之于世的党的基本理论和指导实践的纲领，从此开创了世界历史的新纪元。马克思主义的诞生和欧洲初期的共产主义运动，不仅在全世界树立起了一面马克思主义旗帜，而且成为全世界无产阶级团结奋斗的精神支柱。1917 年俄国发生的十月革命，使科学社会主义由理论运动变为实践的制度形态。而且，在 1919 年成立的列宁领导的第三国际，极大地促进了国际共产主义运动的展开和深入。十月革命的炮声使苦苦求索救国救民思想和道路的中国先进分子像久旱的禾苗得到了雨露阳光。在以《宣言》为代表的最初翻译介绍到中国的马克思主义经典著作的指引下和共产国际的帮助下，建立了中国共产党，这是"开天辟地的大事变"。

为什么《宣言》和马克思主义能迅速被中国人民所接受，成为建立中国共产党的指导思想，并能够迅速开创出一片新天地。这是我国社会根本制度要求变革的需要所决定的。

中国是世界上唯一延续五千年文明不断的国家和民族，明末之前，在物质文明和精神文明上都立于世界文明大厦的顶端。由于它的文明形态坚固持久，新的生产力和生产关系难以萌生和发展，而新的资本主义制度在落后黑暗的中世纪的欧洲却容易破土萌生、迅速发展。中国落后了，落后就会挨打。1840 年开始的鸦片战争，使中国逐渐沦为半封建半殖民地。

面对西方列强的坚船利炮，中国人民的优秀分子和仁人志士不乏反抗和斗争，且不说义和团的扶清灭洋、洋务运动的"师夷长技以制夷"、戊戌变法，直到辛亥革命推翻了封建王朝。反帝反封建的革命并没有成功。

这时的反帝反封建面临着三种前途和道路的选择：

一是重复历史上的改朝换代，要么是戊戌维新主张的君主立宪，要么是袁世凯的复辟帝制。前者已经过气。袁世凯却大张旗鼓地复辟帝制，为了显示其传承道统、奉天承运的合法性，1913 年 6 月袁世凯发表了"尊孔令"，鼓吹"孔子博大"。1914 年，袁世凯又发布《尊圣告令》，通告在全国举行"祀孔典礼"。主张变法维新的康有为还提出立孔教为"国教"。

二是资产阶级领导的旧民主主义革命。先是辛亥革命，后来是"反袁"的二次革命。为了抵制袁世凯复辟，为了继续进行反帝反封建的斗争，他们提出"反传统、反孔教、反文言"的口号，主张"民主与科学"。这时，西方的各种新思潮、新运动纷至沓来，自由主义的自由平等博爱、无政府主义、进化论、天赋人权、教育救国、科技救国，等等，不一而足。晚年的孙中山领导的国民党，主张新三民主义，联俄联共，扶助农工。但 1927 年，蒋介石背叛革命，重新祭起尊孔复辟，表明旧民主主义革命是没有出路的。

三是马克思主义在辛亥革命之前已传入中国。起初，它是作为众多新思潮之一，混杂在蜂拥而至的西方思潮中，并没有引起人们的重视。就在如火如荼的新文化运动和五四运动中，传来了俄国"十月革命"的炮声，给中国送来了马克思列宁主义，使中国的先进分子看到了新的希望和依靠力量，毅然转向了马克思主义和十月革命道路。

李大钊在《我的马克思主义观》中指出："自俄国革命以来，马克思主义几有风靡世界的势子。德、奥、匈诸国的社会革命相继而起，也都是奉马克思主义为正宗。"① 在文章中比较系统地介绍了马克思的学说。

转到马克思主义的先进分子越来越多。李达在《马克思还原》中指出："马克思的社会主义，已经在俄国完全实现了。"同盟会最早的会员之一吴玉章回忆道："处在十月革命和五四运动的伟大时代，我的思想上不能不发生非常激烈的变化。当时我的感觉是：革命有希望，中国不会亡，要改变过去革命的办法。"② 正如毛泽东在《唯心历史观的破产》一文中所说的："一九一七年的俄国革命唤醒了中国人，中国人学得了一样

---

① 《李达文集》第 1 卷，人民出版社 1980 年版，第 30 页。
② 《回忆五四前后我的思想转变》，《吴玉章回忆录》，中国青年出版社 1978 年版，第 112 页。

新的东西，这就是马克思列宁主义。中国产生了共产党，这是开天辟地的大事变。孙中山也提倡‘以俄为师’，主张‘联俄联共’。总之是从此以后，中国改换了方向。”“马克思列宁主义来到中国之所以发生这样大的作用，是因为中国的社会条件有了这种需要，是因为同中国人民革命的实践发生了联系，是因为被中国人民所掌握了。任何思想，如果不和客观的实际事物相联系，如果没有客观存在的需要，如果不为人民群众所掌握，即使是最好的东西，即使是马克思列宁主义，也是不起作用的。我们是反对历史唯心论的历史唯物论者。……自从中国人学会了马克思列宁主义以后，中国人在精神上就由被动转入主动。”① 正是在这种主动精神的作用下，开始了将马克思列宁主义与中国实际相结合的马克思主义中国化的伟大征程。

中国共产党人的代表毛泽东一生对《共产党宣言》（以下简称《宣言》）情有独钟。他说，1920 年，我第一次看到了《宣言》《阶级斗争》《社会主义史》这三本书，就“特别深刻地铭记在我的心中，使我树立起对马克思主义的信仰。我接受马克思主义，认为它是对历史的正确解释，以后，我一直没有动摇过。”“到了一九二〇年夏天，我已经在理论上和在某种程度的行动上成为一个马克思主义者，而且从此我也自认为是一个马克思主义者。”② 据统计，《宣言》是毛泽东读的次数最多的书，这本书十分深刻地影响了他的一生。早在 1939 年年底他就说过：《宣言》我看了不下一百遍；每阅读一次，我都有新的启发。③ 在延安时期，他还说过：“遇到问题，我就翻阅马克思的《共产党宣言》，有时只阅读一两段，有时全篇都读。”“要学马克思主义经典著作，要精读，读了还要理解它，要结合中国国情，结合自己的工作实践去分析、去探索、去理解。理论和实践结合了，理论就会是行动的指南。”“我写《新民主主义论》时，《宣言》就翻阅过多少次。读马克思主义理论就在于应用，要应用就要经常读，重点读。”④ 毛泽东之所以这么重视读《宣言》，读马克思主义经典著作，就是因为它有用。

---

① 《毛泽东选集》（一卷本），人民出版社 1964 年版，第 1518—1519 页。
② 《一个共产党员的经历》，载《毛泽东一九三六年同斯诺的谈话》，人民出版社 1979 年版。
③ 《缅怀毛泽东》上册，中央文献出版社 1993 年版，第 400 页。
④ 同上书，第 400—401 页。

马克思在《〈黑格尔法哲学批判〉导言》中指出："理论在一个国家实现的程度，总是决定于理论满足这个国家的需要的程度。……理论需要是否会直接成为实践需要呢？光是思想力求成为现实是不够的，现实本身应当力求趋向思想。"① 理论与实践的关系是双向的，客观实践需要这种理论是前提，有了这种理论，就要用于指导实践，使实践趋向理论。

人们常常提出这样的问题：中国优秀传统文化没有能为我国的社会制度根本变革提供思想武器，它却有时被维护旧社会制度的反进步力量所利用。这是为什么？

中华优秀传统文化是中国传统社会形成和发展起来的博大精深的文化体系，它融合各家思想精华，是各民族共同创造的文化，是中华民族认识世界的智慧结晶，包含着丰富的精神财富。中国优秀文化主要内容是价值观、伦理道德观、人生观等，在这方面，经历千百年不断锤炼，形成了"修齐治平""厚德载物""仁者爱人"等为特征的传统道德观，并在此基础上形成了天下为公的大同思想。这些价值观主要基于人类社会得以生存和发展的底线条件，这类价值观全人类有共同性。

由于中国是几千年封建专制统治的农业社会，物质生产方式和社会制度长久停滞不变。马克思就曾这样描述过："这种公社的简单的生产有机体，为揭示下面这个秘密提供了一把钥匙：亚洲各国不断瓦解、不断重建和经常改朝换代，与此截然相反，亚洲的社会却没有变化。这种社会的基本经济要素的结构，不为政治领域中的风暴所触动。"② 在这样的社会物质环境中，优秀传统文化中不可能产生变革根本社会制度的思想。关于根本社会制度的革命思想只能在当时生产力迅速发展和生产关系急剧变革的客观环境中才能产生。

正处于要求改变根本社会制度境况下的我国先进分子，马克思的科学社会主义著作《宣言》一经传入，立即就掌握了我国的先进分子，武装了他们的头脑，成为进行社会革命的思想武器。其原因有以下五个方面：

第一，《宣言》抛弃了"人的本质异化复归""共产主义是人道主义的实现"，这类历史唯心主义的人本主义的历史观，将自己的社会主义建立在唯物史观的科学基础上，运用生产力与生产关系的矛盾运动，阐明了

---

① 《马克思恩格斯选集》第一卷，人民出版社 1995 年版，第 11 页。
② 《资本论》第一卷，人民出版社 2004 年版，第 415 页。

当前人类社会的发展规律，树立起社会革命的根据、方向和胜利的信心。

第二，阐明了实现社会革命的社会力量是无产阶级。"资产阶级不仅锻造了置自身于死地的武器；它还产生了将要运用这种武器的人——现代的工人，即无产者。""无产者组织成为阶级，从而组织成为政党"。"资产阶级的灭亡和无产阶级的胜利是同样不可避免的。"①

第三，阐述了共产主义革命的彻底性。"共产主义革命就是同传统的所有制关系实行最彻底的决裂；毫不奇怪，它在自己的发展进程中要同传统的观念实行最彻底的决裂。"

第四，指明了革命的具体步骤和新社会制度的社会形式的基本特征。"工人革命的第一步就是使无产阶级上升为统治阶级，争得民主。无产阶级将利用自己的政治统治，一步步地夺取资产阶级的全部资本，把一切生产工具集中在国家即组织成为统治阶级的无产阶级手里，并尽可能快地增加生产力的总量。"②"代替那存在着阶级和阶级对立的资产阶级旧社会的，将是这样一个联合体，在那里，每个人的自由发展是一切人的自由发展的条件。"

第五，阐述了共产主义运动是绝大多数人的。为着绝大多数人谋利益的运动，这就是以人民为中心、全心全意为人民服务的思想。"共产党人为工人阶级的最近的目的和利益而斗争，但是他们在当前的运动中同时代表运动的未来。"③

列宁指出："这部著作以天才的透彻而鲜明的语言描述了新的世界观，即把社会生活领域也包括在内的彻底的唯物主义、作为最全面最深刻的发展学说的辩证法以及关于阶级斗争和共产主义新社会创造者无产阶级肩负的世界历史性的革命使命的理论。"④ 马克思、恩格斯在《宣言》的 1872 年德文版序言中指出，"不管最近 25 年来的情况发生了多大的变化，这个《宣言》中所阐述的一般原理整个说来直到现在还是完全正确的。……这些原理的实际运用……随时随地都要以当时的历史条件为转移"。⑤

无论是当时新兴的中国共产党，还是发展到现在 8000 多万党员、已

---

① 《马克思恩格斯选集》第一卷，人民出版社 1995 年版，第 284 页。
② 同上书，第 293 页。
③ 同上书，第 306 页。
④ 《列宁专题文集·论马克思主义》，人民出版社 2009 年版，第 5 页。
⑤ 《马克思恩格斯选集》第一卷，人民出版社 1995 年版，第 248 页。

有97年历史的中国共产党，始终是从实际出发运用《宣言》阐述的基本原理。习近平新时代中国特色社会主义依然是不忘初心，牢记使命，继续沿着《宣言》的思想前进。

二 《资本论》完成了社会主义从空想到科学的发展

正确的思想是从哪里来的呢？只能从实践中来。毛主席说："我们的脑子是个加工厂。"

我国长期处在封建社会，那时社会的精英不关注和研究物质生产问题，生产力很落后，长期都是手工劳动，使用手工工具，从事个体劳动，物质生产发展的停滞状况也致使社会生产关系长久停滞，社会制度难以发生根本性的变革。在这种环境中，不可能产生关于人类社会历史发展的革命性变革的深刻认识。人类社会发展规律的认识不可能从天上掉下来，也不可能从人的头脑里凭空生出来，它只能植根于客观现实。这是在我国传统文化中不具有这方面见解的根本原因。

马克思关于唯物主义历史观的创建来源于客观世界生产力与生产关系剧烈变动的现实和激烈的阶级斗争的实践。

资本主义的产业革命。18世纪中期，机器的发明和使用大大提高了劳动生产率，纺织机的发明、纺织厂的建立，以及随后动力机器开始大量使用，由水力织布机到蒸汽纺纱机，蒸汽发动机的采用，为整个工业部门提供了强大的原动力。根据恩格斯在《英国状况十八世纪》一文中所说，"1833年不列颠王国生产了1026400万绞纱，其总长度在50亿英里以上，印染了35000万伊尔棉织品，当时有1300家棉纺织工厂在进行生产，在工厂劳动的纺工和织工有237000人"。① 社会物质生产的现实发展，马克思对此做了科学的概括。马克思确定生产力和生产关系的概念，以及两者间的发展关系的科学认识，并由此得出如下结论："社会关系和生产力密切相连。随着新生产力的获得，人们改变自己的生产方式，随着生产方式即谋生的方式的改变，人们也就会改变自己的一切社会关系。手推磨产生

---

① 《马克思恩格斯选集》第一卷，人民出版社1995年版，第29—30页。

的是封建主的社会，蒸汽磨产生的是工业资本家的社会。"① 马克思、恩格斯在《宣言》中这样概括说："生产的不断变革，一切社会状况不停的动荡，永远的不安定和变动，这就是资产阶级时代不同于过去一切时代的地方。"②

当然，不是说马克思主义的产生离开了世界文明发展的大道，恰恰相反，人类在 19 世纪所创造的优秀成果——德国的古典哲学、英国的古典政治经济学和法国的空想社会主义，为马克思的学说建立提供了丰富的思想资料。

《宣言》标志着科学社会主义的诞生。这里完全是在生产力与生产关系矛盾运动这个人类社会历史发展的一般规律的基础上得出资本主义必然灭亡和共产主义必然胜利的结论的。共产主义不再被看作是人们对未来的美好愿望，也不再被看作是人的本质异化的复归，或人道主义的实现，而是看作是资本主义生产关系下发展起来的巨大生产力的客观要求。人类不想在生产力与生产关系的矛盾中陷入毁灭，就必然要求消灭资本主义制度。而实践变革资本主义制度的社会力量只能是与社会化大生产相联系的无产阶级。无产阶级是消灭资本主义制度的主要领导力量，在无产阶级领导下消灭阶级本身，全人类获得解放。

但是，还应该看到，《宣言》还不能说是科学社会主义的完成。《宣言》虽然根据唯物主义历史观得出资本主义必然被社会主义所代替。但有两点还需要充实：一是唯物主义历史观关于人类社会发展一般规律只是提出了，为使它更有说服力，还必须对它做实证性论证；二是资本主义必然灭亡还需要具体地论证。仅仅靠揭露它的弊病和有害后果是不够的，还必须真正理解它。正如恩格斯所指出的，"不能说明这个生产方式，因而也就制服不了这个生产方式"。③

马克思在《宣言》中还不能说已经说明了资本主义生产方式，因为这时马克思还没有创建自己的科学劳动价值理论，更没有创建剩余价值理论，还并不清楚资产阶级剥削是怎么回事，它是怎样产生的。例如，《宣言》把雇佣工人的地位日趋恶化看作他们自相竞争的结果，因而用劳动者的联合来解决，那是改变不了无产阶级的基本状况的。因为它是由资本

---

① 《马克思恩格斯选集》第一卷，人民出版社 1995 年版，第 141—142 页。
② 同上书，第 275 页。
③ 《马克思恩格斯选集》第三卷，人民出版社 1995 年版，第 740 页。

主义社会的经济运动规律所决定的。因此，恩格斯指出："问题在于：一方面应当说明资本主义生产方式的历史联系和它在一定历史时期存在的必然性，从而说明它灭亡的必然性，另一方面应当揭露这种生产方式的一直隐藏着的内在性质。这已经由于剩余价值的发现而完成了。"①

所以，只有人类社会发展的一般规律的认识，还不能完成科学社会主义理论的建立，还必须有一定社会的特殊运动规律的认识，这有赖于剩余价值规律来揭示。这个规律的阐明具有极其重大的意义。恩格斯说："这个问题的解决是马克思著作的划时代的功绩。它使明亮的阳光照进了经济学领域，而在这个领域中，从前社会主义者像资产阶级经济学家一样曾在深沉的黑暗中摸索。科学社会主义就是以此为起点，以此为中心发展起来的。"②

剩余价值生产规律的阐述是马克思在《资本论》中完成的。

恩格斯说，"这两个伟大发现——唯物主义历史观和通过剩余价值揭开资本主义生产的秘密，都应归功于马克思。由于这些发现，社会主义变成了科学"。③ 在《宣言》中，马克思虽然运用唯物主义历史观的方法，批判了资本主义，并指明它从发展生产力的形式变为生产力发展的桎梏，所以，随着生产的发展，它必然趋向灭亡，必然为共产主义所代替。这种批判还主要针对资本主义的有害后果，如阶级的对抗、周期爆发的商业危机等。但是，由于马克思这时还没有掌握劳动价值论和剩余价值论，因而对资本主义剥削是怎么回事，是怎么产生的还并不清楚。

马克思在出版《宣言》后，深感自己对资本主义生产方式认识还不够深刻，因此，他把主要精力用在研究政治经济学上，在批判资产阶级政治经济学的基础上，深刻地研究了资本主义制度的实际发展过程，完全弄清了资本主义生产方式的内部结构和全部运动规律，深刻地指明了资本主义为社会主义所代替的历史必然性。

《资本论》是科学社会主义理论完成的标志，所以，恩格斯把《资本论》称作社会主义著作。《资本论》创立和全面论述了剩余价值理论，它是理解全部资本主义生产的钥匙，用它可以打开资本主义生产方式的内部结构的大门，使人们深刻地洞悉资本主义生产方式的全部秘密和它的经济

---

① 《马克思恩格斯选集》第三卷，人民出版社 1995 年版，第 740 页。
② 同上书，第 548 页。
③ 同上书，第 366 页。

运动规律。理解了这些，就可以使人们把握该生产方式深层的、内在的、不可克服的矛盾和矛盾解决的途径，以及实现变资本主义为社会主义的社会力量。从此，共产主义不再被看作天才人物善良愿望的设想，而是资本主义生产方式自身发展的必然结果。这一点是树立坚定的共产主义远大理想最可靠的依据。

《资本论》首先创立了科学的劳动价值论，阐明劳动是价值的唯一源泉。特别是阐明了什么是劳动创造价值，劳动为什么采取物的价值的形式。在这个基础上，揭示了价值采取货币这种物的形式的必然性。

在一定的历史条件下，少数人垄断占有大量的货币财富，而大量劳动者被剥夺了全部生产资料，在这种条件下，劳动者为了生存，只有靠出卖自己的唯一财产——劳动力，垄断占有货币财富的资产者，就通过购买大量的生产资料和劳动力，使两者结合起来，从事商品生产。这样，货币就转化为资本，占有生产资料的人变为资本家，劳动者变为雇佣工人。

马克思揭示了资本主义剥削是怎么回事。资本家按劳动力商品的价值购买来劳动力并入物质生产进程，从而创造出新价值。劳动力的价值与他在生产过程中创造的新价值是不同的，后者大于前者，这中间的差额，就归资本家占有，即剩余价值。所以，资本主义剥削的实质就是资本家无偿占有雇佣工人的剩余劳动。

资本主义这个剩余价值生产过程并不是资本家用暴力强制或用欺骗手段进行的，而是商品生产过程发展的合乎规律的过程。有人说，剩余价值完全是由工人创造的，资本家无偿占有它是"不合理的"。马克思对此做了严厉的批判说：这个蠢汉偷偷地塞给我这样一个论断：只是由工人生产的"剩余价值不合理地为资本主义企业主所得"。然而，我的论断完全相反：商品生产发展到一定的时候，必然成为"资本主义的"商品生产，按照商品生产中占统治地位的价值规律，"剩余价值"归资本家，而不归工人。① 这是因为劳动力作为商品卖给资本家后，劳动过程已经属于资本家，按商品交换规律卖出的商品使用权已经归资本家，所以它创造的剩余价值也就归资本家所有。马克思在这里揭示剩余价值生产不是政治暴力的强制结果，也不是欺骗，而是经济规律作用的结果。

剩余价值生产是资本主义生产的直接目的和决定性动机，剩余劳动采

---

① 《马克思恩格斯全集》第 19 卷，人民出版社 1963 年版，第 428 页。

取剩余价值形式，因而追逐它的欲望就是无限的，它构成资本主义生产方式发展的根本动力，决定着资本主义生产的一切主要方面和一切主要过程，它是理解资本主义内在结构的关键，是资本主义生产的基本经济规律，它决定了资本主义全部经济运动规律的产生和作用。

增加剩余价值生产的方法，初期主要是靠绝对延长工作日，这叫作绝对剩余价值，此后占主导地位的是依靠改进技术设备，提高劳动生产率，在既定的工作日内缩短必要劳动时间，相对地延长剩余劳动时间，这叫作相对剩余价值的生产方法。

为了追逐相对剩余价值，资本家必然要不断扩大资本积累，用更先进的技术装备企业，更快地提高劳动生产率。这种活动的结果，就使资本的有机构成不断提高，引致企业把资本投在技术设备的优化上，用在购买劳动力上的可变资本相对减少，这就在全社会范围内形成相对过剩人口，这个过剩人口压迫工人不敢提出更高工资要求。劳动力价值成为工资增加的最高线。这样发展的趋势，就只能是财富在资本家阶级一端积累，贫困在雇佣工人阶级一端积累，导致阶级利益对立日益尖锐。因此，《资本论》揭露了资本主义积累的一般的绝对规律。马克思不再用工人自相竞争来说明无产阶级社会经济地位日益趋向下降这种现象了。这个规律也说明了资本主义社会中生产与消费之间处于对抗性矛盾的根源。

资本家追逐剩余价值的无限欲望迫使他拼命扩大资本积累，由于资本积累必然导致资本有机构成不断提高，越来越大的部分不得不投在不变资本上，投在技术设备改进上，劳动生产率的提高也越来越更大程度上依靠技术革新，这种现实在人们的观念上日益把剩余价值的来源归于全部预付资本上，这是一种假象，但这种假象却在观念上造成剩余价值采取了利润这种转化形式，即利润被规定为全部预付资本的产儿。这虽是假象，但这个范畴对资本主义制度来说是很重要的。剩余价值到利润的转化不是一个名词上的改变，而是表现着调节资产阶级间关系的变化。这时，资本主义企业主计算它的经营成果时，不再是看本企业创造剩余价值多少，而是比较投入资本获得的利润多少，也就是比较本企业投资的利润率的高低。马克思说："一种新的生产方式，不管它的生产效率有多高，或者它使剩余价值率提高多少，只要它会降低利润率，就没有一个资本家愿意采用。""①

剩余价值转化为利润就必然导致利润转化为平均利润，导致一般利润率的形成，每个资本家根据投入的资本量参与全社会剩余价值总量的分配。这是一般利润率的规律，这个规律的实现是借助商品交换原则，不再是按价值而是改为按成本价格加平均利润决定的价格——生产价格进行。这样，同量资本就得到同量利润。这种关系的建立提高了资本家扩大资本积累的积极性，推动增加积累的冲动。

影响资本主义制度命运的要害是平均利润率趋向下降的规律。资本积累越快，必然导致劳动生产率的更快提高，依照价值规律，劳动生产率提高，单个商品价值中含有的活劳动量就相对减少，转移的价值部分越来越大，这就必然导致利润率的下降，利润率下降，只是劳动生产率提高的一种表现。

马克思在《资本论》中揭示了对资本主义极为重要的平均利润率趋向下降的规律后，随即揭露了这个规律中包含的对资本主义致命的一系列的内在矛盾，这些矛盾包括生产与消费、生产与流通之间的矛盾，而更为深层的矛盾是资本主义制度中的生产目的和达到目的的手段之间的对抗性矛盾。资本主义生产的根本目的，是追求利润率的最大化，而达到和实现目的的手段：技术进步和提高劳动生产率，却导致利润率的下降和资本价值的贬值。《资本论》还揭露了另一对对资本主义生产方式具有极大威胁的矛盾，即资本过剩和人口过剩同时并存的矛盾。上述这些矛盾充分暴露出资本主义生产方式的过渡性、暂时性，它只能通过破坏生产力和阻碍劳动生产率提高来发展。这就决定了这种生产方式只能无可挽回地走向没落。马克思在深刻地阐述了一般利润率下降的规律后，得出了他的最终结论，他指出："它（资本主义生产方式——引者注）的历史使命是无所顾忌地按照几何级数推动人类劳动的生产率的发展。如果它像这里所说的那样，阻碍生产率的发展，它就背叛了这个使命。它由此只是再一次证明，它正在衰老，越来越过时了。"②

马克思在剩余价值理论的基础上阐明了资本主义生产方式的内在结构和从资本主义积累的绝对的一般规律到一般利润率趋向下降的规律，这是

---

① 《资本论》第三卷，人民出版社 2004 年版，第 294 页。
② 同上书，第 292 页。

资本主义生产方式必然灭亡的最深刻的论证，这为人们树立共产主义远大理想信念提供了最可靠的证据，共产主义代替资本主义的必然性，才具有了最大的说服力，由此，马克思完成了社会主义从空想到科学的转变过程。

三 科学社会主义的成功

社会主义100年来从空想走向科学，在实践中，从一国胜利走向多国的发展，经历了艰难探索的道路，中国特色社会主义道路取得了成功，而且焕发出蓬勃生机和活力，这证明了科学社会主义的巨大生命力和胜利的必然性。

习近平总书记在学习党的十九大精神研讨班上的讲话中说："中国特色社会主义不是从天上掉下来，而是在改革开放40年的伟大实践中得来的，是在我们党领导人民进行伟大社会革命，领导人民进行伟大社会革命97年的实践中得来的，是在近代以来中华民族由衰到盛170多年的历史进程中得来的。"习近平同志还指出，这是"科学社会主义在中国的成功"，这就是说，这些成绩都是在马克思主义的科学社会主义理论指导下取得的。所以，"它对马克思主义、科学社会主义的意义、对世界社会主义的意义，是十分重大的"。

党的十九大把习近平新时代中国特色社会主义思想确立为党必须长期坚持的指导思想。这一崭新的理论，是全国人民为实现中华民族伟大复兴中国梦而奋斗的行动指南，它深刻地回答了新时代坚持和发展什么样的中国特色社会主义、怎样坚持和发展中国特色社会主义的重大问题。

党的十九大报告的鲜明主题，是要求人们坚定走中国特色社会主义道路的理想信念，这像一条红线贯穿全文。中国特色社会主义是改革开放以来党的全部理论和实践的主题，是党和人民历尽千辛万苦、付出巨大代价取得的根本成就，中国特色社会主义道路是实现社会主义现代化、创造人民美好生活的必由之路，中国特色社会主义理论体系，是指导党和人民实现中华民族复兴的正确理论，中国特色社会主义制度是当代中国发展进步的根本保障，中国特色社会主义文化是激励全党全国各族人民奋勇前进的伟大精神力量。

党的十九大报告要求全党更加自觉地增强道路自信、理论自信、制度自信、文化自信，既不走封闭僵化的老路，也不走改旗易帜的邪路，保持政治定力，始终坚持发展中国特色社会主义。在 2018 年 1 月 5 日召开的中央委员会成员和省部级领导干部的学习贯彻党的十九大精神研讨班上，习近平同志在讲话中又特别强调领导干部对一些重大理论和实践问题进行思考和把握时，要"做到坚持和发展中国特色社会主义要一以贯之"，这就要求我们不能因为成就而骄傲，不能遇到障碍而转向动摇，坚定道路自信，夺取新时代中国特色社会主义的伟大胜利，成为当今世界社会主义振兴的鲜明旗帜。为帮助广大领导干部坚定地高举新时代中国特色社会主义伟大旗帜，党的十九大报告特别强调："全党要更加自觉地坚持党的领导和我国社会主义制度，坚决反对一切削弱歪曲否定党的领导和我国社会主义制度的言行。"

为了用新时代中国特色社会主义思想武装全党，使他们真懂、真信，坚定不动摇，最关键的还在于树立对共产主义远大理想的坚定信念，只有确信资本主义必然灭亡，共产主义必然胜利这一科学社会主义真理，才能正确理解什么是中国特色社会主义的内涵。

有的人对中国特色社会主义的理解不准确，有的人在中国特色社会主义的认识上片面强调了"中国特色"方面，把鼓励支持私有经济的发展、利用市场经济这些社会主义初级阶段的特殊现象，当作主要内容，并看作用来替代科学社会主义基本原则的，而且会永远存在的事物，这种认识实际上否定了社会主义的根本制度，这些错误观点显然不符合中国特色社会主义制度的本质，把社会主义初级阶段存在的某些经济现象当作我们社会主义经济发展的最终目标。针对这些错误认识，党的十九大报告特别强调指出："共产主义远大理想和中国特色社会主义共同理想是中国共产党人的精神支柱和政治灵魂，是保持党的团结统一的思想基础，要把坚定理想信念作为党的思想建设的首要任务——做共产主义远大理想和中国特色社会主义共同理想的坚定信仰者和忠实实践者。"

从当前的思想现实状况看，共产主义远大理想的确立，对很多人来说，还是需要一个更长的过程，他们往往对资本主义必然灭亡这一点心存怀疑，例如，有的人对复杂的现实情况缺乏识别能力，他们把资本主义的负面表现解释成为积极的正面作用，把资本主义全面生产过剩危机的破坏力不是看作资本主义私有制必然被社会主义所代替的证明，而是看作资本主义有自我调节功能的表现，把危机的周期性爆发看作资本主义的自我修复能力还很强，还有人把一些发达国家一定阶段实行一定福利制度，看作较社会主义优越的表现，把发达资本主义国家至今还仍然占领着科学技术进步的高地说成是社会主义制度还不如资本主义制度。

这表明资产阶级意识形态影响还很深，这些旧观念在意识中的消除需要我们做更多的工作。彻底清除它可能依赖于中国特色社会主义取得更大的成就，在政治、经济、社会、文化、生态各个方面，都最大限度地超越发达资本主义国家，这些国家的衰败趋势更加明显，金融垄断资本寄生性、腐朽性进一步暴露。另外，要依靠马克思主义理论的学习，用马克思主义关于人类社会历史发展一般规律的知识特别是用马克思主义科学社会主义理论，如《宣言》《资本论》中关于资本主义生产方式只是历史上的一种过渡形式，必然要为社会主义制度所代替的深刻理论分析武装人们的头脑，在这方面，我们理论工作者还需要做许多艰辛的工作。理论工作者本身应能彻底理解清楚科学社会主义的基本理论，真学、真懂、真信，并且原原本本地传播给广大的学生和干部，使他们坚定地树立中国特色社会主义的信心。这是理论工作者的一件紧迫的战斗任务。如习近平同志最近在中共中央政治局学习会上的讲话中所要求的："广大党员干部特别是高级领导干部要学好用好《共产党宣言》等马克思主义经典著作，坚持学以致用，用以促学，原原本本学，熟读精思，学懂悟透，熟练掌握马克思主义立场观点方法，不断提高马克思主义理论素养。——要深化经典著作研究阐释，推进经典著作宣传普及，让理论为亿万人民所了解所接受，画出最大的思想同心圆。"

关于资本主义私有制的弊端，空想社会主义者从他的创始者的著作《乌托邦》就进行了严峻的批判，提出消灭私有制，建立公有制主张，以后的空想社会主义者圣西门、傅立叶、欧文都对资本主义私有制进行了无情的揭露，但他们的思想宣传，都丝毫没有能够触动资本主义制度。只有建立起历史唯物主义，在此基础上创立的马克思主义科学社会主义，才真正深刻地揭示了资本主义社会的经济运动规律，阐明了资本主义生产关系怎样从生产力的发展方式变成为生产力进一步发展的桎梏，证明不消灭资本主义制度，人类就将丧失社会发展的全部成果，全人类都将陷入悲惨的境地。不具备马克思关于资本主义制度发展必然趋势的深刻理解，就不可能树立起坚定的共产主义远大理想，也不可能彻底清除用人性自私本性来论证私有制永恒存在的陈旧观念，只有用科学社会主义理论掌握了群众，他们才会相信马克思所表述的未来共产主义制度的必然性，了解共产主义社会的基本形态是这样的社会形式：所有制关系是在生产资料公有制的基础上重建个人所有制，和每一个个人都成为自由全面发展的个人。用这样的制度远景武装人们的头脑，才能使人确信，共产主义不是一种美丽的幻想，而是人类社会发展的必然趋势。关于每一个个人都成长为全面自由发展的个人，不再是人们的一种设想，在《资本论》中，马克思实证性地证明了它是生产力全面发展的必然要求和必然结果。

为了捍卫对新时代中国特色社会主义的共同理想的信念，必须警惕非社会主义思想的侵袭。党的十九大报告强调指出，在社会经济建设实践中，党面临许多重大的风险考验，报告指出，"要深刻认识党面临的执政考验，改革开放考验，市场经济考验，外部环境考验的长期性和复杂性"，在这"四大考验"中，市场经济考验属于经济方面，下面主要谈谈这个方面。

社会主义可以利用市场经济这种经济手段，推动生产力的更快发展，是经济体制改革的一个重要方面，把国有企业从政府直接经营改为把它推入市场，这有利于增强企业的主动性、积极性，迫使企业力争国有资本的保值增值，提高效益，更好满足社会成员的物质文化需要。充分发挥市场经济在资源配置方面的重要作用，这是在所有制结构改革和分配制度改革之外最重要的一项内容，也是新时代中国特色社会主义经济制度的重要特征，是我国经济发展获得巨大成功的关键因素之一。

但是，市场经济毕竟是在私有制基础上产生和发展起来的一种交换方式，即使在社会主义国有企业之间，为发挥价值规律调节生产的作用，必须实行等价交换或等生产价格交换的原则，使国有企业成为市场主体，即建立现代企业制度，使产权明晰，国有企业的所有权不改变，仍属于国家和全民所有，但产权变更了，也就是经营权转归企业所有，企业实行独立经营，自负盈亏。这种管理方式实际上是模拟私有制方式去管理国有企业，这时国有企业的经营目的转换为以营利为目标，保证国有资本的保值增值和不断扩大再生产。

利用市场这种交换关系，相对于以往的国有国营来说，它更有利于解放生产力和发展生产力，但同时也必然会滋生某些消极方面，明显的就是利润至上，金钱第一，伦理道德沦丧，还易于导向官商勾结，贪污腐败。为了保证社会主义经济的健康发展，必须加强市场监管，加强法治，进行社会主义核心价值观教育，防微杜渐，捍卫社会主义公有制和社会主义方向。

应对市场经济考验，除上述方面外，更重要的是防止市场经济的自发性对战略目标的干扰，保障国民经济发展大方向，保证国家发展战略目标顺利贯彻。

新时代中国特色社会主义思想强调贯彻新发展理念，党的十九大报告指出，"我国经济由高速增长转向高质量发展的阶段，正处在转变发展方式，转化经济结构，建设现代经济体系，是跨越关口的迫切要求和我国发展的战略目标"，为了贯彻实现这一战略目标，首要的就是坚持党对一切工作的领导，确保党始终总揽全局，协调各方。

为了贯彻新时代中国特色社会主义思想提出的发展战略目标，充分发挥党总揽全局、协调各方起关键的作用，党的十九大报告提出了完善社会主义市场经济体制的要求，在工作中必须关注充分发挥市场机制作用外，更重要的是要创新和完善宏观调控，新的发展理念提出了对宏观调控的新要求，这些新的要求首要的就是国家发展规划的战略导向作用，这属于事前的宏观调控，是保证整个国民经济健康协调发展的最关键之点。为了贯彻这一点，发挥社会主义制度的最大优势，在《中共中央关于深化党和国家机构改革的决定》中做了具体阐述，"合理配置宏观管理部门职能，科学设定宏观管理部门职责和权限，强化制定国家发展战略、规划体系的职能，更好发挥国家战略规划的导向作用，完善宏观调控体系，创新调控方式，构建发展规划、财政、金融等政策，协调和工作协同机制"。

总体来说，为了更好贯彻习近平新时代中国特色社会主义经济思想，全面坚持以人民为中心的发展思想、引领经济发展新常态、推进供给侧结构性改革、实施创新驱动发展战略、更好解决社会主要矛盾的转化实现、"两个100年"奋斗目标和中华民族伟大复兴的中国梦，都要求宏观调控的战略定力。

国家发展规划，集中体现国家的战略意图和中长期发展目标，必须强化党和政府制定国家战略统一规划的职能，这是完善社会主义市场经济体制的最有决定意义的方面，应在规划的实现上采取强有力的措施，提高规划的引导性、指导性和约束性，用创新规划的实施机制，强化它在各个层面上的统一落实。对微观市场主体，把规划的意图及时有力地传导给他们，帮助他们理解，引导他们积极响应和实现调控目标。这是一门高超的艺术，是党和政府提高治理能力的重要内容，如习近平同志所强调的，党应当成为驾驭社会主义市场经济的行家里手。这样，可以使我们更有力地应对市场经济的考验，取得新时代中国特色社会主义经济发展的全面胜利。

习近平新时代中国特色社会主义思想，是新时代马克思主义中国化的最新成果，是科学社会主义实践成功的标志，我们必须把握和深刻领会习近平新时代中国特色社会主义思想的精神实质、丰富内涵和基本方略，在认真学习上下功夫，捍卫马克思主义的最新理论成果，不断开辟中国特色社会主义事业发展的新境界。

马克思《资本论》的研究
对象及其当代意义

张作云

摘要 科学理解和准确把握《资本论》的研究对象，除要以马克思在《资本论》及其相关著作中的有关表述为依据之外，还应参照马克思经济学说产生和发展过程中的诸多因素和问题。马克思《资本论》所要研究的生产方式不是在物质生产中发生的人与自然之间的联系和联系方式，而是人们在物质生产中发生的社会联系或社会结合方式，也即生产的社会组织形式。在商品经济条件下，生产方式又演变为以商品为载体、以交换为目的的商品经济的生产方式。从空间角度来说，生产方式可由微观组织形式和宏观组织形式构成。社会生产的微观组织形式，也即社会生产的基本经济单位，在社会化大生产条件下，表现为以工厂内部分工协作为特征的企业化经营方式，同时还派生出企业管理制度、管理体制、治理结构等。社会生产的宏观组织形式，表现为社会生产基本经济单位之间共同活动或互相交换其活动的社会组织形式。随着社会分工的发展和经济结构的复杂化，又派生出宏观经济运行体制及其调节机制等。生产关系是生产方式内含的、人们在物质生产中发生的物质利益关系或经济关系。生产关系的法律化形式就是经济制度，经济制度的功能作用是通过其制度体制及其政策机制而实现的。生产方式与生产关系相互适应、相互制约所形成的矛盾及其矛盾运动推动经济社会的发展。《资本论》的研究对象，一是资本主义生产方式；二是资本主义生产关系，是以资本主义生产方式为前提以及和它相适应的生产关系和交换关系，或从总体上来理解的生产关系。理解和把握《资本论》的研究对象，不仅是一个理论问题，而且更重要

[作者简介] 张作云，淮北师范大学当代经济研究所所长、教授、硕士研究生导师。

的是一个实践问题。目前，运用马克思《资本论》的立场、观点和方法，紧密联系我国改革开放和社会主义现代化建设的实际，深入研究作为《资本论》研究对象的生产方式和生产关系，并把与之相关的一些概念严格区别开来，不仅具有较强的现实针对性，而且也具有形势上的紧迫性。

关键词　《资本论》　研究对象　参照因素　科学理解

　　长期以来，马克思《资本论》的研究对象，一直是国内外理论界研究和争论的焦点之一。科学理解和准确把握《资本论》的研究对象，不仅对于我们全面理解和准确把握《资本论》的研究主题、理论体系、基本观点和核心内容，深刻认识资本主义生产方式以及和它相适应的生产关系的特点、本质、历史性质及其发展趋势，而且对我们进一步研究和认识社会主义生产方式以及与之相适应的生产关系的本质特点及其巨大的优越性，坚定共产主义的理想信念，乃至于对于我国正在进行的改革开放和社会主义现代化建设，都具有十分重要的意义。因此，我们在纪念马克思诞辰200 周年之际，联系资本主义发展的历史轨迹，结合新中国成立以来尤其是改革开放和社会主义现代化建设实践，对《资本论》的研究对象做进一步的探讨。

一　从马克思的经典表述谈起

　　众所周知，马克思在《资本论》第一卷的序言和跋中，对《资本论》的研究对象做了经典的表述。他说："我要在本书研究的，是资本主义生产方式以及和它相适应的生产关系和交换关系。"[①] 对于马克思的这一表述，理论界大多认为，《资本论》的研究对象，应包括两个方面：一是资本主义生产方式；二是与资本主义生产方式相适应的生产关系和交换关系。并且，要科学理解和准确把握《资本论》的研究对象，首先要弄清马克思关于生产方式和资本主义生产方式的确切含义。

　　然而，在对马克思关于生产方式和资本主义生产方式含义的理解上，理论界意见纷呈，至今未得出一致的结论。一种意见认为，马克思所说的

---

①　马克思：《资本论》第一卷，人民出版社 1975 年版，第 8 页。

生产方式,既包括生产力,也包括生产关系,是生产力和生产关系的对立统一;另一种意见认为,马克思所说的生产方式,是生产的技术和方法,实际上就是生产力;还有一种意见认为,马克思所说的生产方式,就是社会经济形态;等等。可见,要科学理解和准确把握《资本论》的研究对象,弄清马克思关于生产方式和资本主义生产方式的含义,是首先要解决的关键问题。然而,迄今为止,对于这一问题,理论界大多从马克思在《资本论》及其相关著作的表述中找答案,这不免有点片面性。

诚然,马克思在《资本论》及其相关著作中的表述,的确可以作为理解生产方式和资本主义生产方式的依据,并且是主要的和重要的依据。但是,我们看到,在《资本论》及其相关著作中,马克思对于生产方式和资本主义生产方式的含义,有着许多不同的说法。面对马克思的诸多表述,我们应该采取哪一种呢?实在难以断言。即使有些名家和权威人士予以结论,但仍然难以服众。笔者认为,要科学理解和准确把握《资本论》的研究对象,尤其是作为研究对象重要组成部分的生产方式或资本主义生产方式的内涵,除要把马克思的有关表述作为依据之外,还应参照马克思经济学说产生和发展中的一些因素及问题,以便从中发现可以作为依据的核心和根本性的思想和线索,综合加以考虑,以求得出准确而科学的结论。

二 理解和把握《资本论》研究对象需要 参照的一些因素和问题

笔者认为,理解和把握《资本论》的研究对象,除依据马克思《资本论》及其相关著作的有关表述之外,还应参照马克思经济学说产生发展过程中的以下八个方面。

第一,马克思研究政治经济学的最初动因。根据马克思在《〈政治经济学批判〉序言》中的叙述,促使他研究政治经济学的动因,大体有三个方面:一是他在担任《莱茵报》主编期间,与普鲁士德国官方发生的涉及物质利益问题的四次论战;二是为回复和揭露当时德国一家反动报纸——《总汇报》对《莱茵报》关于空想社会主义、共产主义思潮问题意见的歪曲、攻击和"捏造"；① 三是为"从物质的生活关系的总和"出发，对他在《黑格尔法哲学批判》这部著作中所涉及的、被"黑格尔按照十八世纪的英国人和法国人的先例"而称为"市民社会"做进一步解剖。② 马克思认为，要解决上述"难事"和使他"苦恼的疑问"，需要他"从社会舞台退回书房"③，以极大的精力，从事政治经济学的研究。

第二，研究政治经济学的出发点。从马克思研究政治经济学的经历来看，他对政治经济学研究出发点的确立，是一个不断探索、循序渐进和不断总结的过程。1843 年 10 月，马克思在巴黎开始研究政治经济学。当时巴黎正在深入发展的工人运动和极其丰富的藏书资料，为马克思从事政治经济学研究提供了十分有利的条件。他一方面深入工人，了解他们的斗争和要求，积极参加他们的革命运动；另一方面埋头阅读许多经济学著作，并加以评注和摘录，撰写了《巴黎笔记》《1844 年经济学哲学手稿》等著作。其中，在《1844 年经济学哲学手稿》中，马克思把"异化劳动"当作基本范畴，从"劳动的异化或异化劳动"这一"经济事实出发"，对资本主义社会进行分析和批判。④ 1844 年年底，马克思和恩格斯决定合写《神圣家族》一书。在《神圣家族》一书中，马克思在客观评价普鲁东从"私有制的运动造成贫穷这个事实出发"，对"私有制"进行"最初的批判"，揭示"私有制在自己的经济运动中自己把自己推向灭亡"这一理论的基础上，不仅提出无产阶级"在它自己的生活状况以及现代资产阶级社会的整个结构"中的地位、目的和历史使命问题⑤，而且还提出，要获得对资本主义这一历史时期的认识，就必须在"尘世的粗糙的物质生产中"，而不是"天上的云雾中"，"去认识（比如说）某一历史时期的工业和生活本身的直接的生产方式"。⑥ 在此后的著述中，马克思多次谈到研究政治经济学的出发点问题。例如，在 1845—1846 年与恩格斯合写的《德意志意识形态》中指出，他们的"历史观就在于：从直接生活的物质生产出发来考察现实的生产过程"。⑦ 再如，在 1857 年 8 月所写的《〈政

---

① 《马克思恩格斯全集》第 13 卷，人民出版社 1962 年版，第 7 页。
② 同上书，第 8 页。
③ 同上。
④ 《马克思恩格斯全集》第 42 卷，人民出版社 1979 年版，第 90—91 页。
⑤ 《马克思恩格斯全集》第 2 卷，人民出版社 1957 年版，第 43—45 页。
⑥ 同上书，第 191 页。
⑦ 《马克思恩格斯全集》第 3 卷，人民出版社 1960 年版，第 42 页。

治经济学批判〉导言》中谈及政治经济学的研究对象时，第一句话就是："摆在面前的对象，首先是物质生产。"① 还比如，在 1859 年 1 月写成的《〈政治经济学批判〉序言》中回忆自己研究政治经济学的经历时明确指出，他所研究的是"人们在自己生活的社会生产中发生"的、"一定的、必然的、不以他们的意志为转移的关系"，"即同他们的物质生产力的一定发展阶段相适应的生产关系"。② 这就是说，他研究政治经济学的出发点，不仅是物质生产过程，而且是社会的物质产过程。

第三，政治经济学的研究范围。马克思在《资本论》及其相关著作的许多地方，都明确界定了他研究政治经济学的范围。例如，在《1857—1858 年经济学手稿》中谈到商品的使用价值时，他说："表现资产阶级财富的第一个范畴是商品的范畴。商品本身表现为两种规定的统一。商品是使用价值，即满足人的某种需要的物。这是商品的物质的方面，这方面在极不相同的生产时期可以是共同的，因此不属于政治经济学的研究范围。使用价值一旦由于现代生产关系而发生形态变化，或者他本身影响现代生产关系并使之发生变化，它就属于政治经济学的范围了。"③ 再比如，在《1857—1858 年经济学手稿》中的另一个地方，他说，"政治经济学所研究的是财富的特殊社会形式，或者不如说是财富生产的特殊社会形式。财富的材料，不论是主体的，如劳动，还是客体的，如满足自然需要或历史需要的对象"，"完全处在政治经济学的考察范围之外，而只有当这种材料为形式关系所改变或表现为改变这种形式关系的东西时，才列入考察的对象"。④ 还比如，在《1861—1863 年经济学手稿》中，马克思进一步说："实际劳动是生产使用价值的、以与一定的需求相适应的方式占有自然物质的有目的的活动。""每种实际劳动都是特殊劳动，是与其他劳动部门不同的一种特殊劳动部门所从事的工作。"⑤ "研究实际的劳动过程是工艺学的任务。"⑥ "可是，政治经济学不是工艺学。"⑦ 可见，马克思对政治经济学研究范围的界定，是严格而明确的。他研究的不是

---

① 《马克思恩格斯全集》第 46 卷（上），人民出版社 1979 年版，第 18 页。
② 《马克思恩格斯全集》第 13 卷，人民出版社 1962 年版，第 8 页。
③ 《马克思恩格斯全集》第 46 卷（下），人民出版社 1980 年版，第 411 页。
④ 同上书，第 383 页。
⑤ 《马克思恩格斯全集》第 47 卷，人民出版社 1959 年版，第 55 页。
⑥ 同上书，第 56 页。
⑦ 《马克思恩格斯全集》第 46 卷（上），人民出版社 1979 年版，第 23 页。

物，不是特殊的使用价值，不是生产特殊使用价值的特殊劳动过程，而是社会物质生产过程以及在其中发生的人们之间的社会关系。

第四，《资本论》第一卷至第三卷的体系结构。大家知道，《资本论》第一卷研究的是资本的直接生产过程，阐明的是剩余价值怎样生产和再生产出来的，重在揭示剩余价值的来源和本质；第二卷研究的是资本的流通过程，从个别资本和社会总资本再生产的角度，阐明在直接生产过程中生产出来的剩余价值是怎样通过流通过程而实现的；第三卷研究的是资本主义生产的总过程，阐明的是雇佣工人生产的剩余价值如何在资本主义社会各剥削集团之间进行分配的，其中，前三篇，阐明剩余价值在产业资本家之间的分配；第四篇阐明剩余价值在产业资本家和商业资本家之间的分配；第五篇阐明剩余价值在产业资本家、商业资本家和借贷资本家（或金融资本家）之间的分配；第六篇阐明土地所有者利用土地所有权，以地租的形式参与剩余价值的分配；第七篇阐明批判古典经济学家斯密"教条"和庸俗经济学家萨伊"三位一体公式"，从国民经济总体揭示资本主义社会各种收入及其来源的基础上，分析资本主义生产关系和分配关系的基本结构及其内在联系。最后，在分析建立在资本主义生产关系基础之上的阶级形成的基础上，揭示资本主义生产方式以及与此相适应的生产关系、分配关系、阶级关系的内在矛盾及其对抗性质，阐明资本主义生产方式、资本主义生产关系历史的和过渡的性质。可以看出，马克思《资本论》研究的是资本的生产过程，核心问题是剩余价值的生产、流通和分配过程，阐明的是资本主义生产方式以及与它相适应的资本主义生产关系的基本框架、基本结构、内在逻辑、对抗性质及其发展的必然趋势。

第五，恩格斯关于经济科学研究任务的论述。恩格斯在《反杜林论》中指出："经济科学的任务在于：证明现在开始显露出来的社会弊病是现存生产方式的必然结果，同时也是这一生产方式快要瓦解的标志，并且在正在瓦解的经济运动形式内部发现未来的、能够消除这些弊病的、新的生产组织和交换组织的因素。"① 在这里，"现存生产方式"和"正在瓦解的经济运动形式"指的是资本主义的"经济运动形式"或"生产方式"。能够消除资本主义生产方式弊病的"新的生产组织"和交换组织，指的是未来社会即社会主义和共产主义社会的生产方式或"生产组织和交换

---

① 《马克思恩格斯全集》第 20 卷，人民出版社 1971 年版，第 163 页。

组织"。

第六，恩格斯对《资本论》第一卷所做的总体评价。为了宣传《资本论》和打破资产阶级对《资本论》第一卷出版所表示的"沉默"的阴谋，恩格斯于1868年3月给《民主周报》写了题为《卡·马克思〈资本论〉第一卷书评》的文章。他在该书评的开头写道："自地球上有资本家和工人以来，没有一本书像我们面前这本书那样，对于工人具有如此重要的意义。资本和劳动的关系，是我们现代全部社会体系所依以旋转的轴心，这种关系在这里第一次作了科学的说明，而这种说明之透彻和精辟，只有一个德国人才能做到。"[①]　在这里，恩格斯点出了马克思《资本论》关于资本主义生产方式以及和它相适应的生产关系和分配关系这一研究对象的重要的和核心的内容。

第七，马克思对资产阶级古典政治经济学的历史及其破产原因的分析。关于资产阶级古典政治经济学的历史，马克思说："古典政治经济学在英国从威廉·配第开始，到李嘉图结束。在法国从布阿吉尔贝尔开始到西斯蒙第结束。"[②]　从"法国和英国的资产阶级夺得了政权"那时起，"阶级斗争在实践方面和理论方面采取了日益鲜明的和带有威胁的形式。它敲响了科学的资产阶级经济学的丧钟"。[③]　于是，"资产阶级政治经济学的代表人物分成了两派。一派是精明的、贪利的实践家，他们聚集在庸俗的经济学辩护论的最浅薄的因而也是最成功的代表人物巴师夏的旗帜下。另一派是以经济学教授资望自负的人，他们追随约·斯·穆勒，企图调和不能调和的东西"。结果"以约翰·斯图亚特·穆勒为著名代表的毫无生气的混合主义产生"为标志，"宣告了'资产阶级'经济学的破产"。[④]关于资产阶级古典政治经济学破产的原因，马克思认为，就在于作为资产阶级古典政治经济学后期代表人物的琼斯。[⑤]他运用还处于萌芽状态的资本主义生产方式的"历史观"，"以自己的分析破坏了财富借以表现的那些表面上相互对立的形式"；揭示了资产阶级"社会财富"及其在分配过程中的形式和内容以及"资本家和雇佣工人之间的"关系的"对抗"性

① 《马克思恩格斯全集》第16卷，人民出版社1964年版，第263页。
② 《马克思恩格斯全集》第13卷，人民出版社1962年版，第41页。
③ 同上书，第17页。
④ 马克思：《马克思恩格斯全集》第一卷，人民出版社1975年版，第17页。
⑤ 《马克思恩格斯全集》第26卷（Ⅲ），人民出版社1974年版，第634页。

质，使"资产阶级生产关系被看作仅仅是历史的关系，它们将导致更高级的关系"；从而否定了古典政治经济学关于资本主义生产方式、生产关系的"既定"论、"自然"论和"永恒"论。① 马克思总结道："自从资产阶级生产方式以及与它相适应的生产关系和分配关系被认为是历史的以来，那种把资产阶级生产方式看作生产的自然规律的谬论就宣告破产了，并且开辟了新社会的远景，开辟了新的经济社会形态的远景，而资产阶级生产方式只构成向这个形态的过渡。"② 马克思不仅客观、公正地评价了琼斯经济理论所具有的一定程度的科学性，而且还在《1857—1858 年经济学手稿》中告诫我们，在理解和把握《资本论》的研究对象时，要远离和摒弃资产阶级及其御用学者"粗俗的唯物主义"或"粗俗的唯心主义"，以及"把社会关系作为物的内在规定归之于物，从而使物神秘化"的"拜物教"。③

第八，要准确理解和科学把握《资本论》的研究对象，还必须与马克思在《资本论》第一卷序言中的一些论述结合起来。例如，马克思明确指出，要把《资本论》的研究对象与物理学家所研究的自然界运行过程区别开来。再如，马克思在谈到他所研究的资本主义"生产方式的典型地点是英国"之后，接着说："如果德国读者看到英国工农业工人所处的境况而伪善地耸耸肩膀，或者以德国的情况远不是那样坏而乐观地自我安慰，那我就要大声地对他说：这正是说的阁下的事情！"④ 在这里，"问题本身并不在于资本主义生产的自然规律所引起的社会对抗的发展程度的高低。问题在于这些规律本身，在于这些以铁的必然性发生作用并且正在实现的趋势。工业较发达的国家向工业较不发达的国家所显示的，只是后者未来的景象"。⑤ 这就是说，《资本论》不仅要研究"资本主义生产方式以及和它相适应的生产关系和交换关系"，而且要研究在资本主义生产方式以及和它相适应的生产关系和交换关系中生活的工农业工人即无产阶级所处的境况，并通过这一研究，揭示资本主义生产方式以及和它相适应

---

① 《马克思恩格斯全集》第 26 卷（Ⅲ），人民出版社 1974 年版，第 461、471—474 页。
② 同上书，第 473—474 页。
③ 《马克思恩格斯全集》第 46 卷（下），人民出版社 1980 年版，第 202 页；《马克思恩格斯全集》第 23 卷，人民出版社 1972 年版，第 8 页。
④ 马克思：《资本论》第一卷，人民出版社 1975 年版，第 8 页。
⑤ 同上。

的生产关系和交换关系中的内在矛盾、社会对抗的发展和正在实现的趋势。还如，在《资本论》中，马克思还谈到德国和西欧大陆其他国家的社会统计问题。他说："德国和西欧大陆其他国家的社会统计，与英国相比是很贫乏的。……如果我国各邦政府和议会象英国那样，定期指派委员会去调查经济状况，如果这些委员会象英国那样，有全权去揭发真相，如果为此能够找到象英国工厂视察员、编写《公共卫生》报告的英国医生、调查女工童工受剥削的情况以及居住和营养条件等等的英国调查委员会那样内行、公正、坚决的人们，那末，我国的情况就会使我们大吃一惊。"①马克思在谈到他从事政治经济学研究所运用的材料时说："政治经济学所研究的材料的特殊性，把人们心中最激烈、最卑鄙、最恶劣的感情，把代表私人利益的复仇女神召唤到战场上来反对自由的科学研究，例如，英国高教会宁愿饶恕对它的三十九个信条中的三十八个信条展开的攻击，而不饶恕对它的现金收入的三十九分之一进行的攻击。在今天，同批评传统的财产关系相比，无神论本身是一种很轻的罪。"②马克思还用当时英国女王陛下驻外使节和美国副总统威德发表的谈话中对欧洲大陆和大西洋彼岸的美国"劳资关系的变革"及其发展的分析，揭示了资本主义社会的境况及其发展趋势。他说："这是时代的标志，不是用紫衣黑袍遮掩得了的。这并不是说明天就会出现奇迹。但这表明，甚至连统治阶级中间也已经透露出一种模糊的感觉：现在的社会不是坚实的结晶体，而是一个能够变化并且经常处于变化过程中的机体。"③马克思的这些分析表明，《资本论》所研究的是资本主义生产的经济形式或经济的社会形式，是资本主义生产中的人与人之间的社会联系和社会结合方式，是资本主义的生产方式以及和它相适应的生产关系和交换关系，是这种生产方式和生产关系中包含的诸多矛盾、矛盾的社会对抗及其发展趋势，最终揭示资本主义生产方式及其生产关系历史的和过渡的性质。

理解和把握《资本论》研究对象所要参照的各种因素和问题，除上面所述的诸多方面之外，还可列出一些，诸如马克思政治经济学的性质、本质和特点等。总之，我们认为，理解和把握《资本论》的研究对象，不能像一些人那样，脱离"尘世的粗糙的物质生产"，在抽象的概念上打

---

① 马克思：《资本论》第一卷，人民出版社 1975 年版，第 11 页。
② 同上书，第 12 页。
③ 同上。

圈子；不能像一些人那样，脱离马克思研究政治经济学的"初衷"，割断马克思创作《资本论》所经历的长达 40 年的艰辛历史，不顾马克思在不同场合、不同前提下关于"生产方式"的不同阐述，而从中摘取与自己主观臆断相一致的论点，并以此去匡论"生产方式"，尤其是"资本主义生产方式"的含义；不能像一些人那样，偏离《资本论》的核心内容，以自己的主观意愿，输入物质生产过程的"自然因素"，把"人与生产资料的结合方式"或"生产力"因素，纳入《资本论》研究对象之中；也不能像一些人那样，不顾《资本论》研究对象、研究材料的特殊性，不顾资产阶级及其御用学者对《资本论》的内容进行歪曲、攻击的卑鄙行为和极端敌视的历史现实，而抹去《资本论》的阶级棱角，把《资本论》的研究对象和基本理论变成和谐的、对一切阶级都无害、都能接受的东西。最后，我们认为，对《资本论》研究对象的理解和把握，还要坚持辩证法，反对形而上学，把全面的、联系的、历史的、发展的观点和方法，贯彻到整个过程之中。

三　对《资本论》研究对象的理解

在阐明理解和把握《资本论》研究对象所要参照的一些方面之后，接下来要谈谈对《资本论》研究对象的理解。首先来看作为《资本论》研究对象首要组成部分的"资本主义生产方式"。由于生产方式不是抽象的和虚无缥缈的范畴，而是在物质生产中发生并运行的客观对象，因此，我们对生产方式的研究，就从物质生产开始。

马克思认为："一切人类生存的第一个前提也就是一切历史的第一个前提"，就是"必须能够生活。"人类的"第一个历史活动就是生产满足这些需要的资料，即生产物质生活本身"。[1]"物质生产的发展"，是"整个社会生活以及整个现实历史的基础"。要使物质生产在实践中得以进行，必须具备三个基本要素，即人们"有目的活动或劳动本身，劳动对象和劳动资料。"[2] 其中，"劳动对象和劳动资料表现为生产资料，劳动本

---

[1] 《马克思恩格斯全集》第 3 卷，人民出版社 1960 年版，第 31 页。
[2] 马克思：《资本论》第一卷，人民出版社 1975 年版，第 202 页。

身则表现为生产劳动"。同时，还要使劳动者与生产资料结合起来。劳动者与生产资料的结合，是人与自然之间的结合，体现的是人与自然界的联系。马克思指出："人们在生产中不仅仅同自然界发生关系。人们在生产中如果不以一定方式结合起来共同活动和互相交换其活动，便不能进行生产。为了进行生产，人们便发生一定的联系和关系；只有在这些社会联系和社会关系的范围内，才能有他们对自然界的关系，才会有生产。"① 人们与自然发生关系，"是人与自然之间的物质变换的一般条件，是人类生活的永恒的自然条件"，"它不以人类生活的任何形式为转移"，"它是人类生活的一切社会形式所共有的"。对人们与生产资料结合方式的研究"是工艺学的任务"②，"不在政治经济学研究的范围之内"。③ 而人们的社会联系，在物质生产中，是以生产的社会组织形式或社会生产方式出现的，体现的是人们之间的社会关系，因此，就必然成为马克思《资本论》的研究对象。

可是，人们在物质资料生产过程中发生的社会联系、社会结合方式，作为生产的社会组织形式即社会生产方式，不是一个物质单体，而是一个复杂的社会生产的有机系统。从空间角度来说，由社会生产的微观组织形式和宏观组织形式构成。社会生产的微观组织形式，是社会生产的基本经济单位，诸如，以低下的生产力水平为前提、以社会成员的集体劳动为特征的原始社会的氏族公社的生产方式；以金属工具的使用和生产力的初步发展为前提、以奴隶的简单协作劳动为特征的奴隶主庄园的生产方式；以铁器的广泛使用和生产力的进一步发展为前提、以师徒关系为纽带的手工协作劳动为特征的手工作坊和手工工场的生产方式；以家庭为单位的个体劳动为前提、以家庭内部自然分工为特点的小生产的生产方式；以现代科学技术的广泛使用和生产力的社会化发展为前提、以机器大生产和工厂内部有计划的分工协作为特征的企业化经营的生产方式；等等。社会生产的宏观组织形式，表现为社会生产的基本经济单位之间以互相交换劳动为纽带的社会规模的经济组织形式。随着生产力的发展、私有制和社会分工的出现，又出现了横跨奴隶社会、封建社会、资本主义社会和社会主义社会的、以商品为纽带、以交换为目的的商品经济的生产方式。同时，以这种

---

① 《马克思恩格斯全集》第6卷，人民出版社1961年版，第486页。
② 《马克思恩格斯全集》第47卷，人民出版社1979年版，第56页。
③ 《马克思恩格斯全集》第31卷，人民出版社1972年版，第273页。

生产方式在社会经济中地位和作用的不同，又分为简单的商品经济、发达的商品经济和高度社会化的大商品经济等。并且在将来，这种社会化的大商品经济还要过渡到以生产条件的全社会所有和高度社会化生产为前提、以全社会的计划控制和按比例分配社会劳动为特征的产品经济的生产方式。

历史已经证明，人类社会的生产方式，不是永恒不变的，而是变化发展的。变化发展的源泉和根本动力，在于人类社会的生产力以及生产力与生产方式之间的矛盾运动。正如马克思所指出的，人类社会的生产方式，是一种"暂时的和历史性的形式。随着新的生产力的获得，人们便改变自己的生产方式，而随着生产方式的改变，他们便改变所有不过是这一特定生产方式的必然的经济关系"。① 并且，人类社会的生产方式，与世界上的其他事物一样，其发展轨迹也是一个由简单到复杂、由低级向高级不断发展的过程。

说到资本主义生产方式，它不仅与人类社会的其他生产方式一样，是人们为了有效控制和利用自然、应物质生产过程的客观需要而产生的社会组织形式，而且更重要和更具特征的，它又是以社会化大商品经济为前提、以资本为纽带、以雇佣劳动为条件、以剩余价值为目的的资本主义生产的社会组织形式。从微观来说，它是资本在企业的组织形式。从宏观来说，它是资本主义生产的社会规模的组织形式。资本的企业组织形式，有业主制和公司制等。随着资本主义生产的发展，又派生出企业管理制度、管理体制、治理结构等。资本主义生产的宏观组织形式，是以一定的宏观经济体制及其运行机制而出现的。资本主义的宏观经济体制，是社会化的大商品经济体制。宏观运行机制，就是市场化的运行机制，也就是以区域市场、国内市场和国际市场为舞台，以价值规律等市场运行规律的作用为基础，以市场机制的各种要素为杠杆，以利润最大化为目标的调节机制。随着资本主义生产社会化的发展，经济运行内部矛盾的增多及其对抗程度的增强，周期性危机的频繁发生及其破坏性的日益严重，资本主义生产方式的弊端日益显现。为了治理经济运行中的矛盾和危机，目前，资本主义生产的宏观组织形式，又过渡到市场与计划相结合、以市场调节为主的混合经济形式。

---

① 《马克思恩格斯全集》第 27 卷，人民出版社 1972 年版，第 478—479 页。

资本主义生产方式，是在奴隶制和封建制等旧的生产方式解体、经济社会发展到一定历史阶段的产物。[①] 它一产生，就以发展"社会生产力"为"历史任务"，"摧毁一切阻碍发展生产力、扩大需要、使生产多样化、利用和交换自然力量和精神力量的限制"[②]，"使物质生产变成对自然力的科学统治"[③]，在它争得"统治地位还不到一百年"的时间内，"所创造的生产力却比过去世世代代总共造成的生产力还要大，还要多"。[④] 但是，由资本主义生产方式内在的各种矛盾的对抗性及其自身的限制所造成的生产的无序性和经济危机的周期性，则宣告了"那种把资产阶级生产方式看作生产的自然规律的谬论"的破产，并"开辟了新社会的远景，开辟了新的经济社会形态的远景，"而使自己"只构成了向这个形态的过渡"[⑤]，从而以自己的发展轨迹，证明了自己的历史性、暂时性和过渡性。

马克思主义认为，世界上的任何事物都具有一定的形式和内容，都是一定形式和内容的统一。人类社会的生产方式也是一样的。它是作为物质生产过程中人们之间的社会联系、相互结合方式即生产的社会组织形式出现的。从本质上说，它包含的内容就是和它相适应的人们之间的物质利益关系、经济关系或生产关系。

人类社会的生产关系，和人类社会的生产方式一样，也是一个由不同性质的生产关系、不同性质生产关系内部的不同层次及其基本要素之间相互联系、相互作用而构成的有机系统。从动态角度看，与社会生产的各个阶段或各个环节相适应，可分解为直接生产过程中的生产关系、分配过程中的分配关系、交换过程中的交换关系和消费过程中的消费关系等，这就是人们常说的生产关系的横向结构。在生产关系的这种横向结构中，生产关系决定分配关系、交换关系和消费关系，而分配关系、交换关系和消费关系对生产关系也具有一定的反作用。分配关系、交换关系和消费关系的这种反作用，有时是分别进行的，有时则是通过分配、交换和消费之间的相互联系和相互作用，按照一定的次序对生产关系起着反作用。当这种合力发展到一定程度时，甚至会引起生产关系乃至生产关系结构的整体状况

---

① 《马克思恩格斯全集》第 48 卷，人民出版社 1985 年版，第 304 页。
② 《马克思恩格斯全集》第 46 卷（上），人民出版社 1979 年版，第 393 页。
③ 《马克思恩格斯全集》第 9 卷，人民出版社 1961 年版，第 252 页。
④ 《马克思恩格斯全集》第 4 卷，人民出版社 1958 年版，第 471 页。
⑤ 《马克思恩格斯全集》第 26 卷（Ⅲ），人民出版社 1974 年版，第 473—474 页。

及其性质的变化。如果从本质的角度来分析，无论是何种性质的生产关系，还是生产关系结构中直接生产过程的生产关系、分配过程中的分配关系、交换过程中的交换关系和消费过程中的消费关系，都包含以下基本要素，即所有制关系、劳动关系、社会成员的社会地位及其相互关系、运行过程中的管理关系、物质利益的分配关系等。在这一结构系统中，所有制关系是其根本的、起着主导和决定作用的因素。劳动关系、社会成员的社会地位及其相互关系、运行过程中的管理关系、分配过程中的分配关系等，是其基本的因素，它是所有制关系在社会生产中的实现因素。当然，这些因素在与所有制的关系中，也不是被动的，在一定条件下，它们也会形成一定合力，对所有制关系发生一定的反作用。这种反作用，决定着所有制关系的实现程度及其存在的现实性。生产关系结构中的这些因素，相互联系、相互作用，共同形成一个有机的整体，这就是人们常说的生产关系的纵向结构。

生产关系作为社会生产方式本质内容的人们之间的物质利益关系或经济关系，不是直接的而是以一定的经济制度形式呈现在人们面前的。在阶级社会中，经济制度作为生产关系的法律化形式，其功能作用是通过一定的运行方式即制度体制及其政策机制而得到实现的。从生产关系到经济制度、制度体制及其政策机制，是一个由抽象到具体、从内容到形式的演化过程。并且，在商品经济尤其是社会化大商品经济条件下，无论是生产关系还是作为生产关系具体形式的经济制度、制度体制及其政策机制，无不披着商品经济的外衣，打上商品经济的烙印。因此，作为生产关系结构的这些派生形式或顺延形式，也应列入政治经济学的范围之内。

人类社会的生产关系不是永恒的，而是变化发展的。生产关系的变化和发展，既是连续的，又是有阶段的，是其发展的连续性、绝对性与阶段性、相对性的统一，是其所具有的历史性、暂时性和过渡性的规律性表现。自有人类历史以来，与人类社会生产方式的发展相适应，生产关系也经历了原始社会、奴隶社会、封建社会和资本主义社会等不同发展阶段。目前，正处于由资本主义向社会主义发展和过渡的过程之中，将来还要发展和过渡到共产主义的社会。然而，从《资本论》及其相关著作的基本结构和内容来看，马克思所研究的并不是人类社会所经历的各种生产关系，而是经济社会发展到资本主义阶段与资本主义生产方式相适应的生产关系。但是，这也不是绝对的，在研究资本主义生产关系产生发展的历史必然性，揭示资本主义生产关系在剥削劳动者的方式上与前资本主义生产关系最具特征性的区别时，还是要把前资本主义的生产关系列入自己的研究范围之内的。

具体到作为《资本论》研究对象的资本主义生产关系，除上述生产关系所具有的一般结构和一般特点之外，还有着与上述生产关系所不同的典型性特征：第一，所有制关系资本化。按照资本主义发展的不同阶段，具体表现为资本家私有制、资本家集团私有制、垄断资本家财团私有制和代表整个资产阶级利益的资本主义国家所有制等。第二，劳动关系雇佣化。具体表现为劳动力商品化、市场化，最终表现为资本家、资本家集团和垄断资产阶级的劳动力占有制。第三，社会成员关系的等级化和阶级化。具体表现为社会成员的经济社会地位和权利的差异化。第四，管理关系（含宏观经济管理关系和微观经济管理关系）专制化。具体表现为管理权力的独裁化。第五，分配关系要素化。具体表现为按资分配、按要素分配的公式化。第六，生产目的利润化，具体表现为资本收益最大化。第七，实现生产目的手段的劳动强度极限化，具体表现为只受劳动力生产和再生产限制、劳动者劳动内涵量和外延量的最大化。第八，调节经济运行的基本经济规律是以资本利益为转移的剩余价值规律。具体表现为资本利润最大化规律。其中，第一个特征是根本特征，对资本主义生产关系的其他特征乃至资本主义生产关系及其结构的整体性质起着基础的、主导的和决定的作用。第二至第五个特征是基本特征，它们是资本化所有制关系的实现形式，同时，它们各自的运行及其结果，从个体乃至从相互联系、相互作用的整体等不同角度看，对资本化的所有制关系，甚至对资本主义生产关系结构及其整体性质，起着一定的以反作用为前提的决定作用。第六至第八个特征，是资本主义生产关系的派生性特征，是根本特征和基本特征的具体体现，同时也是资本主义生产关系的重要标志。必须清楚资本主义生产关系的上述特征，也不是直接呈现在世人面前，而是隐藏在资本主义的虚假现象背后的。运用科学的抽象法，通过对资本主义生产关系及其结构的分析，揭示其本质和规律，正是《资本论》所要完成的任务。

依据上述分析，对《资本论》的研究对象可得出如下结论：

第一，由于生产力体现的是人与自然的关系，生产力的发展、作用及其客观要求的实现，体现了社会生产的工艺和技术性质，因此，它不是《资本论》研究对象。但由于生产力的发展和客观要求是生产方式产生、发展的前提和基础，而且生产力与生产方式又是相互联系、相互作用、既对立又统一的矛盾着的两个方面，研究生产方式就不能孤立进行，而必须联系生产力，通过对生产力与生产方式之间矛盾运动的分析来进行，因此，在这一前提下，也可把生产力列入《资本论》的研究范围之内。

第二，人类社会的生产方式。作为社会生产过程中发生的人们之间的社会联系、社会结合方式或生产的社会组织形式，与社会生产关系是形式和内容的关系。作为内容的生产关系，是通过作为形式的生产方式体现出来的，生产方式是生产关系的现象形式和物质载体。生产方式及其变化和发展，对生产关系的变化和发展，起到一定的规范和推动作用。因此，马克思把生产方式、资本主义生产方式作为《资本论》研究对象的前提和首要部分。

第三，至于在《资本论》的研究对象中，马克思把生产关系与交换关系并列起来，而不是一般地谈生产关系。我们认为，首先，马克思是在《资本论》第一卷的序言中阐述其研究对象的，而作为《资本论》总体结构中的第一卷，是研究资本的直接生产过程；并且，对资本直接生产过程的分析，又是从商品开始的，通过对商品生产和商品交换过程的分析，揭示商品及其价值的内在本质，即商品生产者之间的经济关系或生产关系。其次，马克思在第二篇研究资本主义生产的前提，即货币转化为资本，而对货币转化为资本的分析，则是通过劳动力成为商品、劳动力的买卖及其买卖关系的分析而完成的。马克思在以后各篇对剩余价值生产、剩余价值的积累和扩大再生产的分析，都是以资本的交换为前提，并通过对资本交换过程的分析来完成的。从《资本论》第一卷的结构来看，马克思对商品生产、剩余价值生产、剩余价值的积累和扩大再生产的分析，都与商品交换和资本交换交织在一起。最后，《资本论》第二卷研究资本的流通过程，第三卷讲资本主义生产总过程中的剩余价值的分配，都未脱离对交换过程的分析。因此，为了突出资本主义生产方式和资本主义生产关系实现过程最具典型性的特征，马克思在《资本论》的研究对象中，则把生产关系和交换关系并列起来。实际上，马克思的其他著作，恩格斯在谈到这一问题时，都是指生产关系。

总之，马克思《资本论》的研究对象，第一是资本主义生产方式，第二是资本主义的生产关系和交换关系。对资本主义生产方式的研究，是资本主义生产关系和交换关系研究的前提及基础。而对资本主义生产关系和交换关系的研究，则是《资本论》所要研究的基本的和核心的问题。把两者结合起来就是：《资本论》所要研究的，是以资本主义生产方式为前提以及和它相适应的生产关系和交换关系，或者从整体上来理解的生产关系。

四 《资本论》研究对象的当代意义

对《资本论》研究对象的理解和把握，不仅是一个理论问题，而且还是一个实践问题。它不仅对马克思经济学说的继承和发展，对中国特色社会主义政治经济学理论体系的构建，而尤其对我们正在进行的改革开放和社会主义现代化建设，都具有重要意义。

第一，要重视对生产方式的研究。生产方式是马克思《资本论》研究对象中首要的和作为前提的重要组成部分，而且，在生产力、生产方式和生产关系的对立统一关系或生产力与生产方式、生产方式与生产关系基本矛盾的运动中，也处于极其重要的地位。① 长期以来，在社会主义革命和建设实践中，尤其是始于20世纪中期各社会主义国家的改革开放中，由于缺乏对生产方式的认识，或者只把注意力放在生产关系的变革上，结果，一遇到经济体制和运行机制问题，便无所适从。或者把西方经济理论照样搬过来，结果使经济体制和运行机制的改革及设计，深深地打上西方经济的烙印。在这方面，不仅苏联和东欧一些社会主义国家教训深刻，而且在我国改革开放和经济社会的发展中，也产生和积淀了许多棘手的矛盾和问题。近百年来的社会主义革命和建设实践告诉我们，无论是理论界还是政府部门，都要十分重视对生产方式的研究。

第二，在理论研究和社会主义现代化建设实践中，还要把生产力与生产方式区别开来。首先，生产力不同于生产方式。生产力体现的是人们在社会生产中形成的与自然界之间的联系，是生产力各要素或人们与生产资料相互结合并发挥作用的形式。而生产方式体现的则是人们在社会生产中共同活动和相互交换其活动而发生的社会联系、社会结合的方式，是生产的社会组织形式。其次，马克思在《资本论》及其相关著作的许多地方

---

① 《马克思恩格斯全集》第27卷，人民出版社1972年版，第479页。

都明确指出，人与自然的联系或与生产资料的相互结合，属技术学、工艺学方面的问题，不是政治经济学的研究对象。只有在人与自然的结合影响和改变生产关系时，才把它列入自己的研究范围，否则，就会喧宾夺主，冲淡对生产方式和生产关系的研究，使政治经济学演化为生产力经济理论。再次，我国老一辈经济学家熊映梧教授，开拓了以生产力为对象的生产力经济学研究，为生产力经济学学科的构建和发展，做出了卓越的贡献，但长期以来并未得到理论界和有关部门的重视。如果把生产力列入政治经济学的对象，则不仅会削弱政治经济学的研究及其学科的发展，而且也会把生产力经济学的研究及其学科的构建，淹没在中国特色社会主义政治经济学理论建设和现代化建设的红潮大浪之中。最后，生产力是一个庞大的系统，包括资源开发和利用、环境优化和保护、生态维护和平衡、经济社会可持续发展等问题。把生产力与生产方式区别开来，开辟生产力经济学研究及其学科的构建，对我国正在进行的改革开放和社会主义现代化建设，具有较强的针对性和实践意义。

第三，要充分认识资本主义生产方式的二重性。与世界上的任何事物一样，资本主义生产方式也具有二重性。一方面，"表现为劳动过程转化为社会过程的历史必然性"；另一方面，又"表现为资本通过提高劳动过程的生产力来更有利地剥削劳动过程的一种方法"。[①] 一方面，它是具体的、客观的、具有鲜明特点的、在人类社会发展到资本主义阶段而产生的生产方式；另一方面，由于其内在的基本矛盾以及由此派生的各种矛盾的对抗性发展和作用，又具有历史性、暂时性和向新的更高级社会生产方式发展的过渡性。依据资本主义生产方式的这种二重性，一方面，可以使我们认识这种生产方式是人类社会发展到一定历史阶段的必然产物，具有一定的进步性和合理性；另一方面，又可以使我们认识这种生产方式是榨取血汗的艺术的进步，具有剥削雇佣劳动的职能。一方面，可以使我们认识这种生产方式产生、发展的物质前提和历史前提；另一方面，又可以使我们认识这种生产方式所具有的各种弊端，以及由于其内在的各种矛盾的对抗性所导致的历史命运。一方面，可以使我们更加深刻认识马克思所揭示的资本主义灭亡和社会主义、共产主义胜利同样不可避免这一历史趋势的伟大真理性；另一方面，又可以使我们充分认识老一辈无产阶级革命家开

---

① 马克思：《资本论》第一卷，人民出版社 1975 年版，第 372 页。

创的社会主义事业赋予我们的历史使命之光荣、伟大及其艰巨性。

第四，要充分认识资本主义生产方式的具体形式诸如经济体制、管理模式和治理结构等的二重性。资本主义生产方式具有二重性，同样，资本主义生产方式的具体形式——经济体制、管理模式和治理结构也具有二重性。马克思指出："一切规模较大的直接社会劳动或共同劳动，都或多或少地需要指挥，以协调个人的活动，并执行生产总体的运动……所产生的各种一般职能。……一旦从属于资本的劳动成为协作劳动，这种管理、监督和调节的职能就成为资本的职能。"[1] "资本家的管理不仅是一种由社会劳动过程的性质产生并属于社会劳动过程的特殊职能，它同时也是剥削社会劳动过程的职能。"[2] "资本主义的管理就其形式来说是专制的。"就其本质来说，则是"对抗"的。[3] 他还批判了资产阶级政治经济学家在考察资本主义生产形式时，把"从共同劳动过程的性质产生的管理职能，同从这一过程的资本主义性质因而从对抗性质产生的管理职能混为一谈"的荒谬行径。[4] 20世纪中期以来，资本主义生产方式的具体形式，在宏观方面已经演变成私人经济活动与政府经济活动互为补充、相互结合的"混合经济"形式[5]，在微观方面，也大多采取了"股东至上"的公司制，并且，为了"调动"职工的积极性，还发明了"股份合作""职工持股"的制度形式等。然而，尽管资本主义生产方式在宏观和微观等不同层次进行了种种变革，但在其本质上，却依然未能摆脱"资本"的干系。因此，我国的改革开放和社会主义现代化建设，在借鉴和吸收西方管理经验时，必须有分析、有鉴别，把"从共同的劳动过程的性质产生的管理职能，同从这一过程的资本主义性质因而从对抗性质产生的管理职能"区别开来，剔除其糟粕，吸取其精华，洋为中用。

第五，要在区分不同性质的商品经济的基础上，把商品经济与市场经济区别开来。商品经济是以商品为纽带、以交换为目的的经济形式。作为社会生产中人们共同活动和互相交换其活动的生产方式，它既是一般的又是特殊的。说它是一般的，是因为它存在并适应于不同的社会经济形态。

---

① 马克思：《资本论》第一卷，人民出版社1975年版，第367—368页。

② 同上书，第368页。

③ 同上书，第369页。

④ 《马克思恩格斯全集》第23卷，人民出版社1972年版，第369页。

⑤ 胡代光：《西方经济学词典》，经济科学出版社2000年版，第523页。

说它是特殊的，是因为在人类社会的不同发展阶段，又具有不同的特点。例如，虽然同是高度社会化的生产方式，但资本主义商品经济和社会主义商品经济，在所有制前提、商品范围、生产目的、服务对象等方面，却具有不同的特点。而市场经济则是商品经济运行的调节机制，也称市场机制。作为商品经济运行的调节机制或市场机制，也具有二重性，有一般和个别之分。说它是一般的，是因为凡商品经济的运行，都需要市场机制的调节。但随着商品经济的发展，在其发展的不同阶段，市场调节的范围、程度和特点，又有显著区别。例如，在简单商品经济和发达商品经济的初期，其经济运行以市场机制完全的和自发的调节为特点。在已经发展了的发达商品经济阶段，其经济运行，既有市场机制调节又有计划机制调节。不过，这时的经济运行是以市场机制调节为主。在高度社会化的商品经济阶段，其调节机制一般以计划机制调节为主、市场机制调节为辅。并且，市场机制调节和计划机制调节的力度、种类和范围，还要受到生产关系及其经济制度的规定和制约。在目前的商品经济中，资本主义商品经济，由于以资本为主体的所有制结构、生产关系结构及其经济制度结构的规定和制约，其调节机制则依然以市场机制调节为主。社会主义商品经济，则由于受到以社会主义公有制为主体的所有制结构、生产关系结构及其经济制度结构的规定和制约，其经济运行就既有市场机制调节，又有计划机制调节，两者相互结合，互为补充。但一般来说，计划机制在宏观领域应起主导和决定的作用。在目前正在进行的我国改革开放和社会主义现代化建设中，由我们的国情所决定，必须运用二重性的方法，在区别不同性质的商品经济的基础上，把商品经济与市场经济或市场调节机制区分开来。否则，就会照搬西方的资本主义商品经济模式，跌入私有化、市场化、自由化的陷阱之中。我们要发展社会主义商品经济，也主张充分利用市场机制的作用，但也要反对和警惕把商品经济宽泛化。要充分认识政府职能商品化、产业化和过度市场化对我国经济社会发展的腐蚀作用。

第六，要把生产方式与生产关系、属于生产方式的经济运行体制机制与属于生产关系的经济制度和制度体制机制区别开来。上面说过，生产方式是人们在社会生产过程中共同活动和互相交换其活动而相互结合的方式，是生产的社会组织形式。生产方式有宏观和微观之分，从宏观上说，生产方式具体表现为经济运行体制及其调节机制。从微观上说，生产方式具体表现为企业管理制度、管理体制、治理结构等。而生产关系则是生产方式内含的人们之间的物质利益关系或经济关系，作为其法律化形式，经济制度的功能作用，则是通过其制度体制机制而得到实现的。生产方式不等于生产关系，属于生产方式的经济运行体制机制也不等于属于生产关系的经济制度及其制度体制机制。在改革开放和社会主义现代化建设中，必须把上述具有不同内涵的概念区别开来。如果把生产方式与生产关系混淆起来，则不是把资本主义生产关系当作生产方式，加以借鉴或移植过来，从而使我国的社会主义生产关系演变为资本主义的生产关系；就是把生产方式当作资本主义生产关系，拒绝借鉴和吸收西方生产方式中合理的和有益的成分，搞关门主义。同样，如果把属于生产方式的经济运行体制机制与属于生产关系的经济制度、制度体制机制混淆起来，则不是把西方的经济制度、制度体制机制当作属于生产方式的经济运行体制机制，借鉴或移植过来，从而使我国的社会主义经济制度、制度体制（如党委领导下的分工负责制）和运作原则（如民主集中制）演变为资本主义经济制度、制度体制机制；就是把属于资本主义生产方式的经济运行体制机制当作资本主义生产关系的经济制度、制度体制机制，拒绝借鉴吸收其中的合理的和有益的成分，从而使我们社会主义的生产方式凝固化，不利于我国的社会主义现代化建设。在近年来的改革开放和社会主义现代化建设中，上述不同倾向都曾不同程度地出现过，并且已经和正在给我国改革开放和社会主义现代化建设带来极大的消极影响。可见，在我国改革开放和社会主义现代化建设中，把上述具有不同内涵的概念区别开来，具有何等重要的意义。

第七，要重视生产关系的系统性、结构性和整体性研究。生产关系的系统性，就是在人类社会发展的一定历史阶段，不同性质、不同层次的生产关系及其基本要素，按照一定的内在联系和逻辑关系相互结合而形成的生产关系的总和。生产关系的结构性，就是不同性质、不同层次的生产关系及其基本要素相互结合而形成的相互联系、相互渗透、相互作用的对立统一关系。生产关系的整体性，就是不同性质、不同层次的生产关系及其基本要素相互联系、相互渗透、相互作用而形成的有机整体。无论是生产关系系统、生产关系结构，还是生产关系整体，都有一个质的规定和量的比例问题，并且都受质量互变规律作用的决定和制约。据此，在我国改革开放和社会主义现代化建设中，无论是理论界，还是政府有关部门，对于生产关系变革、调整的政策设计，都要高度关注其中所包含质的规定和量的比例，都要高度关注质量互变规律在其中所起的作用，要从生产关系的系统、结构和整体上来观察、分析、安排和处理问题。然而，几十年来，由于西方经济理论和新自由主义思潮的侵入，加上唯心主义和形而上学方法论的影响，我们在社会主义生产关系变革、调整的政策设计上，出现了一些值得注意的倾向性问题。例如，在生产关系的层次性方面，较多注重所有制关系方面的研究和变革，而较少关注由所有制关系变化所引起的生产关系其他方面，诸如劳动关系、社会成员在社会生产中的地位及其相互关系、管理关系和收入分配关系等方面的变化；同时也很少关注不同性质的生产关系及其基本要素相互渗透、相互作用，以及这些渗透和作用对生产关系系统、结构乃至整体性质的影响等具有较强针对性和现实性的问题。再如，在生产关系结构方面，淡化不同性质、不同层次的生产关系及其基本要素之间的对立统一关系，片面强调所有制结构、产业结构、企业结构的调整和优化，结果，不仅压缩了公有制经济尤其是国有经济的活动空间，而且使公有制经济尤其是国有经济的运营处于尴尬和困难的境地。还有一些政策设计甚至职能部门，不顾生产关系系统、结构和整体中不同性质、不同层次的生产关系及其基本要素之间质的规定和量的比例以及质量互变规律的作用，积极推动国有企业"混合所有制改革"，允许和鼓励外国资本和本国"社会资本"广泛参与，不限部门，不限领域，不限股权比例；对国有企业或改制后的"混合所有制企业"，下放权力，只管资本，不管制度及其运行；结果，不仅削弱了党和政府对企业的领导、监督和管理，使一些企业的社会主义性质发生变异，而且，也使我国生产关系系统、生产关系结构和生产关系整体的社会主义性质面临失落的危险。上述倾向说明，在改革开放和社会主义现代化建设中，对生产关系进行系统性、结构性和整体性研究，从生产关系系统、结构和整体角度观察、分析、安排和处理问题，不仅具有现实的针对性，而且也具有时间的紧迫性。

第八，还要重视研究《资本论》研究对象的世界观基础和方法论问题。马克思在《〈政治经济学批判〉序言》《资本论》第一卷序言和跋中告诉我们，他对政治经济学的研究，是在他和恩格斯创立的唯物主义历史观指导下，运用唯物辩证法的方法论进行的。如果没有这一世界观的指导，就无法发现人类社会形态发展的连续性和阶段性，就无法揭示人类社会由低级向高级发展的历史轨迹及其趋势。同样，如果不运用唯物辩证法的方法论，也无法发现并揭示人类社会发展中的各种矛盾，尤其是生产力与生产方式、生产方式与生产关系、经济基础与上层建筑的基本矛盾；也就不能通过对这些矛盾及其运动的分析，找出人类社会发展的根本动力、直接动力以及变革社会、促进发展的物质力量，也就无法揭示人类社会波浪式、曲折发展的客观规律。历史和实践已经并将继续证明，唯物主义历史观和唯物辩证法的方法论，是我们分析矛盾、认识事物、解决问题的望远镜和显微镜。近年来，我们在改革开放和社会主义现代化建设中出现的经济、政治、社会和思想文化意识形态等方面的偏差和带有倾向性的问题，无不与偏离唯物主义历史观的指导和违背唯物辩证法的方法论有关。可见，在改革开放和社会主义现代化建设实践中，刻苦学习、努力掌握、熟练运用唯物主义历史观和唯物辩证法的方法论，不仅是必要的，其意义也是深远的。

重塑马克思主义政治过程理论

——基于"经济基础和上层建筑"学说的拓展

高 岭 卢 获

摘要 一个有解释力的马克思主义政治过程理论，必须能够回应新政治经济学的核心论题。文章借鉴吉登斯的"经济基础—阶级结构—上层建筑"的分析框架，重塑马克思主义政治过程理论。作为马克思主义政治过程理论的根本假设的社会人，本质上是理性社会人。马克思主义政治过程理论以阶级结构为中枢，沟通了等级制的劳动过程理论和革命性的制度变迁理论。劳动过程塑造了阶级结构，阶级结构进而主导了政治机构的组织形式和功能，这构成政治过程的国家理论。马克思主义国家理论日趋成熟，但地方政府理论是薄弱环节。要超越新政治经济学，马克思主义的国家治理理论任重道远。

关键词 新政治经济学 理性社会人 制度变迁 国家治理

随着党中央对政治经济学研究的重视，马克思主义政治经济学在新时期愈加繁荣，构建中国特色社会主义政治经济学成为新时期推进中国政治经济学建设的重中之重。习近平总书记早就指出，社会主义市场经济是经济与政治的辩证统一，经济与政治是现代社会中两个紧密联系着的重要范畴，而马克思在《资本论》中揭示了经济与政治之间的决定与被决定的关系。[①]可见，从《资本论》对政治、经济之间关系的分析出发，构建旨在研究政治、经济之间互动关系的马克思主义政治过程理论，不仅是发展

[作者简介] 高岭，中国人民大学经济学院博士研究生；卢获，中国人民大学经济学院教授、博士生导师。

① 习近平：《对发展社会主义市场经济的再认识》，《东南学术》2001 年第 4 期。

和推进马克思主义政治经济学，进而推进中国特色社会主义政治经济学建设的重要一环，也是发展社会主义市场经济的需要。但理论界对马克思主义政治过程理论的研究相当单薄，近乎空白，而这正是本文的研究价值所在。

"科学家的弟子学习的方式是试图寻找证据来反驳他的老师，以此来验证老师的假设是否可靠；而预言家的信徒则以不断重复师傅的每一句话为己任。"① 马克思无疑是科学家，作为科学家的弟子，马克思主义者应该正视这样一个事实：一直以来，政治经济学研究更多的是把马克思主义理论放在宏观层面上理解，而在微观结构层面上的理解和探索还不够多，需要进一步加以充实和发展。相比之下，把政治、经济纳入一个统一的分析框架的新政治经济学②，在政治经济活动的参与人以及参与人之间关系的设定，政治过程理论、官僚体制理论等微观层面的研究上取得了重大进展。在新的历史时期，马克思主义政治经济学要巩固其在中国经济学建设和发展中的主导地位，必须推进马克思主义政治经济学的微观结构层面的研究。一个有解释力的马克思主义政治经济学的政治过程理论应该能够解释新政治经济学的主要基本问题：参与人的设定、参与人之间的关系设定、政治过程和官僚体制。

马克思关于政治、经济之间互动关系的分析，零星地散落在其众多著作之中，这些零散的思想片段统一于马克思的"经济基础—上层建筑"的宏大分析框架。马克思的"经济基础和上层建筑关系"的学说，无疑在马克思的历史唯物主义中具有非常重要的位置。③ 不幸的是，关于这个问题的既有研究，不论是政治哲学领域还是政治经济学领域，要么陷入"经济基础"和"上层建筑"在概念上的争论的泥淖，要么陷入"经济基础"和"上层建筑"之间的二元关系的抽象思辨的旋涡。④ 本文借鉴吉登

---

① 拉佐尼克：《车间的竞争优势》，徐华等译，中国人民大学出版社 2007 年版，第 68 页。
② 即以布坎南为代表的公共选择学派的新古典主义政治经济学及其当代发展（以阿西莫格鲁和拉丰为代表）。
③ 张亮：《英国马克思主义的"经济基础和上层建筑"学说》，《哲学动态》2014 年第 9 期。
④ 这方面的文献可参见张亮《英国马克思主义的"经济基础和上层建筑"学说》，《哲学动态》2014 年第 9 期；黄光秋《国内马克思经济基础与上层建筑思想研究综述》，《宁夏大学学报》（人文社会科学版）2016 年第 3 期；王晓升《"经济基础"和"上层建筑"二分观献疑》，《江苏社会科学》2012 年第 1 期。

斯的"经济基础—阶级结构—上层建筑"的分析框架，突破了传统的经济基础和上层建筑的二元关系的抽象思辨以及建立其上的宏大叙事范式。通过把马克思的"经济基础—上层建筑"的分析框架具体化，重构马克思主义政治过程理论，使其能够回应新政治经济学的核心论题。文章的结构安排如下：第一部分重申马克思主义政治过程理论（其实是整个政治经济学）的基本假设，第二部分阐述作为政治过程的制度变迁理论，第三部分阐述作为政治过程的国家治理理论，第四部分是结论。

一　马克思"社会人假设"的微观结构

现代经济学研究都遵循一定的分析框架[①]，从最基本的假设出发，包括经济环境的结构性假设和经济活动参与主体的行为假设[②]，也即关于经济活动参与人的设定以及参与人之间关系的设定。马克思主义政治经济学对经济活动参与人以及参与人之间关系的设定，集中体现的是"社会人假设"。在这个假设中，"社会人""是一定的阶级关系和利益的承担者"[③]，是一定阶级的代表。关于"社会人假设"的微观结构，理论界主要有两种看法：①马克思说的社会人是理性的社会人，它反映了马克思对资本主义生产关系的本质的深刻认识；②马克思说的社会人不仅有理性成分，也有非理性成分。对此，笔者认为，这两种观点都没有捕捉到马克思说的"社会人假设"的全貌。笔者在接下来的部分将结合马克思的文本对以上两种观点进行批判分析，还原马克思的"社会人假设"，并提出完善该假设的必要性和可行性。

"社会人假设"是马克思在对古典政治经济学的原子化的"经济人假设"的批判中形成的。在马克思看来，"被斯密和李嘉图当做出发点的单个的孤立的猎人和渔夫，属于 18 世纪的缺乏想象力的虚构。……这是假象，只是大大小小的鲁滨逊一类故事所造成的美学上的假象"[④]。"孤立的

---

①　钱颖一：《理解现代经济学》，《经济社会体制比较》2002 年第 1 期；田国强：《现代经济学的基本分析框架与研究方法》，《经济研究》2005 年第 2 期。

②　杜宁华：《经济学实验的内部有效性和外部有效性》，《学术月刊》2017 年第 8 期。

③　《马克思恩格斯文集》第五卷，人民出版社 2009 年版，第 10 页。

④　《马克思恩格斯文集》第八卷，人民出版社 2009 年版，第 5 页。

一个人在社会之外进行生产——这是罕见的事"。① "只有到 18 世纪，在'市民社会'中，社会联系的各种形式，对个人来说，才表现为只是达到他私人目的的手段，才表现为外在的必然性。但是，产生这种孤立个人的观点的时代，正是具有迄今为止最发达的社会关系（从这种观点看是一般关系）的时代。"② 这个肇始于古典政治经济学，并被新古典经济学所沿袭的"经济人假设"，其背后的方法论支撑是个体主义，它强调个人先于社会，社会不过是个人面对的一系列外在约束条件③，经济活动的参与人之间的行为关系表现为一种原子式的互动或者机械式的反应。④ 在这一点上，格兰诺维特和马克思的看法是一致的，即基于"经济人假设"的行动者就像独立的原子一样运行在社会脉络之外⑤，具有"低度社会化"的理论缺陷。

很多学者都用马克思对"经济人假设"的分析批判包括斯密在内的一切坚持个体主义分析范式的学者，但实际上，这个批判并不完全适用于斯密。这不仅仅是因为斯密的经济人具有利己和利他双重属性⑥，更重要的是利他（斯密说的同情心）背后反映了一种社会性，这种社会性足以表明斯密研究的人不是脱离社会关系的原子化的个体，因为"只有社会中的人才会有同情心"。⑦ 这一点在《道德情操论》中表现得尤为明显。只是斯密没有对人的这两种属性做系统化的理论处理。马克思一直强调"人的本质是人的真正的社会关系"，"我们的出发点是从事实际活动的人"。⑧ "在社会中进行生产的个人，——因而，这些个人的一定社会性质的生产，当然是出发点。"⑨ 由此可见，马克思研究的人的确是"社会人"，是没有"去社会化"的行为人。就其本质属性来说，这个"社会人"本质上是理性人：资本家追求剩余价值最大化，工人的追求虽然多样（工资、劳动条件、劳动时间等），但总可规约为其自身利益最大化。

① 《马克思恩格斯文集》第八卷，人民出版社 2009 年版，第 6 页。
② 同上。
③ 周业安：《人的社会性与偏好的微观结构》，《学术月刊》2017 年第 6 期。
④ 张良桥、冯从文：《理性与有限理性》，《世界经济》2001 年第 8 期。
⑤ 马克·格兰诺维特：《镶嵌：社会网与经济行动》，罗家德译，社会科学文献出版社 2007 年版，第 8 页。
⑥ 孟捷：《经济人假设与马克思主义经济学》，《中国社会科学》2007 年第 1 期。
⑦ 周业安：《论偏好的微观结构》，《南方经济》2015 年第 4 期。
⑧ 《马克思恩格斯选集》第一卷，人民出版社 1995 年版，第 73 页。
⑨ 《马克思恩格斯文集》第八卷，人民出版社 2009 年版，第 5 页。

这一点基本没有争议。问题在于马克思研究的"社会人"还有没有"非理性"属性？答案是否定的。

马克思的确强调过人是有激情的存在物①，"在社会历史领域内进行活动的是具有意识，经过思虑或凭激情行动的追求某种目的的人。"② "无论利己主义还是自我牺牲，都是一定条件下个人自我实现的一种必要形式。"③ 总之，"社会人"的内在属性既包括"吃、喝、性等动物性机能，另一方面包括社会性机能"。④ 但是，在这里，我们不能仅仅看到马克思对人的认识涉及了情感的非理性的一面，更重要的是要看到这是马克思在整个人类行为的抽象层面对"人"的本质的考察，即"人的类本质"⑤的考察。而在资本主义生产方式统治下，工人是异化的工人，劳动是异化的劳动，工人"同自己的类本质相异化"。⑥ 这种异化决定了雇佣工人与其内在的激情、本能等自由的有意识的活动之间，是一种"异己的、不属于他的活动的关系"。⑦ 虽然这种潜在的非理性活动有可能被"阶级觉悟"或"革命意识"激活，但正如在资本主义生产方式的作用下，被异化的工人的"阶级觉悟"并不总是存在，工人内在的"激情""自我牺牲"等"非理性属性"，只是一种"或然"存在。在资本主义的劳动过程中，工人"除了麻木、疲惫或者马克思一再强调的痛苦，并没有其他感情需要特别拿出来讨论"。⑧ 只有到了共产主义阶段，"共产主义是作为否定的否定的肯定，因此，它是人的解放和复原的一个现实的、对下一段历史发展来说是必然的环节。""人以一种全面的方式，就是说，作为一个总体的人，占有自己的全面的本质。""从这时起，社会内部感到受它束缚的力量和激情就活动起来。"⑨ 在资本主义阶段，既然异化的劳动和异

---

① 成伯清、李林艳：《激情与社会——马克思情感社会学初探》，《社会学研究》2017 年第 4 期。

② 《马克思恩格斯选集》第四卷，人民出版社 1995 年版，第 247 页。

③ 《马克思恩格斯全集》第 3 卷，人民出版社 1960 年版，第 275 页。

④ 马克思：《1884 年经济学哲学手稿》，人民出版社 1985 年版，第 51 页。

⑤ 根据马克思的表述，人的类本质是一个种的整体特性、种的类特征就在于生命活动的性质，而自由的有意识的活动恰恰就是人的类特征。

⑥ 段忠桥：《马克思的异化概念与历史唯物主义》，《江海学刊》2009 年第 3 期。

⑦ 《马克思恩格斯全集》第 3 卷，人民出版社 2002 年版，第 271 页。

⑧ 成伯清、李林艳：《激情与社会——马克思情感社会学初探》，《社会学研究》2017 年第 4 期。

⑨ 《马克思恩格斯文集》第五卷，人民出版社 2009 年版，第 873 页。

化的激情都不能复归和实现劳动与激情的本质①，既然在异化的状态下，"生命是扭曲的，甚至是衰落的，不能显示出内在的激情和力量"②，那么也就谈不上马克思用以分析资本主义运行规律的"社会人假设"具有激情等非理性属性。由此可见，马克思"既承认人类行为理性目的性特点，又承认非理性如激情、本能等内容"的论断③，显然忽视了真实的人与人的类本质并不直接也不必然同一，忽视了马克思的"异化理论"的约束。④

　　否定马克思的"社会人"是"完全理性"的另一途径是，把马克思对剩余价值的实现过程的"不确定性"的分析联系起来，声称马克思把不确定性"引入"了"对资本主义生产当事人的行为模式的分析"⑤，进而把理性的资本家归为有限理性的资本家。马克思的确说过，"价值革命越是尖锐，越是频繁，独立价值的那种自动的、以天然的自然过程的威力来发生作用的运动，就越是和资本家个人的先见和打算背道而驰"。⑥ 可是，资本家的这种"不能确知将获得多少剩余价值或利润"⑦ 的不确定性，本质上是源于劳动力这种商品的特殊性，内生于资本主义生产过程的不确定性。资本家无时无刻不在致力于减少这种不确定性，手段是资本家"在资本主义生产过程中对劳动进行控制，需要压迫、适应、同化与合作的某种混合"。⑧ 因此，根本不存在马克思"引入"不确定性的说法，这种"不确定性"本身就是资本主义生产过程的一种客观存在。

---

　　① 成伯清、李林艳：《激情与社会——马克思情感社会学初探》，《社会学研究》2017 年第4 期。

　　② 同上。

　　③ 林岗、刘元春：《制度整体主义与制度个体主义》，《中国人民大学学报》2001 年第2期。

　　④ 理论界关于如何看待马克思的异化理论存在争议：一种观点认为，异化理论是马克思早期不成熟的表现而后不再使用；另一种观点则认为，异化理论是马克思一以贯之的理论观点。前一种观点可参见段忠桥《马克思的异化概念与历史唯物主义》，《江海学刊》2009 年第 3 期；后一种观点可参见俞吾金《"道德评价优先"到"历史评价优先"——马克思异化理论发展中的视角转换》，《中国社会科学》2003 年第 3 期。笔者则比较认同陈先达（1982）的观点，即马克思的异化理论是动态的，是复合的；马克思反对的是唯心主义和人本主义的异化观，并没有抛弃自己确立的异化劳动理论，而是清除了附在上面的费尔巴哈杂质。详情可参见陈先达《马克思异化理论的两次转折》，《中国社会科学》1982 年第 2 期。

　　⑤ 孟捷：《经济人假设与马克思主义经济学》，《中国社会科学》2007 年第 1 期。

　　⑥ 马克思：《资本论》第二卷，人民出版社 1975 年版，第 122 页。

　　⑦ 孟捷：《经济人假设与马克思主义经济学》，《中国社会科学》2007 年第 1 期。

　　⑧ 谢富胜：《资本主义劳动过程与马克思主义经济学》，《教学与研究》2007 年第 5 期。

即使资本主义生产过程中的不确定性"从根本上摧毁了资本主义生产当事人进行最大化算计的可能性"①，也只能说明资本家没有实现利润最大化。"没有实现"不等于"不想实现"。理性化的资本家追求的是利润最大化，并没有要求一定能实现，而只是表明其行为导向是利润最大化。由"资本家并不总是能实现利润最大化"，导出"资本家是有限理性人"的问题在于，有限理性的产生不仅是因为个人层面的知识、信息不足，还因为个人与社会关系层面的约束②，即社会性约束。正是这种社会性使个人在自利偏好之外还有利他偏好。马克思的异化理论已经表明，人内在的情感（社会性）在资本主义生产过程中异化了。根据托兰斯（Torrance，1977）的研究，马克思的异化还包含社会学意义上的疏远，即人与人之间变得相互陌生甚至对立。③ 这种"情感异化"排除了"利他"的可能性，只剩下情感麻木的工人和贪恋利润的资本家。"在资本主义社会中，其他无用的、不能带来利益的激情或脉脉温情都在摒除之列。"④"人和人之间除了赤裸裸的利害关系，除了冷酷无情的'现金交易'，就再也没有任何别的联系了。"⑤ 进一步地，如果注意到"只有在越来越多地占有抽象财富成为他的活动的唯一动机时，他才作为资本家或作为人格化的、有意志和意识的资本执行职能"⑥，就不会认为理性化的资本家是"有限理性。"

要证明作为资本家的社会人具有非理性的一面，就必须证明资本家的行为动机不仅仅是剩余价值或利润最大化。这才是"非理性"的核心要义。马克思的整体主义研究方法决定了理性化的社会人只能是"完全理性"。只有是"完全理性"，社会人作为"阶级"的代表才能逻辑自洽，作为个体的"社会人"和作为整体的"阶级"在行为上才具有一致性。否则，"非理性"导致的个体异质性将使阶级范畴面临"加总难题"。弗利（2004）显然意识到了这个问题的严重性，声称在马克思那里，"个人和阶级之间的同一性是被严格地论证了的，所以把许多个别工人或资本家

① 孟捷：《经济人假设与马克思主义经济学》，《中国社会科学》2007 年第 1 期。

② 周业安：《人的社会性与偏好的微观结构》，《学术月刊》2017 年第 6 期。

③ 成伯清、李林艳：《激情与社会——马克思情感社会学初探》，《社会学研究》2017 年第 4 期。

④ 同上。

⑤ 《马克思恩格斯文集》第二卷，人民出版社 2009 年版，第 34 页。

⑥ 《马克思恩格斯文集》第五卷，人民出版社 2009 年版，第 178 页。

加总，以得到相应的阶级行为的问题几乎不会出现"。① 但弗利没想到的是"加总问题"的解决同时是另一问题的开始——格兰诺维特所说的"过度社会化"，即一个人的社会阶级一旦已知，完美的社会化就使他的行为方式已经被决定。② 为了回避"过度社会化"问题的挑战，有学者就开始辩护声称："在马克思那里，人并不限于是其阶级的代表。"③ 殊不知，这种遁词和辩护不仅有悖于马克思的整体主义方法论思想，而且会削弱马克思的阶级分析法的严谨性。④ 阶级分析法的整体主义决定了"在马克思那里，资本主义生产的当事人是他所属阶级的代表，其行为和动机是由其一般存在条件，即阶级属性所决定的"。⑤ 这种整体主义决定了"社会人"被深深地"嵌入"社会生产关系，"社会人"的行为模式完全由其嵌入的社会生产关系所塑造，即个体完全由社会结构塑造。简言之，"强整体主义"决定了个体与社会环境之间的"过度嵌入"（过度社会化陷阱）。

马克思的方法论决定了"社会人"是"理性社会人"，而现代认知心理学和行为经济学的研究已经证明不存在"完全理性"的人，情感等非理性因素在人的决策中起到了非常重要的作用。当代资本主义实践也表明："要弄明白资本主义的成功发展，关键不是明白资本家怎样从工人身上获取剩余价值，而是要明白工人的劳动和技能怎样和资本家的投资结合在一起，为资本家和工人双方创造足够的价值，让劳资双方都获益。"⑥ 资本家和工人之间呈现的这种"合作共赢"的"非零和博弈"表明，资本家除了有"像狼一般地贪求剩余劳动"⑦ 的理性（利己）的一面，还有非理性（互惠）的一面。当然，这种合作可能只是资本控制劳动的一

① D. K. Foley, "The Strange History of the Economic Agent", *The New School Economic Review*, 2004, Vol. 1, No. 1, p. 3.

② 格兰诺维特：《经济行动与社会结构：镶嵌问题》，载格兰诺维特《镶嵌：社会网与经济行动》，罗家德等译，社会科学文献出版社 2015 年版，第 6 页。

③ 孟捷：《经济人假设与马克思主义经济学》，《中国社会科学》2007 年第 1 期。

④ 马克思的确分析过"阶级"的形成条件，即个体只有具备了"阶级意识"，才能形成阶级。但马克思在运用阶级分析法时，默认了不存在"无阶级意识"的情况。对马克思来说，"阶级意识"的真正作用在于促成"革命运动"，正是在这个意义上，我们说阶级意识就是革命意识。

⑤ 孟捷：《经济人假设与马克思主义经济学》，《中国社会科学》2007 年第 1 期。

⑥ 拉佐尼克：《车间的竞争优势》，徐华等译，中国人民大学出版社 2007 年版，第 77 页。

⑦ 《马克思恩格斯文集》第五卷，人民出版社 2009 年版，第 306 页。

种手段，但也可能是社会化的人因为内在的"亲社会性"而产生的社会合作倾向。根据拉佐尼克对企业史的研究，即使在 19 世纪的英国，资本家对工人的残酷的剥削就已经越来越局限于家庭企业和小型的"血汗作坊"，大规模企业里对工人的剥削是越来越少见了，因为合作性的生产关系可以为生产力发展提供基础。① 这与马克思当年的观察有所出入。但这并不是对马克思的剩余价值理论的否定；相反，是一种补充，它提醒我们研究资本主义劳动过程时，除了关注资本家与工人之间的对抗关系，还要考虑合作关系。尤其是这种合作性的生产关系不能仅仅从资本对劳动的技术控制出发，必须考虑到资本家可能具有的社会互惠偏好。

或许有人会说资本家的互惠偏好只是形式上的利他，本质还是利己，这实际上是一种"理性中心主义"，其实质是把利他行为利己化，把非理性行为理性化，这种方法在贝克尔那里达到顶峰。但这种处理存在诸多局限。② 理性中心主义从经济活动参与人的行为结果，而不是从行为人的内在偏好本身（社会心理）出发，因而不能区别利他主义的两种形式："形式的利他行为"和"实质的利他行为"。前者的利他是为了能够利己，包括以利他为工具谋取个人的"社会价值"③；后者是指利他本身就是目的，其行为完全是由纯粹的利他偏好或"亲社会性"驱动的。森（2002）以改善穷人的处境为例，阐明了这两种利他模式。④ 正如森（2002）的分析，形式的利他或开明的利他本质仍然是利己，因而可以纳入理性分析范式，但理性分析范式不能容纳实质的利他模式，而这正是人的社会性的本质。要识别这种实质性的利他模式的发生机制，结果导向的"显示性偏好"的研究进路行不通，必须把偏好内生化，这进而要求诉诸人的社会心理和认知模式的研究。20 世纪后半叶兴起的行为和实验经济学正是按照这个进路研究人的"社会偏好"，形成了"偏好的微观结构理论"。⑤

---

① 拉佐尼克：《车间的竞争优势》，徐华等译，中国人民大学出版社 2007 年版，第 71 页。
② 杨春学：《经济人的"再生"：对一种新综合的探讨与辩护》，《经济研究》2005 年第 11 期；汪丁丁：《"卢卡斯批判"以及批判的批判》，《经济研究》1996 年第 3 期。
③ Lindenberg, S., "Homo Socio – Oeconomicus: The Emergence of a General Model of Man in the Social Science", *Journal of Institutional and Theoretical Economics*, 1999, 146, pp. 727 –748.
④ 详情可参见阿马蒂亚·森《从自由看发展》，中国人民大学出版社 2002 年版。
⑤ 周业安（2015，2017）首次使用并系统地阐述了"偏好的微观结构"理论，以及人的社会性与偏好结构的内在关联。周业安：《论偏好的微观结构》，《南方经济》2015 年第 4 期；周业安：《人的社会性与偏好的微观结构》，《学术月刊》2017 年第 6 期。

根据社会偏好的微观结构理论，人的内在的认知结构同时存在直觉系统和理性系统。情感和理性这两种偏好存在互动，或是挤入效应或是挤出效应。① 这种互动同时排除了"理性中心主义"和"非理性中心主义"，实现了对人的"适度社会化"处理。

考虑到实质利他的可能性，我们就不能不重新考虑情感，不能不考虑"社会人"的非理性的一面。正如社会学对人的研究揭示的那样，"社会人假说"区别于"经济人假说"的关键就在于人有情感。② 我们的确需要在马克思的"社会人假设"中引入情感。对于宏观结构主义者的质疑——"在阶级社会中，情感不值得认真考虑"，笔者赞同巴巴（Barba, 1996）的看法，"这是一种资产阶级式的模糊处理，必须予以拒绝"。③ 但接下来的问题是，如何引入情感？资本主义社会并不是一种没有情感的社会④，而马克思的异化理论所呈现的资本主义社会如果说"不是没有情感的社会"的话，就是赫希曼（Hirschman, 1997）所说的"利益驯服了激情的社会"，或者说是"情感商品化的社会"。⑤ 这种对待情感的视角本质上仍然是一种理性主义，这种看待社会化的视角仍然深深地陷在"过度社会化"的泥淖之中。"社会化"应当被看成是社会再生产持续中的一种要素，是社会过程的内在时间性的体现，它绝不是"社会"给"个体"被动地打上的烙印。⑥ 要实现一种适度社会化的处理，给予情感一个积极的角色地位，我们需要一种方法论上的"弱整体主义"⑦，即个体受社会环境的影响和社会结构的制约，但这种影响和制约不是决定性的，个体仍有一定的自主性，个人的情感仍然在行动中发挥作用。

---

① 周业安：《人的社会性与偏好的微观结构》，《学术月刊》2017 年第 6 期。

② 成伯清、李林艳：《激情与社会——马克思情感社会学初探》，《社会学研究》2017 年第 4 期。

③ Barbalet, J. M., "Class Action and Class Theory: Contra Culture, Pro Emotion", *Science and Society*, 1996, Vol. 60 (4), pp. 482 – 483.

④ 成伯清、李林艳：《激情与社会——马克思情感社会学初探》，《社会学研究》2017 年第 4 期。

⑤ 同上。

⑥ 吉登斯：《社会理论的核心问题》，郭忠华等译，上海译文出版社 2015 年版，第 140—141 页。

⑦ "弱整体主义"是周业安教授在《行为经济学思想史谱系》提出的一种方法论视角，这种视角试图弥补方法论个体主义和整体主义的不足。

二 作为政治过程的制度变迁理论

马克思把政治、经济之间的互动关系表述为"一定的生产方式以及与它相适应的生产关系，简言之，'社会的经济结构，是有法律的和政治的上层建筑竖立其上并有一定的社会意识形态与之相适应的现实基础'，'物质生活的生产方式制约着整个社会生活、政治生活和精神生活的进程'"。为避免有人把马克思的这一理论误解为"经济决定论"，恩格斯对马克思的政治、经济互动原理做了进一步阐释。恩格斯指出，政治与经济"是两种不相等的力量的交互作用：一方面是经济运动，另一方面是追求尽可能多的独立性并且一经产生也就有了自己的运动的新的政治权力。总的说来，经济运动令政治权力替自己开辟道路，但是它也必定要经受它自己所造成的并具有独立性的政治运动的反作用"。① 这种反作用甚至"决定经济的发展"。② 这样，马克思主义的政治、经济之间的互动关系，就"不存在发生学上的决定关系，而是表现为社会系统中的结构整合和功能互补的关系"。③

传统的政治经济学把马克思的政治、经济互动原理简单地表述为经济决定政治、政治影响经济或经济基础决定上层建筑、上层建筑反作用于经济基础，这种粗暴的简化忽视了在马克思的分析框架中，政治与经济之间或经济基础与上层建筑之间存在一个中介枢纽——阶级结构。正如吉登斯所认识的那样，在马克思的理论中，阶级是生产关系与上层建筑之间的主要联系枢纽。阶级关系是政治权力分配所围绕的轴心，是政治组织所依赖的枢纽。④ 而上层建筑使阶级支配体系秩序化和正当化。⑤ 正是通过阶级体系这一媒介，生产关系构成了"有法律的和政治的上层建筑竖立其上并有一定的社会意识形态与之相适应的现实基础"。⑥ 只有认识到了这一

---

① 《马克思恩格斯选集》第四卷，人民出版社 1972 年版，第 182 页。
② 郭定平：《论中国政治与经济的系统整合》，《社会科学》1995 年第 10 期。
③ 同上。
④ 吉登斯：《资本主义与现代社会理论》，郭忠华等译，上海译文出版社 2013 年版，第 52 页。
⑤ 同上书，第 56 页。
⑥ 同上书，第 55 页。

点，我们才能真正理解马克思的革命性制度变迁理论的分析框架：在社会相对稳定的时期，生产方式与内在于生产方式中的社会关系之间保持着某种平衡，而上层建筑则通过阶级支配的媒介维持着这种平衡。当生产活动领域逐渐发生变化时——就像罗马时期所发生的情况那样，在主导的农业经济领域中发展出制造业和商业——这些新的生产力与现存的生产关系就会形成张力，引发矛盾，这些矛盾将通过公开的阶级斗争的形式表现出来，最终演变成为政治领域的革命斗争。这些斗争的结果是，"或者斗争的各阶级同归于尽"（如罗马），或者"整个社会受到革命改造"，就像资本主义取代封建主义那样。①

马克思主义的制度变迁理论内嵌于政治过程理论。但是，要完整地理解马克思主义的政治过程理论，进而制度变迁理论，必须解决两个关键问题：一是生产方式的界定；二是阶级、阶级结构的界定。诚然，理论界对作为政治经济学研究对象的生产方式的内涵做了大量研究②，但迄今仍未达成共识。既有研究抽象地讨论生产方式，忽视了范畴的辩证转化运动，从而意识不到制度变迁意义上的"生产方式"蕴含的微观基础。如果没有微观基础，一个基于生产方式变迁的宏观分析框架就不能分析"资本主义制度是如何作为特定历史过程导致特殊生产方式出现的"③，或者"只能用抽象的一般规律描述特定的资本主义社会是怎样获得发展的，而不能将这些发展奠基于一般规律之上"。④ 这要求我们必须探寻生产方式的微观结构。根据哈维的研究，马克思的生产方式有三个含义。⑤ 和哈维一样，谢富胜（2011）倾向于把作为政治经济学研究对象的生产方式理解为第二种含义，即占主导地位的劳动过程，然后以它为起点建构整体意义上的生产方式。⑥ 生产方式的这个重塑过程实际上正是生产方式的第二种含义向第三种含义的辩证运动过程，因为哈维说的第三种含义即内容丰

① 吉登斯：《资本主义与现代社会理论》，郭忠华等译，上海译文出版社2013年版，第57—58页。
② 丁堡骏、高岭、王金秋（2014）对此作了批判性评论，可参见丁堡骏、高岭、王金秋《论政治经济学研究对象的客观性》，《税务与经济》2014年第4期。
③ 谢富胜、宋宪萍：《资本主义劳动过程研究：从缺失到复兴》，《马克思主义研究》2011年第10期。
④ 同上。
⑤ David Harvey, The Limits to Capital, Chicago：The University of Chicago Press, 1982, p. 25.
⑥ 谢富胜、宋宪萍：《资本主义劳动过程研究：从缺失到复兴》，《马克思主义研究》2011年第10期。

富、统摄一切的、能够比较不同社会形态的生产方式，实际上就是社会制度变迁意义上的生产方式。如果理解这一点，重塑资本主义生产方式的微观结构，其实就是沟通资本主义劳动过程和资本主义制度变迁。

正如"劳动一般"是现代政治经济学的起点①，劳动过程是政治经济学理论体系的起点。马克思在《资本论》第一卷阐述了劳动过程的一般理论，但没有引起应有的重视，直到布雷弗曼的《劳动与垄断资本》问世，马克思的劳动过程理论的研究才得以复兴。② 在资本主义生产方式的作用下，每一种特定的劳动过程或生产过程都有相应的生产组织形式与之相适应，以最大化剩余价值。在一定意义上，资本主义劳动过程的发展史同时是资本主义生产组织的变迁史。③ 对马克思来说，劳动过程的生产效率决定于资本对劳动过程的有效控制。④ 一旦控制失灵，即劳资关系恶化，因而影响到生产效率，进而利润率，资本家就会千方百计地引入新技术，从而引起生产组织变革，在新的生产组织下，雇佣工人回归于对资本家的"臣服"状态。生产组织的革新、劳动过程的调整伴随着生产的资本有机构成的变动，从而一定的雇佣结构即生产性劳动与非生产性劳动的比例关系。正是资本有机构成的变动使资本主义经济根深蒂固地存在一种利润率下降的结构性趋势⑤，进而经济危机。但是，在资本主义生产关系所能容纳的最大生产力释放出来以前，危机带来的就不是资本主义制度的革命；相反，是资本主义生产组织的自我调整。总之，单个企业的劳动过程塑造了特定的生产组织，一旦这种劳动过程在整个社会扩大再生产中占据了主导地位，这种生产组织就会透过资本循环（积累）体系形成一个稳定的社会经济结构。这时，微观层面的生产方式即劳动过程就上升到了

---

① 转引自吉登斯《资本主义与现代社会理论》，郭忠华等译，上海译文出版社 2013 年版，第 62 页。

② 马克思的劳动过程理论经历了从缺失到复兴的过程，现在已有很丰富的研究文献，相关的研究进展可参见谢富胜、宋宪萍《资本主义劳动过程研究：从缺失到复兴》，《马克思主义研究》2011 年第 10 期；谢富胜《控制和效率：资本主义劳动过程理论与当代实践》，中国环境科学出版社 2012 年版。

③ 资本主义劳动过程的演变和生产组织的变迁的具体阐述，可参见谢富胜《马克思主义经济学中生产组织及其变迁理论的演进》，《政治经济学评论》2005 年第 1 辑；谢富胜《资本主义劳动过程与马克思主义经济学》，《教学与研究》2007 年第 5 期。

④ 谢富胜：《资本主义劳动过程与马克思主义经济学》，《教学与研究》2007 年第 5 期。

⑤ 吉登斯：《资本主义与现代社会理论》，郭忠华等译，上海译文出版社 2013 年版，第 68 页。

宏观层面的生产方式即生产力与生产关系的统一。

不幸的是，正统的马克思主义劳动过程理论遭遇了范式危机：20 世纪 90 年代以来，劳动过程研究发生了后现代主义转向。[①] 具体来说，以布雷弗曼为代表的正统马克思主义劳动过程理论，强调资本主义生产过程的演进打破了直接生产者（工人）的"思想与行动、概念与执行以及心和手的统一"。这使"劳动过程的主观因素改变了地位，成为劳动过程的无生命的客观因素之一……从此管理部门就作为唯一主观要素，来进行这种过程"。[②] 这种强调劳动过程客体因素的范式遭到了布若威的猛烈批判，"布雷弗曼仅仅看到生产过程中管理控制和原子化的一面，而无法将工人的反抗和斗争纳入其中"[③]，"取消了对工人的主体性的关注"。[④] 布若威对劳动过程的主观因素的关注引发了劳动过程研究的后现代主义转向，并日益成为主流范式。

这场范式之争触及了社会学的一个核心概念"社会化"。从这个角度来看，当前劳动过程理论研究的范式之争其实就是如何处理劳动过程中的"社会化"问题。所谓后现代主义转向不过是对劳动过程的"高度社会化"到"低度社会化"处理的转变。前者过度强调工人在劳动过程中的客体性，后者则过度强调其主体性，都没有超越主体性与客体性的二元对立。在社会再生产分析中尝试超越主客体之间传统的二元划分是社会理论的一项任务。我们必须避免任何诸如此类的社会化论述：或者假定主体被社会客体所决定（个体完全被社会所塑造），或者与此相对照，把主体视为理所当然和无须解释，把它看作是人的本质特征。[⑤] 如何超越劳动过程的主体性、客体性的二元对立，即寻求一种对劳动过程的"适度社会化"[⑥] 处理，是发展马克思主义劳动过程理论的关键所在。

根据格兰诺维特的镶嵌理论，工人镶嵌于资本主义生产关系或资本对

---

① 谢富胜、李钟瑾：《主体性与劳动过程研究的后现代转向》，《教学与研究》2013 年第 5 期。

② 布雷弗曼：《劳动与垄断资本》，方生等译，商务印书馆 1979 年版，第 152 页。

③ 布若威：《制造甘愿——垄断资本主义劳动过程的历史变迁》，转引自李洁《重返生产的核心》，《社会学研究》2005 年第 5 期。

④ 李洁：《重返生产的核心》，《社会学研究》2005 年第 5 期。

⑤ 吉登斯：《社会理论的核心问题》，郭忠华等译，上海译文出版社 2015 年版，第 131 页。

⑥ 周业安（2015）在《论偏好的微观结构》一文（载《南方经济》2015 年第 4 期）中提出了"适度社会化"这个术语。

劳动的控制关系中，但是，这种生产关系结构不可能完全抹杀工人的主体性，表现为工人的个人化的多样的主观追求，这种追求并不必然符合整个"阶级"的利益，或者说工人内在的"非理性"冲动会淡化其"阶级觉悟"，这种觉悟就是"反映在一个阶级或一个阶级的某一部分的理解力和活动之中的那种社会内聚性"。① 工人在生产关系中会自发地结成一个社会网络结构，在这个网络中，工人的人口学特征（如群内认同、性别、年龄等）显得尤为重要。所以，工人个体的主体性是一定不能忽视的。但是，工人个体的主体性的确会受到雇佣关系结构的制约，但这种制约或控制不可能完全是机械的。总之，在资本主义劳动过程中，工人的劳动既不会完全沦为客观因素，也不会完全沦为主观因素，而是介于两者之间的一种中间状态。

劳动过程研究的后现代主义转向，释放了工人的主体性，改变了工人在劳动过程中的被动局面，这是一个进步。以往的马克思主义研究传统高估了技术作为资本家操纵工人的一个工具的效用②，即机械化解决了工人难驯服的问题③，没有意识到机械化的引入对于工人对生产过程控制权的丧失，只是一个必要条件，而不是充分条件。④ 用格兰诺维特的话说，这种分析方法"夸大了镶嵌的程度"或"人被过度社会化了"。⑤ 劳动过程研究范式的转向与其说是后现代主义思潮的产物，不如说是理论界对劳动过程的"嵌入"性问题在认识论上发生了转变。而劳动过程的嵌入问题根源于对劳动过程的参与人以及参与人之间关系的设定，这说明发展马克思主义劳动过程理论的前提是完善马克思的"社会人假设"。

如果说劳动过程是马克思主义的政治过程理论的微观基础，阶级理论则是沟通微观基础和宏观结构的中枢。正是马克思将阶级与经济结构有效地联系起来，他轻松地从个体工人转向了整个资本主义。⑥ 马克思在将制度与社会变迁联系起来的过程中，阶级支配起了媒介和中枢的作用。然

---

① 布雷弗曼：《劳动与垄断资本》，方生等译，商务印书馆 1979 年版，第 31 页。
② 拉佐尼克：《车间的竞争优势》，徐华等译，中国人民大学出版社 2007 年版，第 14 页。
③ 同上书，第 39 页。
④ 同上书，第 40 页。
⑤ 格兰诺维特：《镶嵌：社会网与经济行动》，罗家德等译，社会科学文献出版社 2015 年版，第 3 页。
⑥ 斯威德伯格：《经济社会学原理》，周长城等译，中国人民大学出版社 2005 年版，第 8 页。

而，虽然马克思在《资本论》《共产党宣言》《路易·波拿巴的雾月十八日》等诸多著作中，多次使用"阶级"并论及"阶级关系"，但马克思始终没有给"阶级"这个关键范畴做出明确的界定，是一个不争的事实。这不可避免地引起了后人对"阶级"概念的肆意发挥。众多学者都在使用"阶级"，但他们是在不同的意义层面使用的。其中，只有少数人会对其使用的阶级概念做出界定和说明，其余的多数人则不加说明地使用，这导致围绕阶级结构（分类）的讨论处于混乱状态。[①] 根据理查德·沃尔夫的研究，理论界对"阶级"概念的主流解释和划分主要有两种：一是按个体拥有的财富或收入界定（财产论）。这种界定在古希腊就已经存在，按照这种界定方式，全体社会成员就划分出富人阶级、中产阶级和穷人阶级，这个意义上的阶级就是今天在社会学中比较流行的"阶层"概念。二是按个体拥有的权力或支配力界定（权力论）。国内政治经济学界比较流行的"地位论"，即按个体在社会生产关系中所处的地位（是否占主导）划分阶级[②]，就属于"权力论"。只不过，权力论和财产论一样，有一个"中间阶级"，而地位论没有，其坚持的是对立的二元阶级论。

虽然财产论和权力论对"阶级"的本质的认识存在差异，但它们在分析现实的社会结构时，经常（无意识地）把两者混在一起使用。就阶级斗争追求的两大目标——平等和民主来说，财产论认为，收入再分配的改善自然会促进权力再分配的改善；而权力论认为，权力再分配的改善会自然促进收入再分配的改善。实践证明，无论是财产论还是权力论，都没有完美地解释欧洲的社会结构变迁，以其理论指导的革命也没有实现平等和民主两大目标，两大理论范式也因此陷入迷茫。[③] 当他们在问自己的理论是不是遗漏了什么时，马克思也在思考：怎样修正，才能使新的阶级理论能够指导革命实践，实现平等和民主。最终，马克思发现，传统的财产论和权力论遗漏的是社会过程——剩余（价值）的生产和分配。马克思由此建立了基于剩余的"阶级"概念或理论（剩余论），马克思认为，基

① Richard D. Wolff, "Marxian Class Analysis", in *Routledge Handbook of Marxian Economics*, Edited by David M. Brennan et al., pp. 29 - 30, London and New York: Routledge, 2017.

② 阶级的"地位论"的阐释可参见赵峰《资本主义经济增长的逻辑》，经济科学出版社2009年版，第109—111页。

③ Richard D. Wolff, "Marxian Class Analysis", in *Routledge Handbook of Marxian Economics*, Edited by David M. Brennan et al., pp. 30 - 31, London and New York: Routledge, 2017.

于剩余的阶级过程塑造了财产和权力的分配，进而社会结构。对此，沃尔夫认为，马克思对阶级的认识，从早期的财产论和权力论过渡到剩余论标志着马克思的阶级理论的成熟。① 沃尔夫的判断无疑是正确的。

沃尔夫对马克思的阶级概念的再认识，使马克思的阶级分析重回马克思主义政治经济学研究传统——生产的视角。笔者完全赞同沃尔克的分析，阶级过程和劳动过程相伴而生，必须在资本主义生产过程中分析阶级、阶级的形成和演化。自进入垄断资本主义以来，资本主义劳动过程发生了重大变化，非生产性劳动越来越多，工人阶级内部发生分化。马克思的二元阶级结构分析不断遭受质疑和挑战。面对质疑，布雷弗曼指出，马克思本人从来没有从社会阶级结构方面区分生产工人和非生产工人，而是把两者统称为"雇佣工人"。② 布雷弗曼认为，那些企图超越马克思的二元阶级结构论，在资本家阶级和工人阶级之间划出一个"中间阶级"或"新工人阶级"的人，夸大了生产性劳动（职业）与非生产性劳动（职业）的区别，或者说忽视了两者的区别只在过去比较显著。在过去，非生产性职业曾是工人逃避成为"不幸"的生产工人的手段，而现在和生产工人一样不幸。简言之，成为一名雇佣工人就是不幸，无论是否是生产工人。③ 从长期趋势看，与标准的工人阶级有所不同的所谓中间阶级会"日益符合工人阶级的定义"。④ 这类似于马克思当年把资本家阶级和工人阶级之外的其他阶级（人群）视为"过渡阶级"的做法。对布雷弗曼来说，"中间阶级"就是"过渡阶级"，其终将沦为"工人阶级"。布雷弗曼甚至认为，定义"中间阶级（阶层）"都几乎是不可能的事情，因为"各阶级、阶级结构和整个社会结构都不是固定不变的实体，而是正在进行的富于各种变化的过程，不能简化为一些公式，无论这类公式从分析上说是多么合适"。⑤

---

① Richard D. Wolff, "Marxian Class Analysis", in *Routledge Handbook of Marxian Economics*, Edited by David M. Brennan et al. , pp. 31 – 33, London and New York: Routledge, 2017.

② 布雷弗曼：《劳动与垄断资本》，商务印书馆 1979 年版，第 373—374 页。

③ 同上书，第 373 页。

④ 同上书，第 358 页。

⑤ 同上书，第 363 页。

　　与布雷弗曼的看法相反，赖特从"阶级意识"① 着眼，指出"肯定不会出现这样的情况，'各个方面都与资本家一样'的高层管理人员会在阶级斗争中更可能站在产业工人一边而不是资产阶级一边"。② 赖特不仅批判马克思传统的二元阶级结构论或简单的两极分化论（布雷弗曼属于这一类），还批判了其他流行的"中间阶级"论，包括新小资产阶级论、新的阶级论、中间阶层论。③ 赖特指出，以上四种阶级理论的一个共同的缺陷是假定了"阶级结构中的每一种地位都要属于并且仅属于一个阶级"④，而现实中，人们"可能同时处于多个阶级之中"⑤，赖特用"阶级关系内的矛盾定位"表示"阶级"和"地位"之间的非同构关系，并以此界定"中间阶级"：中间阶级群体的地位具有资产阶级和工人阶级的双重性质。赖特对剥削的认识深受约翰·罗默的影响，但赖特超越罗默的地方在于把生产过程纳入阶级关系的定义，这一点同沃尔夫的认识是一致的。

　　赖特对马克思的阶级理论的重构几乎是里程碑式的成功，但他的阶级理论并不是彻底的生产视角的阶级理论；相反，它更像是"修正版"的财产论。赖特把资本主义生产过程的组织方式（过程）界定为"组织资产"，把高级的资格证书界定为"技术资产"。这样，资本主义生产过程就有了三种生产性资源或资产：生产资料资产、组织资产、技术资产。拥有生产资料资产和组织资产的是资产阶级，拥有组织资产或技术资产的是中间阶级，不拥有任何资产的是工人阶级。这种财产论的阶级分析方法偏离了马克思的基于剩余（价值）的阶级分析法。但赖特对"阶级关系内的矛盾定位"的认识是一个重大创新，它注意到了"企业社会化"的影响：社会化的个体具有多重身份或地位，因而可能同时属于不同的阶级群体。据此，笔者基于马克思的剩余论提出一个由三大阶级构成的社会阶级结构。在剩余价值生产和分配过程中，处于绝对支配地位的是资本家阶级，有一定支配地位的是中间阶级，而没有任何支配力、完全处于被支配

---

　　① 奥索斯基拓展了马克思的"阶级意识"的内涵：阶级意识不仅包括阶级认同，还包括一个阶级对其在阶级结构中所处位置的认知，以及对阶级区分、阶级利益或阶级团结的认知。可参见 S. Ossowski, *Class Structure in the Social Consciousness*, London: Routledge and Kegan Paul, 1963, pp. 143 – 148。

　　② 赖特：《阶级》，刘磊、吕梁山译，高等教育出版社 2006 年版，第 39 页。

　　③ 同上书，第 40—45 页。

　　④ 吴清军：《从学理层面重新审视阶级的概念与理论》，《社会》2008 年第 4 期。

　　⑤ 同上。

地位的是工人阶级。换言之，内嵌于资本主义生产网络的权力等级决定了阶级结构的层级分布。资本家阶级的绝对支配力源自生产资料所有权，中间阶级的支配力源自对劳动过程的管理和控制，这个群体兼有资本家阶级和工人阶级的双重特征，由高级的非生产工人组成。那些低级的非生产工人和生产工人一起构成工人阶级。

三　作为政治过程的国家治理理论

在马克思看来，经济权力和政治权力是紧密地联系在一起的，尽管两者并非完全不可分离。"经济基础—阶级结构—上层建筑"原理必须置于历史的背景下进行考察：虽然政治机构的形式与生产方式紧密相连，但统治阶级在整个阶级体系中的实际地位或力量决定了政治机构的具体形式。即使是同一生产方式，政治机构的形式也可能因统治阶级的力量的差异而有所不同。比如，同为资本主义国家，强势的资产阶级与专制君主的结盟会催生坚固的官僚制的发展（如法国），而弱势的资产阶级与强势的土地贵族的媾和则把官僚制弱化到了最低点（如英国）。[①] 这表明阶级结构塑造或主导了政治机构（国家）的组织形式和职能。然而，阶级如何主导了政治，主导的实现形式是什么？这正是马克思主义国家理论要回答的。但在这个问题上，马克思主义内部并未达成共识，存在工具主义和结构主义两种范式之争，即著名的"密里本德—普兰查斯之争"（Miliband - Poulantzas Debate，1969 - 1979）。[②]

密里本德的国家理论继承了马克思、恩格斯的传统，即"在全部纷繁复杂的政治斗争中，问题的中心仅仅是社会阶级的社会的和政治的统

---

① 吉登斯：《资本主义与现代社会理论》，郭忠华等译，上海译文出版社 2013 年版，第 52—53 页。

② 这场争论的缘起、争论的具体内容、交锋以及这场争论对马克思主义国家理论研究走向的影响，可参见 Clyde W. Barrow，"The Miliband - Poulantzas Debate：An Intellectual History"，In Stanley Aronowitz and Peter Bratsis，*Paradigm Lost：State Theory Reconsidered*，Minneapollis：University of Minnesota Press，2002，pp. 4 - 52；张亮：《20 世纪 70 年代"英国马克思主义"国家理论的多元发展》，《天津社会科学》2016 年第 4 期。

治"①，强调"斗争的概念是马克思主义政治学的核心"②，把阶级结构、阶级斗争作为分析国家问题的核心和逻辑起点。③ "国家是阶级统治的工具，它为统治阶级的利益服务"，是密里本德的国家理论的中心思想，也因此被冠以工具主义的国家理论。普兰查斯从结构主义出发，对密里本德的国家理论进行了猛烈批判，坚持认为资本主义国家存在的目的或者说服务的对象只有一个，那就是维持资本主义的再生产；精英阶级成为统治阶级只是一个巧合，因为无论谁成为统治阶级，国家都会再生产出资本主义关系。④ 虽然在论战中，密里本德落了下风，但这并不代表其国家理论就逊色于普兰查斯。正如海伊所观察到的那样，当前的马克思主义国家理论倾向于在密里本德的工具主义和普兰查斯的结构主义之间寻求一条折中的第三条道路，就马克思主义国家理论的未来走向看，密里本德和普兰查斯的影响可谓旗鼓相当。⑤

"密里本德—普兰查斯之争"和"麦克弗森之问"⑥，促进了马克思主义国家理论的大繁荣。但这种繁荣局限于国家性质的讨论、阶级矛盾在国家的组织结构中的作用及国家的组织形式在资本主义生产方式的演化过程中发生的变动等，而对于等级制的科层的国家组织的官僚化治理涉及甚少。马克思的官僚政治理论，无疑是发展马克思主义政府治理理论的逻辑起点。马克思的官僚政治理论的一个重要思想来源是对黑格尔的《法哲学原理》的批判。在黑格尔看来，官僚机构"是一个更高的社会公仆的机构，这些公仆是从中产阶级竞争中吸收进来的"。⑦ 这些公仆在"政府事务上的分工"，即行政部门的官僚制，构成了市民社会中人们特殊的、

---

① 《马克思恩格斯选集》第三卷，人民出版社 1995 年版，第 334 页。

② Ralph Miliband, *Marxism and Politics*, Oxford University of Press, 1977, p. 17.

③ 张亮：《20 世纪 70 年代"英国马克思主义"国家理论的多元发展》，《天津社会科学》2016 年第 4 期。

④ Poulantzas, N. and Miliband, R., The Problem of the Capitalist State, In R. Blackburn (ed.) *Ideology in Social Science*: *Readings in Critical Social Theory*, NY: Pantheon Books, 1972, pp. 238 – 262.

⑤ 张亮：《马克思主义国家理论及其当代发展——柯林·海伊教授访谈录》，《学海》2011 年第 2 期。

⑥ 自由主义政治理论家麦克弗森挑衅马克思主义国家理论时，抛出这么一个问题：我们需要国家理论吗？详情参见 C. B. Macpherson, "Do We Need a Theory of the State", *European Journal of Sociology*, 1977 (2)。

⑦ 戴维·麦克莱伦：《马克思主义以前的马克思》，李兴国等译，社会科学文献出版社 1992 年版，第 121 页。

个体的利益与国家的普遍特征之间的中介。换言之，等级官僚制存在的价值在于，把市民社会中个人的"具体"利益与国家政策的"抽象"性质之间建立起合作的层面。① 黑格尔把官僚制视为市民社会与国家之间的中介的看法，遭到了马克思的批评。马克思指出，黑格尔把官僚制权威建立在虚幻的普遍性基础上，忽视了官僚制所代表的和维护的其实是一种特殊利益。因而，官僚组织中的权威等级（层级）非但不会促成联结市民社会和国家的中介，反而有助于集中政治权力，使其从市民社会的公民手中分离出去。② 独立于市民社会的"官僚机构是国家祭司……官僚机构认为它自己是国家的最终目的……官僚政治是谁也跳不出的圈子。它的等级制是知识的等级制。上层在各种细小问题的知识方面依靠下层，下层则在有关普遍物的理解方面依赖上层，结果彼此都使对方陷入迷途……就单个的官僚来说，国家的目的变成了他的个人目的，变成了他升官发财、飞黄腾达的手段"。③

对马克思来说，虽然官僚制是一种特别不负责任的政治管理形式④，但消灭官僚制需要一个历史过程，因为官僚制、国家、阶级的消亡是一个同步的过程，"是以生产力的发展达到一定水平、物质匮乏不复存在和个人的全面发展为前提的"。⑤ "如果没有这种发展，那就只会有贫穷的普遍化；而在极端贫困的情况下……全部陈腐的东西又要死灰复燃。"也就是说，只有等到实现社会主义的条件成熟了，才能消灭官僚制。马克思在《法兰西内战》中以"巴黎公社"为图景，展示了"他是如何设想在社会主义社会中消除官僚制的"。⑥ 第一，公社由普选选出的代表组成，这些代表对选民负责，随时可以撤换。第二，公社不应当是议会式的，而应当是同时兼管行政和立法的工作机关。警察和官吏失去了一切政治职能，而变为公社的随时可以撤换的负责机关。第三，

---

① 吉登斯：《资本主义与现代社会理论》，郭忠华等译，上海译文出版社 2013 年版，第299—300 页。

② 同上书，第300 页。

③ 《马克思恩格斯全集》第 1 卷，人民出版社 1956 年版，第301—303 页。

④ 吉登斯：《资本主义与现代社会理论》，郭忠华等译，上海译文出版社 2013 年版，第300页。

⑤ 曼德尔：《权力与货币：马克思主义的官僚理论》，孟捷等译，中央编译出版社 2002 年版，第15 页。

⑥ 吉登斯：《资本主义与现代社会理论》，郭忠华等译，上海译文出版社 2013 年版，第301页。

从公社委员起，自上至下一切公职人员，都只应领取相当于工人工资的薪金。社会公职已不再是中央政府走卒们的私有物。第四，公社实现了真正的廉价政府（取消了常备军和官吏），它本质上是工人阶级的政府。①

曼德尔结合对苏联的官僚主义实践的研究，进一步阐释了马克思的官僚消亡理论。曼德尔认为，官僚的消亡需要同时具备政治前提、社会条件、经济条件以及制度条件。政治前提是缩减政府规模，扩大社会主义的多元的政治民主；社会条件是广大群众必须有能力并乐于承担"一般社会事务"的管理所要求的任务，发展和扩大自治；经济条件是物质上的"丰裕"，实现消费的饱和；制度条件是在资源配置过程中，生产者、消费者、公民能够进行自由的、自觉的、事先的选择。② 曼德尔的官僚政治理论在本质上仍是国家治理理论，仍然把国家作为一个整体进行研究，没有进一步深入作为整体的国家组织的内部结构，也就不可能探讨地方政府和中央政府的组织形式的差异。如何协调地方政府和中央政府的利益冲突，是（新古典主义）新政治经济学的核心论题，而马克思主义政治经济学在这方面的研究刚刚起步。其实，这并没有什么奇怪的。在20世纪70年代以前，马克思主义政治经济学"一直没有地方政府的现成理论"。③ 地方政府理论一直是马克思主义国家理论的薄弱环节。④ 在科伯恩（1977）正式提出"地方国家"概念以及正式的地方政府的经验研究前，虽然有一些马克思主义国家理论涉及了地方政府的职能，这些研究以卡斯特尔的集体消费理论和奥康纳的国家财政危机理论为代表，但在他们的分析中存在经济决定论倾向，政治因素居于次要位置，且主要侧重国家层面，基本上不重视地方政治和地方国家。⑤ 科伯恩（Cockburn, 1977）的研究则彻底改变了这种局面，科伯恩第一次把地方政府（地方国家）摆在首要位置，而不是国家（中央）政府。科伯恩否定地方政府自治论，认为地方政府从属于中央政府（国家）并为其分担部

---

① 《马克思恩格斯全集》第17卷，人民出版社1963年版，第358—361页。
② 曼德尔：《权力与货币：马克思主义的官僚理论》，孟捷等译，中央编译出版社2002年版，第237—260页。
③ Cockburn, Cynthia, *The Local State: Management of Cities and People*, London: Pluto press Limited, 1977, p. 41.
④ 高鉴国：《新马克思主义城市理论》，商务印书馆2006年版，第228页。
⑤ 同上书，第228—230页。

分职能①，地方政府的主要（特殊）功能就是确保劳动力和生产关系的
再生产。②

　　科伯恩对地方政府的研究在学术界引起了强烈反响，在获得众多
赞誉的同时，也招致了不少批评。最主要的批评来自斯托克（Stoker，
1991），斯托克批评科伯恩对中央政府和地方政府之间关系的描述过
于简单。科伯恩过于强调地方政府和中央政府的利益的一致性和合作
关系，忽视了地方政府和中央政府之间可能的冲突和紧张关系，从而
不能解释 20 世纪 80 年代以及早期中央政府和地方政府之间存在的明
显冲突。③ 斯托克的批评无疑是正确的，但批评总是容易的，建设总是
困难的。迄今为止，马克思主义的地方政府理论仍然没有取得实质性进
展，可以说科伯恩（1977）的研究仍然是一座高峰。要理解中央政府
和地方政府之间的关系（合作抑或冲突），发展和完善马克思主义国家
治理理论，笔者认为，可从以下三个方面突破：第一，如何理解作为组
织的政府，中央和地方的组织关系和激励机制是什么；第二，社会再生
产和阶级关系如何塑造了官僚体系（集团）；第三，政府行为动机的基
本假设。限于篇幅以及这项研究的艰巨性，我们目前仅就第三点做进一
步说明。在政府的行为动机问题上，必须放松"完美代理人假设"。我
们可以不质疑中央政府是国家的完美代理人，仁慈地为自己的国民着
想，但这不意味着我们不能质疑地方政府是否仁慈，地方政府是为中央
政府服务的，是中央政府管理地方的代理人。既然是代理人，他就有其
自己的利益诉求。从这个角度看，布坎南把"经济人假设"引入政治
市场是有些许道理的。总之，如何在科伯恩的研究基础上，进一步推进
马克思主义的地方政府理论，是今后马克思主义政治过程理论要努力的
方向。

---

① Cockburn, Cynthia, *The Local State*：*Management of Cities and People*，London：Pluto Press Limited，1977，p. 46.

② 高鉴国：《新马克思主义城市理论》，商务印书馆 2006 年版，第 233 页。

③ Stoker, Gerry, *The Politics of Local Government*，London：Macmillan Education Ltd.，1991，pp. 231 – 233.

四　小结

发展马克思主义政治过程理论，不仅是完善马克思主义政治经济学理论体系的需要，更是应对新政治经济学挑战的需要。新古典经济学在经历了"去政治化"后，政治过程理论的研究"陷入了贫乏枯竭的状态"。①为拯救这个局面，以布坎南为代表的公共选择学派开始把新古典经济学的分析方法扩展到政治领域，经过几代人的努力，最终形成了把政治、经济纳入一个分析框架的新政治经济学。相比之下，马克思主义政治经济学没有这么"曲折"。马克思始终把"政治经济学"当作历史科学意义上的"社会科学"对待。马克思对"政治经济学"这一术语的运用并不直接涉及政治与经济之间关系的研究；相反，它暗含了一种思考经济的方法。②这种方法强调一种思想，即市场经济是遵循一定的规律运行的，而这些规律根源于社会扩大再生产。③

尽管如此，我们绝不能说马克思没有对政治、经济之间的互动关系进行研究。很多学者正是忽视了这一点，而把建构中国政治经济学的新方向指向新政治经济学。其实，对于新政治经济学的核心论题，马克思的确提供了零星的片段，但不成体系。本文通过借鉴吉登斯的"经济基础—阶级结构—上层建筑"的分析框架，把马克思留下的相关思想片段系统化，重塑了马克思主义政治过程理论。马克思主义政治过程理论的行为人假设，无疑是社会理性人。这是由马克思的理论分析范式决定的。马克思建构的理论是关于整体资本主义的理论，而且是特长期的长时段理论，意在刻画资本主义的运作逻辑和规律。在这个分析框架下，个人的社会理性必然占主导。如果我们想要分析某一时段或某一局部的微观经济现象，放松社会理性假定，引入情感等非理性，未尝不是一个好方法。马克思主义政治过程理论以劳动过程为起点，以阶级结构为中枢，构成了制度变迁理论和国家治理理论。在内容上，比新政治经济学的政治过程理论更丰富，但

---

① 林德布洛姆：《政治与市场》，上海三联书店1992年版，第1页。

② 卡波拉索、莱文：《政治经济学理论》，刘骥等译，江苏人民出版社2009年版，第72页。

③ 高岭：《两种不同分析范式的资源配置论》，《税务与经济》2017年第1期。

在理论建构的精致度上有所不足。马克思主义国家治理论探讨了社会生产关系对官僚组织形式的制度约束、官僚体制的起源和消亡的历史条件。但是，对于消亡前的官僚体制的治理的研究比较匮乏，而这正是新政治经济学的官僚理论的核心。要超越新政治经济学，未来的马克思主义研究必须在官僚体制的治理方面有所突破。

马克思主义国家理论及其现实意义

——以西方国家职能演变为视角

钢 花

摘要 马克思主义国家理论包含对国家起源、国家本质、国家职能、国家消亡等问题的研究，其中关于国家职能二重性学说具有重要的现实意义。本文以马克思主义国家理论为基础，结合西方主要资本主义国家的发展历程，对国家职能演变规律进行探讨，指出随着社会生产力的发展以及资本主义生产关系的不断调整，国家对经济的干预管理职能呈现出不断扩张与强化的趋势。

关键词 马克思主义 国家理论 国家职能

马克思主义国家理论是马克思主义政治经济学理论体系的重要组成部分，虽然在马克思主义理论中没有完善、系统的国家学说，但在马克思、恩格斯为后人留下的大量文献中，可以归纳出他们对国家问题的探讨与认识，提炼出有关国家理论的思想与观点。马克思、恩格斯对国家起源、国家本质、国家职能、国家消亡等问题进行了科学而深入的阐述，他们把国家的阶级性与公共性统一起来，论证了国家所兼具的阶级统治和社会公共管理双重职能。从西方主要资本主义国家的发展过程来看，随着社会生产力的发展，资本主义市场经济从自由竞争发展到垄断，资本主义的生产关系也随之不断做出调整，资本主义国家的职能也随着经济基础的变化而发生了重大变化，国家对经济的干预管理职能呈现出不断扩张与强化的趋势。

[作者简介] 钢花，内蒙古财经大学经济学院副教授，经济学博士。

一　马克思主义国家理论的形成及
对国家职能的探讨

　　马克思、恩格斯通过对黑格尔国家观、近代自由主义国家观进行批判性认识、对空想社会主义国家学说进行扬弃，逐步形成了以辩证唯物主义和历史唯物主义为基础的科学的国家理论。马克思曾于 1844 年计划写作一部有关现代国家理论的著作，已制定了初步的写作框架，包含"现代国家起源的历史""国家和市民社会""国家管理和公共管理"等内容。①之后，马克思、恩格斯合作，对国家形成的现实条件、国家的形式、国家的职能等问题做了大量研究，并对国家与经济基础之间的关系进行了深入分析，共同写作了《德意志意识形态》。19 世纪 50 年代，是马克思主义国家理论发展的一个重要阶段，在《1857—1858 年经济学手稿》中，马克思提出了"五篇计划"的构想，《国家》是其中第三篇，从而最早确立了国家理论在政治经济学理论体系中的地位。之后，马克思在"五篇计划"的基础上，又提出了《政治经济学批判》的"六册计划"，并在 1859 年发表的《政治经济学批判》（第一册第一分册）的"序言"中说明了这一"计划"："我考察资产阶级经济制度是按照以下的次序：资本、土地所有制、雇佣劳动；国家、对外贸易、世界市场。"② 从这一研究计划的结构和内容来看，国家理论在整个理论体系中占有重要地位。前三册主要研究的是一国范围内的经济运动过程；而后三册将研究的是世界范围内的资本运动过程和相关的国际经济问题。《国家》这一册是前三册向后三册过渡的桥梁，它是前三册内容在国家层面上的概括和总结，同时又以之为基础，引向对国际经济问题的分析。之后，虽然马克思调整了研究框架，但他并没有放弃后三册的研究，关于这一点，《资本论》中有很多相关提示，而且在马克思、恩格斯留给后人的大量文献中，有大量关于国家理论的论述。通过梳理马克思、恩格斯有关国家理论的相关文献，可以将马克思主义国家理论的主要内容概括为以下四个部分。

———————————

① 《马克思恩格斯全集》第 42 卷，人民出版社 1979 年版，第 238 页。
② 《马克思恩格斯文集》第二卷，人民出版社 2009 年版，第 588 页。

第一，对国家起源的深入研究，它是深刻认识国家本质及其与社会经济关系的重要前提。在马克思生命的最后一段时间，在他继续写作《资本论》的同时，把很多时间和精力用于对人类史前史的研究，目的是从本源上验证"市民社会"决定国家的结论。恩格斯继承马克思的历史唯物主义思想，在他所著的《家庭、私有制和国家的起源》（1884 年）中，系统化、理论化地阐述了国家起源问题，科学地论证了国家产生的原因及其阶级本质，认为："国家是社会在一定发展阶段上的产物；国家是承认：这个社会陷入了不可解决的自我矛盾，分裂为不可调和的对立面而又无力摆脱这些对立面。而为了使这些对立面，这些经济利益互相冲突的阶级，不致在无谓的斗争中把自己和社会消灭，就需要有一种表面上凌驾于社会之上的力量，这种力量应当缓和冲突，把冲突保持在'秩序'的范围以内；这种从社会中产生但又自居于社会之上并且日益同社会相异化的力量，就是国家。"① 一方面，国家通过建立一种社会秩序，以维护统治阶级的统治地位，并使这种统治或控制，以及维护统治的手段与目的合法化；另一方面，国家的产生与社会管理的需要有着密切联系，随着社会分工出现，物质资料生产活动和产品交换有了很大的发展，需要有一个权威的社会机构来保证生产和交换的顺利进行。

第二，马克思认为，国家作为"资产阶级社会在国家形式上的概括"，本质上是统治阶级维护本阶级利益的工具。认为国家是一个历史性范畴，是人类社会发展到一定历史阶段的产物，只有经济社会发展到一定阶段出现阶级后才会产生国家，并且国家有其自身产生、发展、消亡的规律，因此，它是与人类社会一定的历史发展阶段相联系的。认为国家是维护一个阶级对另一个阶级统治的机器，经济上占统治地位的阶级，借助于国家机器从而在政治上也占据支配地位，从而获得镇压和剥削被统治阶级的新手段。国家作为上层建筑，建立在一定的经济基础之上，它是由社会的物质生活决定的。一定的生产方式以及与它相适应的生产关系，即"社会的经济结构"，构成国家等上层建筑的"现实基础"，"物质生活的生产方式制约着整个社会生活、政治生活和精神生活的过程"。② 在资本主义生产方式占统治地位的社会历史条件下，虽然"国家"采取了"一

---

① 《马克思恩格斯文集》第四卷，人民出版社 2009 年版，第 189 页。
② 《马克思恩格斯文集》第二卷，人民出版社 2009 年版，第 591 页。

种虚幻的共同体的形式"，而事实上，"现代的国家政权只不过是管理整个资产阶级共同事务的委员会罢了"。①

第三，马克思认为，国家职能是由国家本质所决定，但其具体内容随着社会经济的发展而不断演变。马克思、恩格斯通过对国家理论的研究，认为国家产生于阶级冲突，它是一个阶级用以压迫另一个阶级的有组织的暴力。国家作为上层建筑的重要组成部分，是为经济基础服务的，是维护统治阶级利益的工具。从而国家职能也必然服从于统治阶级的利益和意志，对内表现在镇压被压迫阶级的斗争与对抗，协调阶级冲突，缓解阶级矛盾，以维护其阶级统治，并对社会公共事务进行必要的管理；对外表现在抵御外来侵略，保卫国家主权和领土完整，保证本国统治阶级的利益，同时对外扩张本国的势力范围。并且，国家的职能不是一成不变的，而是随社会经济的发展而不断发生变化。不同类型国家的职能具有不同的特征，同一类型国家的职能在其不同的发展阶段上，也呈现出不同的特点，即使就某一特定国家而言，在其不同的发展阶段，国家职能也会发生变化。促进国家职能演变的根本动力，就是马克思所揭示的促进人类社会发展的根本动力，即生产力与生产关系、经济基础与上层建筑之间的矛盾运动。在阶级社会的国家中，阶级斗争是推动社会发展和国家职能演变的直接动力，是解决社会基本矛盾的根本途径。当然，阶级斗争的形式并不都是暴力的，在阶级矛盾相对缓和、社会经济发展较为稳定的和平时期，它的形式表现出多样化、多渠道的特点。

第四，马克思认为，国家是具有历史性的，它随着阶级的产生而产生，也必将随着阶级的消亡而消亡。马克思在早期的著作《黑格尔法哲学批判》中就曾指出，政治国家将随着"真正的"社会民主的发展而消失。"在真正的民主制中政治国家就消失了"。② 这一认识，一直是马克思对国家未来发展趋势的认识，并随着其政治经济学研究的深入而不断肯定。在《哲学的贫困》（1847 年）中，马克思说到在资产阶级社会结束后，"从此再不会有任何原来意义的政权"③，即国家。当阶级差别被消除后，"公众权力就失去政治性质"④，国家就会消亡。马克思对未来社会提

---

① 《马克思恩格斯文集》第二卷，人民出版社 2009 年版，第 33 页。
② 《马克思恩格斯全集》第 3 卷，人民出版社 2002 年版，第 41 页。
③ 《马克思恩格斯选集》第一卷，人民出版社 1995 年版，第 194 页。
④ 同上书，第 294 页。

出了初步的设想，在《哥达纲领批判》中提出了共产主义社会两个发展阶段的理论，在此基础上，他还明确提出了从资本主义社会转变为共产主义社会的"过渡时期"理论。马克思虽然没有详细论述国家消亡的条件和途径等问题，但其已有的论述也为后人的研究和探索提出了重要启示。

马克思主义国家理论具有鲜明的阶级性，但绝不能将它简单化为"工具论"，或把它僵化地理解为阶级斗争学说。它以辩证唯物主义和历史唯物主义为方法论基础，科学地分析了经济基础与上层建筑之间的辩证关系，深入探讨了国家起源与本质，并深刻揭示了国家职能的二重属性，国家一方面具有阶级统治职能，另一方面还具有社会管理职能，特别是经济管理职能，即国家在社会经济发展过程中发挥着重要的调节作用。马克思关于国家理论的研究符合社会经济运动的客观规律，实现了阶级性与科学性的有机统一。

二 西方国家的经济发展与国家职能演变

任何一个国家都不可能脱离经济基础而独立存在，它在社会经济发展中发挥着重要作用。资本主义生产关系从建立到发展，经历了资本原始积累、自由竞争资本主义、私人垄断资本主义、国家垄断资本主义、国际垄断资本主义几个阶段，在不同的历史时期，国家职能的表现是不同的。随着社会生产力的提高，资本主义经济内在的生产社会化与生产资料私有制之间的矛盾不断积累，并通过周期性爆发的经济危机表现出来，促使资本主义生产关系不断做出调整，西方国家的职能也随着经济基础的变化而发生着相应的变化。

（一） 资本原始积累时期国家的暴力强制

资本主义生产关系的产生经常被认为是社会生产力发展的自然结果，但从资本主义真实的历史发展过程来看，资本主义生产关系是在资本原始积累的基础上建立起来的，而资本的原始积累并不是社会生产力自然发展的结果，而是在国家暴力的推动作用下实现的。资本原始积累是资本主义生产方式建立的历史前提，它最初是在封建社会经济结构的瓦解中进行的，但是，仅仅依靠这种封建小商品经济自发的分化瓦解来进行大规模的资本原始积累，完全不能适应客观经济发展的要求。事实上，资产阶级和新贵族主要是靠"征服、奴役、劫掠、杀戮"等暴力手段来实现资本原始积累的，马克思深刻指出，"原始积累的方法决不是田园诗式的东西"①，它"是用最残酷无情的野蛮手段，在最下流、最龌龊、最卑鄙和最可恶的贪欲的驱使下完成的"。② 一方面，国家运用有组织的暴力，通过掠夺式贸易、海盗式劫掠、殖民征服、奴隶贸易等手段，促成了货币资本的大量积累；另一方面，国家通过暴力剥夺农民土地，强制使劳动者与生产资料相分离，并制定残酷立法，迫使劳动者进入雇佣劳动市场，从而为资本主义生产关系的建立创造了必不可少的物质前提。"暴力是每一个孕育着新社会的旧社会的助产婆。暴力本身就是一种经济力。"③ 作为一种"经济力"，国家的作用贯穿于资本的形成过程，它极大地加速了封建生产方式向资本主义生产方式的转化，资本主义生产关系正是在国家的推动作用下产生的。资本原始积累的历史，是记述资本主义生产关系形成的历史，通过对它的研究，可以深刻认识资本主义的起源，深入理解资本主义国家的本质及其历史发展趋势。

（二）自由竞争时期国家对市场秩序的规范

1648 年英国资产阶级革命胜利，建立起资产阶级的国家政权，标志着人类社会开始步入资本主义时代。之后，发生第一次工业革命，使资本主义社会的生产方式实现了从工场手工业到机器大工业的巨大转变，从而最终确立了现代国家的经济体系。17 世纪后期至 19 世纪中叶，西欧主要国家及美国先后通过资产阶级革命建立起资本主义国家政权，制定出一整套有利于资本发展的法律、制度、政策体系，由此整个社会发生巨大转型，它不再是以封建社会的宗法权力加以控制，而是成为一种新的以资本为核心的现代社会体系。在 18 世纪中叶至 19 世纪末的 100 多年里，自由资本主义一直占据主导地位，自由竞争的市场经济逐步发展成为资本主义国家典型的经济形态，以亚当·斯密为代表的"自由放任"市场理论在这一时期普遍流行，认为市场是一只"看不见的手"，能够自发调节经济的运行，促进资源的有效配置，因而反对国家对经济的干预。这一阶段国家作用表面上看来有所削弱，但实际上资产阶级国家通过一系列法律、制度、政策的制定，为自由市场的形成积极创造有利的外部条件，充分地保

---

① 《资本论》第一卷，人民出版社 2004 年版，第 821 页。
② 同上书，第 873 页。
③ 同上书，第 861 页。

护和扶持了资本的发展。

以英国为典型，国家在市场有序化发展、自由劳动力市场形成和劳资关系调整，以及对外贸易等方面发挥了重要的作用。首先，英国先后制定出了一系列法律，如《人身保护法》《合伙契约法》《货物买卖法》《期票法》《专利法》《取缔证券投机法》等，来约束市场行为，为市场的稳定发展创造有利的制度环境。在加强法律规范的同时，通过废除垄断权，对贸易的限制不断放松，如19世纪后东印度公司对印度贸易的垄断、谷物条例、航海条例等垄断权都逐步废除①，使英国逐步实现了自由市场制度。其次，在劳动力市场的自由化发展方面，英国政府先后废除了学徒条例、教区安置制度等多项封建社会遗留下来的、有碍于自由劳动力市场形成的制度，并建立了自由工资制度，为资本积累提供了极为有利的外部条件。② 再次，由于资本所有者对劳动者的任意剥削，导致了工人的反抗运动，国家开始干预劳资关系，通过工厂立法等法律、制度对资本所有者的行为进行限制，并给予劳动者一定的保护。最后，在对外贸易方面，英国作为最早发展起来的资本主义国家，其对外贸易方式绝不是自由贸易，而是依靠禁运、高关税等强制性的国家干预手段。英国在长达数个世纪的时间里，通过严厉打击原料自由输出和成品自由输入的经济干预和保护措施后，才最终确立起其优势地位的。

（三）私人垄断资本主义时期国家对垄断的适度管制

19世纪后期到20世纪初，是资本主义由自由竞争向垄断阶段过渡的时期，其核心内容就是垄断逐步代替自由竞争在社会经济生活中占据了统治地位。"自由竞争产生生产集中，而生产集中发展到一定阶段就导致垄断"③，这是资本主义发展的一般规律。各国为规范市场秩序、限制垄断、促进竞争，都先后制定了反垄断的相关法律和规则，其中比较典型的是美国反垄断法的出台。1890年，美国国会通过了《谢尔曼法》，这是美国第一个全国性的反垄断法，它以简洁的法律条款表明了美国政府对合谋和垄断化行为的反对态度，并确定了罚款、监禁等措施，以及法院的执法权限和执法程序。1914年，美国根据经济发展的现实和反垄断的经验，又颁

---

① ［英］彼得·马赛厄斯、悉尼·波拉德：《剑桥欧洲经济史》第8卷，王春法主译，经济科学出版社2002年版，第546页。

② 高德步、王珏：《世界经济史》，中国人民大学出版社2005年版，第204页。

③ 《列宁选集》第二卷，人民出版社1995年版，第588页。

布了《克莱顿法》和《联邦贸易委员会法》。这两部法律是对《谢尔曼法》的修改和补充，增加了一些反垄断、反限制竞争与不正当竞争的新规定，完善了《谢尔曼法》的有关制度和原则。这三部法律共同构成了美国反垄断法的基本框架。

反垄断法的制定对生产的过度集中发展起到了一定的制约作用，它对以垄断市场、操纵价格、获取高额利润为目的的企业间的勾结行为进行限制，使公开的垄断组织不能合法存在。反垄断法作为市场经济国家的法律制度，对于实现有效竞争，保护非垄断企业和消费者的利益有一定的效果。但是，从反垄断法的具体实施来看，并没有像法律条文界定的那样达到反垄断、保护和促进竞争的目的，由于反垄断法只针对市场垄断，并不能有效地限制生产垄断的行为，因而也没有限制住生产集中的不断加强和垄断行为不断扩张的趋势。所以，反垄断法的出台仅仅是在一定范围内和一定程度上限制了垄断组织在竞争中的不正当行为，并且随着各国反垄断法的制定和实施，大企业也不再公开地建立垄断组织，而主要采取暗地勾结或默契配合等形式来垄断市场。因此，垄断趋势不仅没有减弱，反而进一步加强了。

（四）国家垄断资本主义时期国家对经济的全面干预

随着资本主义经济从自由竞争发展到垄断阶段，生产规模不断扩大，社会化程度不断提高；与这一趋势相对立的是市场需求的严重不足，由于垄断资本对劳动的剥削和压迫更为严酷，导致作为社会消费主体的劳动者的收入被限制在低水平上，导致生产过剩的情况不断出现，矛盾不断积累。1929—1933 年的经济"大危机"，是资本主义经济内在矛盾充分激化的现实反映，它使社会生产力遭到巨大破坏、人民生活水平急剧下滑，并危及资本主义国家的安全与稳定，作为"总资本家"的国家被动地做出政策调整，不得不担负起对社会经济生活进行组织和调节的任务，开始对经济活动进行全面干预。

"大危机"的爆发宣告了自由主义经济学的彻底破产，用事实证明了单纯依靠市场的自动调节机制是无法使资本主义国家摆脱危机的，资产阶级迫切需要一套新的经济理论来指导实践。凯恩斯适应这样的需要，提出了有效需求不足的理论，并在此基础上系统地论证了国家可以通过经济政策的制定对社会经济运行进行有效干预。凯恩斯的这套理论，突破了西方传统自由主义经济学的框架，提出了国家干预主义理论，引起了经济学的一场革命。第二次世界大战后，国家垄断资本主义广泛、深入地发展，西方主要资本主义国家在"凯恩斯主义"指导下，实行了一整套新的方针政策，建立了一套新的经济体制，国家在生产、流通、分配、消费各个领域对经济进行持续、全面参与和调节，在经济生活中逐步占据了支配地位，发挥的作用越来越大。国家对经济的干预和调节，越来越具有经常性、广泛性、持续性和稳定性的特点，它已成为资本主义经济运行的内在机制，而不再是战争和危机等特殊时期所采取的措施。国家垄断资本主义已渗透到社会经济生活的各个方面以及社会再生产的各个环节；国家垄断资本主义广泛地介入了国际经济领域；国家垄断资本主义已经形成了长期稳定的社会经济关系。这一系列的变化，表明资本主义国家原有的经济特征发生了局部或是部分的质变，在一些领域，国家俨然已成为经济关系的当事人，而不仅仅是凌驾于经济基础之上的上层建筑。

国家对经济进行干预，也就是对资本运动过程进行调节，这使资本主义国家的经济发展找到了一种新的推动力，它使社会经济按照政府制定的计划导向运转，从而部分地弥补了市场机制的内在缺陷。国家这种调控职能的出现，是由国家特殊的地位和作用决定的。根据马克思主义国家理论，国家就其本质来讲，是统治阶级对被统治阶级进行统治的工具，这是国家的阶级职能。同时，国家职能具有二重性，国家在具备阶级职能的同时，还具有社会管理职能，随着社会经济的发展，国家的经济职能不断扩大，以至于可以通过经济政策的制定直接干预经济生活、调节资本运动。国家干预逐渐成为与市场调节互补的一种机制，贯穿于经济生活，成为当今各国发展市场经济、保证经济稳定增长不可或缺的一部分。

（五）国际垄断资本主义时期国家调控方式的转变

20世纪50—70年代，西方发达资本主义国家的经济发展出现了一个快速增长期，它得益于国家垄断资本主义的高度发展。但是，这种繁荣的经济发展态势并没有也不可能持久地保持下去，20世纪70年代，资本主义经济再次陷入危机，出现了"滞胀"。之后，"凯恩斯主义"经济学被逐渐抛弃，而"新自由主义"经济学兴起，以英国和美国为代表的西方发达资本主义国家，开始以"新自由主义"为执政纲领，放松对经济的干预，实行经济自由化发展。表面上看，发达国家为消除"滞胀"而奉行的"新自由主义"政策，是以减少国家干预和倡导私有化为主要内容的，似乎表现为国家经济职能的削弱；但实质上，它恰恰反映了国家对经济干预能力的增强，它是国家根据不同的经济形势，有意识、有目的、自觉地采取的应对措施，通过经济政策的转变，对经济进行调节。这种政策调整只不过是国家在参与社会经济活动的范围、程度、方式、方法上的变化，而并没有削弱国家的经济职能。这表现在：发达国家实施的将国有企业私有化的政策，极大地加强了私人垄断资本的力量，这是对资本所有者的一种变相的资助，充分体现了国家作为"总资本家"的性质，其根本目的是为私人资本服务的；国家通过减税等政策，可以增加私人资本的可支配资金，从而激发企业活力；特别是 20 世纪 90 年代后，西方发达国家将经济发展的战略重点确定在高新科技产业和金融市场的发展上，通过产业、科技、金融等方面的政策，给予私人垄断资本极大支持，从而为社会经济发展找到了新的增长点。资本主义国家作为"总资本家"，它在社会和经济发展中的地位和作用不仅没有削弱，反而是呈现出强化的趋势。

随着"新自由主义"思想在英国、美国等西方发达资本主义国家成为主流，这些国家特别是美国的资产阶级统治集团，就把它从一种经济理论上升为一种普世性价值观或意识形态向全世界推行，以满足国际垄断资本全球化扩张的需要，并实现其对世界经济的控制。发达国家要求发展中国家取消政府对金融的管制，采用浮动汇率制度，允许西方资本自由进入和流出。金融自由化在发展中国家的推行，导致 20 世纪 90 年代以来一些国家相继发生金融危机，如 1994—1995 年墨西哥的比索危机、1997—1998 年的亚洲金融危机，以及之后的俄罗斯、巴西、阿根廷等国的金融危机。而发达国家金融垄断资本集团，通过操纵汇率等金融手段，在国际资本市场的活动中获得巨额利益。

"新自由主义"政策的运用，对克服困扰西方十多年之久的"滞胀"发挥了重要作用，但它在实行过程中也必然受到现实的经济形势以及资本主义内在矛盾的制约。发达资本主义国家在经历了 20 多年的经济增长后，金融自由化发展导致了大量的资产泡沫，泡沫的无限膨胀和金融监管的缺失，最终导致了"2008 年国际金融危机"的来袭。这次危机的爆发使"新自由主义"经济学受到沉重打击，通过对凯恩斯经济学不断完善而形成的新凯恩斯主义经济学的地位又逐渐上升，但代表垄断资本集团利益的新自由主义经济学仍试图极力维护其理论的正确性，由此而产生了国家干预主义与"新自由主义"之间的争论。从实践来看，西方国家大多采取了以新凯恩斯主义经济学为指导的经济政策。但是，无论是国家干预主义经济学还是新自由主义经济学，它们的阶级属性是相同的，其理论都是以坚持资本主义制度为前提的，而针对金融危机所提出的政策主张，目的都是挽救资本主义，维护资本主义国家的发展。

西方国家在经历了"大萧条""滞胀""2008 年国际金融危机"等一系列经济危机之后，国家对经济的调控已经逐渐成为社会经济发展中必不可少的内在机制，成为满足市场经济稳定发展的一种内在需要。资本主义国家的市场经济再也不可能回到亚当·斯密时期完全自由竞争的资本主义时代，"新自由主义"所要求的纯粹的自由放任的经济体制是不符合现实发展趋势的。

三　对西方国家职能演变趋势的认识

通过上述对西方国家整个资本主义产生与发展过程的考察，可以总结出以下三点认识：

第一，在资本主义生产方式建立过程中，国家发挥着重要职能。资本主义生产方式得以确立的两个前提：一是资本家作为生产资料和生活资料的所有者，必须积累起大量的货币资本；二是在市场上必须能够找到大批出卖自己劳动力的自由工人[①]，都是借助于国家的作用实现的。从实际的历史过程来看，国家作为一种"经济力"，极大地加速了封建生产方式向资本主义生产方式的过渡，其职能贯穿于资本主义生产方式建立的过程中。

第二，从资本主义的发展过程来看，首先，在自由竞争资本主义时期，国家通过各种法律、政策的制定，为资本的发展创造了有利的外部条件，对资本运行进行保护和扶持；其次，"大萧条"后，国家开始对经济进行全面干预，国家经济职能大为强化，国家垄断资本主义高度发展；再次，"滞胀"发生后，国家经济政策转向"新自由主义"，私人垄断资本力量不断增长，国际垄断组织迅猛发展，金融垄断资本迅速扩张，但这并不意味着国家职能的减弱，而只是国家干预政策在形式、范围、程度上的变化；最后，"2008 年国际金融危机"后，国家经济政策又转向干预主

---

① 许兴亚：《马克思的国际经济理论》，中国经济出版社 2003 年版，第 64 页。

义，并开始新一轮的体制改革。在资本主义的发展过程中，每一次大规模危机的爆发，都是国家经济政策的转折点，发达国家的政策调整都是在面对危机时做出的被动举措，这些措施只能暂时地缓解危机对社会经济所造成的不利影响，而不能从根本上消除资本主义的基本矛盾，之后，这一矛盾会在更高层次上积累，并不断通过危机的形式表现出来，资本主义就是在自身的这种矛盾运动中向前发展的。

第三，从国家职能的演变趋势来看，随着资本主义的发展，国家除发挥政治统治的基本职能外，其经济职能有不断强化的趋势。国家不仅是凌驾于经济基础之上的上层建筑，而且作为经济活动的参与者，代表经济关系的一方，直接参与社会资本再生产的过程，成为经济活动的主体。并且，国家可以通过各种政策手段，包括财政、货币、产业、法律、行政、计划等方面的政策，间接地调控经济，引导经济发展的方向。国家对经济的干预和调节，已成为资本主义经济运行过程中的内在动力，与市场机制一同发挥作用。当然，国家职能的强化与扩张，是在市场经济发展过程中对市场调节弊端的一定程度上的修正与弥补，但不能完全克服市场的缺陷。国家职能的强化，也正是国家干预与市场调节之间，相互竞争、相互作用、相互弥补、相互依赖，对立统一矛盾运动的结果与趋势。并且，国家职能的增强，并非程度越高越好，应把握适度原则，从根本上说，这个原则应在于国家职能的发挥是否有利于最大限度地满足绝大多数劳动者的需要，是否符合绝大多数劳动者的利益。处在不同发展阶段的国家，国家职能也有所不同，国家职能的发挥应在于是否适应特定的具体国情，能否有效地推动社会的经济发展。

马克思对古典经济学资本观的
超越及其当代价值

——基于《资本论》及其手稿的研究

刘　礼

摘要　马克思的资本观是总体的过程的资本观，必须在生产总过程的运动中把握马克思的资本概念。资本在流通领域以商品、货币这些物质规定为载体，在生产领域才显露出雇佣劳动的生产关系的本质规定，正是在科学抽象与形式规定的方法论意义上，马克思将本质规定和物质规定辩证统一于资本的形式规定之中，建构了自己的资本概念，最终完成了对古典经济学资本观的超越。也只有在生产关系这一本质规定的高度上把握马克思的资本观，在形式规定的方法论变革中把握马克思资本概念的建构特质，才能解蔽当代资本拜物教之谜。

关键词　马克思　古典经济学　资本观　形式规定　本质抽象

资本概念是政治经济学中的核心概念，向来政治经济学家所持观点，对于资本却是莫衷一是。马克思在全面、深刻地把握古典经济学家的思想建树之后，《资本论》通篇皆不离"资本"二字，然而，资本究竟是什么？这是中西学界公认的难点。学界如今对于马克思资本观的理解，要么停留于古典经济学家的物的层面，要么把握到生产关系这一本质规定，却没有在形式规定的高度上把握本质规定与物质规定的辩证统一，归根结底，是对马克思的形式规定思想认识不够。以马克思的资本思想的生成史观之，马克思的资本范畴无疑是在对古典经济学资本范畴批判分析的基础

[作者简介] 刘礼，法学博士，中央财经大学马克思主义学院讲师。

上建立起来的。故此，笔者依循马克思资本思想的发展足迹，回顾古典经济学家的相关资本论述，在马克思《资本论》及其手稿的基础上就资本概念的理解推进一步。笔者遵从马克思开展政治经济学批判的重要研究方法，强调在形式规定与科学抽象的方法视域下廓清马克思资本思想的本来面目，在此基础上揭开资本拜物教的神秘面纱，拓展马克思资本观的当代意义。

一　古典经济学的资本观

马克思在《资本论》手稿中将古典经济学家分为三类：一是以斯密、李嘉图为代表的批判的经济学家；二是以穆勒父子为代表的李嘉图学派的庸俗经济学家；三是以西斯蒙第、霍吉斯金为代表的为马克思所赞赏的经济学家。古典经济学家的深刻之处在于肯定劳动对价值的意义，以及劳动与资本的关系，并在积累的意义上看到了资本的特性，在这里，虽然对资本生产的目的有着闪光性的思想火花出现，但对本质层面的雇佣劳动的生产关系尚未触及。马克思深刻地指出："把资本与一般简单劳动过程的一种要素混淆或等同起来，从而说什么用于生产另外一种产品的产品就是资本，原材料是资本，或者劳动工具，生产工具是资本。"① 古典经济学大抵没有脱离开生产要素的层面来理解资本。

（一）批判的经济学家

亚当·斯密作为英国古典经济学的创立者，其学说已达到客观地描述资本主义生产的极限，他的诸多思想带着法国重农学派的遗痕。之于资本，他在《国民财富的性质和原因的研究》中论述资财问题时指出，资财分为两部分，其中一部分用以消费，而另一部分，即"从以取得收入的部分，称为资本"。② 而这一"对投资者提供收入或利润的资本"③，又有两种使用方法：一是"资本可用来生产、制造或购买物品，然后卖出去以取得利润"，这样的资本斯密称为流动资本；二是"资本又可用来改良土地，购买有用的机器和工具，或用来置备无须易主或无须进一步流通

---

① 《马克思恩格斯全集》第 32 卷，人民出版社 1998 年版，第 71 页。
② 斯密：《国民财富的性质和原因的研究》，商务印书馆 2008 年版，第 254 页。
③ 同上。

即可提供利润的东西"，斯密称其为固定资本。这便是斯密对资本的两种
划分。

李嘉图在《政治经济学及赋税原理》的"工资论"中指出："用在生
产上的那一部分财富，称为资本。使劳动发生效力，必需食品衣服器具原
料机械，等等，这种种，都包括在资本内。"① 由此可见，即便是在古典
经济学的完成者李嘉图看来，资本也是作为食物、衣服、工具、原料、机
器等生产要素而存在。李嘉图在对诸多经济问题的考察中，无不以斯密为
思想坐标，同时以其他经济学家如萨伊、马尔萨斯等的有关论述为参考，
值得肯定的是，在对资本问题的认识上，李嘉图充分承继了斯密在生产过
程中考察资本的研究路数，并以历史的眼光将资本、雇佣劳动和地租的关
系放在土地所有权的范围内进行考察。

（二）庸俗的经济学家

西尼尔认为："按照亚当·斯密对资本的定义，房屋、家具和车辆未
被消耗的部分，和酒店老板储存在地窖里的酒一样，属于持有者的资
本。"② 斯密在这里将自然要素作为一种生产手段归入资本之中，西尼尔
主张将这种自然要素排除在外，他认为，资本可定义为："由于人类自身
的努力而产生的，用于财富的生产或分配的一种财富。"③ 无独有偶，马
尔萨斯也不以为然地指出："他们的资本是什么呢？正如亚当·斯密所说
的，这就是生产工具、生产原料和支配必要劳动量的手段。"④ 马尔萨斯
在其专著《政治经济学定义》第十五条定义中颇为慎重地给出了资本的
定义，他提出，资本是"国家资财中保留或用来在财富的生产和分配中
营利的部分"。⑤ 可见，无论西尼尔还是马尔萨斯，其资本概念都未脱离
资财、财富之窠臼。虽然斯密对资本的认识还没有清晰的界定，但是辩护
的经济学家却无疑将斯密的资本观点庸俗化了。他们没有看到，斯密的资
本概念虽然还仅是将资本视为一种物质生产要素，但这物质要素本身是在
生产过程中加以考察的，因而并不是孤立的物。不唯如是，斯密虽然还只
是停留在对大量社会事实经验的观察与描述之中，但是，对资本的界定始

---

① 李嘉图：《政治经济学及赋税原理》，译林出版社 2011 年版，第 42 页。
② 西尼尔：《政治经济学大纲》，人民日报出版社 2010 年版，第 77 页。
③ 同上书，第 72 页。
④ 马尔萨斯：《政治经济学定义》，商务印书馆 1960 年版，第 26 页。
⑤ 同上书，第 103 页。

终置于生产这一核心范畴，这一考察范式的转移无疑借鉴了重农学派的伟
大成果，即在劳动生产领域考察资本。

李嘉图学派的重要代表人詹姆斯·穆勒十分重视资本和劳动的关系，
他在《政治经济学要义》中指出："当我们谈到作为一种生产手段的劳动
和作为另一种生产手段的资本时，上述两个成分，即帮助劳动的工具以及
作为劳动对象的原料，便是可以正确地包括在资本概念里的全部东西。"①
可见，在詹姆斯·穆勒这里，资本概念是与劳动密切关联的，资本即劳动
的生产资料（原料、工具等）以及作为进一步劳动生产手段的劳动产品。
故此，詹姆斯·穆勒进一步认为，资本是"所谓节约行为的结果"。② 约
翰·穆勒在继承其父思想的基础上，对资本概念的发展更进一步，深刻地
捕捉到资本与积累的关系，他认为："这就是以前劳动产物的积累。这种
劳动产物的积累称为资本。彻底弄清资本在生产中的作用是极其重要的，
因为有关资本的很多错误观念都来源于对这一点的不全面的、混乱的理
解。"③ 与此同时，他尖锐而不失精准地批判了那些将货币与资本等同起
来的观点，他指出："在完全不熟悉这一问题的人看来，资本就是货币。"
就此，约翰·穆勒斩钉截铁地提出了其资本的理解："资本为生产所做的
事情，是提供工作所需要的场所、保护、工具和原料，以及在生产过程中
供养劳动者。……无论什么东西，只要用在这方面，即用来满足生产性劳
动所必需的以上各种先决条件，就是资本。"④ 至此，李嘉图学派的资本
概念达到其所能达到的顶峰。

（三）赞赏的经济学家

深得马克思赞赏的古典经济学家霍吉斯金、西斯蒙第等对资本概念的
挖掘可谓更进一步，托马斯·霍吉斯金在其论著《通俗政治经济学》中
说："资本是国民财富的一部分，它被用来为其所有者带来利润。在三种
情况下被考虑的资本。倘若资本为同一些人所制造并使用，则它将促进生
产。倘若资本为一组劳动者所制造而为另一组劳动者所使用，全部产品
由两组劳动者在他们之间共同占用，则资本将促进生产。倘若资本所有

---

① 詹姆斯·穆勒：《政治经济学要义》，商务印书馆 2010 年版，第 11 页。
② 同上书，第 12 页。
③ 约翰·穆勒：《政治经济学原理》，商务印书馆 2009 年版，第 73 页。
④ 同上。

者不是劳动者，则它将阻碍生产。"① 霍吉斯金的定义，已接近到资本的最终目的的问题，为了获取利润，并对各种情况下的资本做了具体的分析。

西斯蒙第作为法国古典经济学的完成者，直言不讳地指认道："在人类的思想活动中，没有比了解资本的本质更伤脑筋的了，它像海神普罗透斯那样变化无常，它不断变化着形式和内容，在人们以为要抓住它时，它却逃之夭夭。……资本与财富是一致的，但是，资本的产生比较晚，它是衡量这种财富的手段，它由商业产生，靠商业而存在，这是商业具有的一切价值的抽象图像。"② 如是我们看到，那些将货币与资本等同的人，根本就没有达到西斯蒙第的水平，也是约翰·穆勒早已批判过的观点。比之对资本概念下具体的定义，他则更为重视资本的实践意味，他认为："既然资本是商业概念，那就应该从商业中取得实践知识，而不是求得定义。"③

西斯蒙第对资本的分析，已经颇为深刻。他指出："在我们的概念中，资本和收入的本性往往错综在一起。我们看到，对于一个人是收入，对于另一个人则是资本，同样一个东西一转手就具有不同的名称。"④ 在此，对于资本与收入这一政治经济学中最抽象、最困难的问题，他进行了十分辩证的分析。他进一步指出："一项交换经常要有两种价值；每种价值都有不同的命运，而资本或收入的特点却不会随着交换的物品而改变；它永远属于成为它的主人的人所有。"⑤ 这里已经涉及了资本的所有者的问题，资本家与工人的角色的学理区分已经呼之欲出。他由此分析了资本的特性，在资本主义的工业社会里，"这样的工业是一种社会灾难，因为它使从事生产的人遭受最悲惨的穷困，只是使支配这种生产的人的资本获得正常的利润"。⑥ 此外，西斯蒙第还区分了固定资本、流动资本、资本的收入。

---

① 托马斯·霍吉斯金：《通俗政治经济学》，商务印书馆1996年版，第205页。
② 西斯蒙第：《政治经济学研究》第二卷，商务印书馆1989年版，第229—230页。
③ 同上书，第231页。
④ 西斯蒙第：《政治经济学新原理》，商务印书馆2009年版，第60页。
⑤ 同上书，第62页。
⑥ 同上书，第65页。

二　马克思对古典经济学资本观的超越

资本作为马克思政治经济学语境中的基础性概念，马克思在这方面倾注了大量的心血。"准确地阐明资本概念是必要的，因为它是现代经济学的基本概念，正如资本本身——它的抽象反映就是它的概念——是资产阶级社会的基础一样。"① 而通过前面对古典经济学家资本观的分析已经看到，"人们给资本一词加进了许多就资本概念来说看来并不包含的含义。例如人们说，把资本借出去，把资本积累起来等。在所有这些说法中，资本不过是物，同构成它的物质完全是一回事"。② 古典经济学家在物的层面理解资本，即便是深受马克思赏识的霍吉斯金、西斯蒙第等经济学家，虽然对工人的处境满怀同情，对不合理社会现状的揭示入木三分，但是，因为未能深入到资本主义生产关系的层面，其学说批判性的力度始终稍欠火候。总的来说，古典经济学家将生产、分配、交换视为各个孤立的环节，看不到资本作为生产的总过程的内在联系，故而对资本的把握失之偏颇；而对资本的对象考察中，又往往停留于交换领域，故而看不到生产领域的本质规定；在研究方法上，抽象掉了不能混为一谈的实质差别，是一种强制抽象而不是科学抽象——马克思正是在这三个方面实现了对古典经济学资本观的超越。

（一）资本透视：把物质规定提升为形式规定

资本作为核心的经济范畴，是一种形式规定，这种形式规定包含两层意义："其一是说，形式规定总是一定本质规定的不同存在方式，总是表现、反映着本质规定，形式规定由本质规定所决定；其二是说，本质规定之所以能够外在化为形式规定，总是以一定的物质存在或自然存在为载体的。物质载体的物质规定或自然规定不同，本质规定就具有不同的存在形式和形式规定。"③ 从现象层面看，资本是由商品、货币演化而来，在本质规定上，它们都是一种生产关系，而构成资本这一本质规定的正是雇佣劳动这一资本主义所特有的生产关系，才使商品、货币、生产资料和劳动

---

① 《马克思恩格斯全集》第 30 卷，人民出版社 1995 年版，第 293 页。
② 同上书，第 509 页。
③ 王峰明：《经济范畴规定性的哲学辨析》，《教学与研究》2006 年第 7 期。

力等成为资本。也因此，资本是以货币为物质载体、以价值增值为目的、以雇佣劳动为本质规定的生产关系。只有将物质规定和本质规定既做必要的区分又统一在形式规定的视域下，只有辩证地将物质载体与本质规定在形式规定的范畴高度上进行统一与整合，才能真正进入了马克思的资本的理解语境。

在古典经济学家对资本的多重规定晦暗不明的时候，马克思敏锐地指出："在这些经济学家们那里，资本的物质要素和资本作为资本的社会的形式规定是如此地生长在一起，以致他们提出的任何一个论点都不能不自相矛盾。"① 如是我们看到马克思资本范畴的深刻性与独创性，他批判了古典经济学家的资本概念，资本作为生产工具，只看到资本的物质规定，"而忽视了资本成为资本的形式规定"。② 马克思与庸俗经济学家不同的是，后者将生产、分配作为一个个孤立的环节，马克思将其视为一个总过程的整体环节，也因此，在总过程的考察中就会看到，构成形式规定的物质规定与本质规定两者不可或缺。马克思指出，流通过程成为总体生产过程的一个阶段，"资本现在表现为生产和流通的统一"。③ 马克思的考察视域从生产进入流通，再将资本生产作为一个总过程，资本作为结果实的东西——剩余价值便呼之欲出了。在这里，马克思指出："具有一定价值的资本在一定时期内生产出一定的剩余价值。"我们从资本的角度来看，剩余价值就是利润，也因此，资本的产物就是利润。但要注意的是，"这个新创造的、与资本具有同一性质的价值重新投入生产过程，本身作为资本重新保存下来，资本本身便增大了……使利润同作为资本的它自身成为同一的东西，而这个增大出利润的资本，现在又以增大的规模重新开始同一过程。资本划了一个圆圈，作为圆圈的主体而扩大了，它就是这样划着不断的圆圈，形成螺旋形"。④ 资本成为从一个规定向另一个规定不断交替，同时又在这一过程中增大自身，生产出剩余价值，也生产出资本家和雇佣工人，资本获得了独立的人格化，复归点同时也是出发点。

（二）考察对象：从分配领域进入到生产领域

古典经济学的关注点在于分配领域这一现象领域，没有注意到生产领

① 《马克思恩格斯全集》第 33 卷，人民出版社 2004 年版，第 426 页。
② 《马克思恩格斯全集》第 30 卷，人民出版社 1995 年版，第 213 页。
③ 《马克思恩格斯全集》第 31 卷，人民出版社 1995 年版，第 144 页。
④ 同上书，第 146 页。

域这一本质领域的决定性，从分配领域到生产领域的过程，也是资本从物质规定到本质规定上升的一个过程。在流通领域中，存在多种层次与多重规定，货币可以作为资本，但资本不等于货币，"作为资本，货币也表现为以流通为中介而发生的自己对自己的关系——利息和资本的关系"①，而货币本身，既从流通中来，又进入流通，但是，"如果不和流通发生任何关系，那它就不是货币，而是单纯的自然物——金和银。在这种规定上，货币既是流通的前提，又是流通的结果"。② 在这里，从流通返回到自身的货币，是货币扬弃自身的最后形式，马克思指出，"这同时就是资本的最初的概念和最初的表现形式"③，货币已经包含了资本的一些要素，货币成为资本借以表现自己的最初形式。不唯如是，"一方的雇佣劳动和另一方的资本，都只不过是发达的交换价值和作为交换价值化身的货币的另一些形式"④，多重的规定交织在一起，如果说货币需要厘清这些盘根错节的规定，资本也是一样。然而，以往的经济学家抓住一种规定却忘记另一种。为了厘清这些规定并不顾此失彼，马克思对形式规定的重要性十分肯定。借此形式规定的方法，马克思指出，"这种为卖而买的运动，即构成商业的形式规定的运动，作为商业资本的资本，出现在经济发展的最早的状态中"，这种商业资本是流通资本，流通资本是资本的最初形式。

在流通领域的考察中我们看到，流通领域只有货币，即资本的物质规定在发生作用，其本质规定是隐而不显的。但流通领域并不是一个自足的领域，也不是自发的领域，正如马克思所指出的，"流通本身不包含自我更新的原理。流通的要素先于流通而存在"⑤，而先于流通而存在的流通要素，存在于生产领域。也因此必须进入生产领域中，才能探究到资本的实质。马克思从资本一般到资本特殊来考察资本在各个阶段的特点，在资本的本质规定的基础上阐述资本的物质规定中所具备的各种物质形式，包括货币形式。在生产领域中考察资本时，马克思指出，当一切形式规定都同货币的金属存在直接合二为一之时，"在金银上丝毫也看不出它们作为

① 《马克思恩格斯全集》第 30 卷，人民出版社 1995 年版，第 171 页。
② 同上书，第 170 页。
③ 同上书，第 208 页。
④ 同上书，第 178 页。
⑤ 同上书，第 210 页。

货币的规定不过是社会过程的结果；金银是货币"①，同样的道理，货币是资本的观念，只看到完成形态上的规定，形式规定则消失了，"作为资本的货币是超出了作为货币的货币的简单规定的一种货币规定"②，这是货币的一种更高级的实现，这种更高级的实现是一种新的规定。另外，"作为货币的资本，看来好像是资本倒退到较低级的形式。其实那不过是资本处在这样一种特殊性上，这种特殊性作为非资本，在资本以前就已经存在，而且是资本的一个前提。"③ 由是，遵从马克思从思维一般到思维具体的方法路径，考察资本的一般规定便成为题中应有之义。

在生产领域考察资本一般规定时，马克思特别强调："如果这样抽掉资本的一定形式，只强调内容，而资本作为这种内容是一切劳动的一种必要要素，那么，要证明资本是一切人类生产的必要条件，自然就是再容易不过的事情了。"足见，资本只是人类生产的某一特殊发展阶段，这一特定阶段的特殊规定，是不可以被抽掉的，否则便是将资本等同于物的理解，这恰是马克思所批判的古典经济学的观点。由是，我们必须将资本理解成一种关系，而对于这种关系，马克思指出："资本决不是简单的关系，而是一种过程，资本在这个过程的各种不同的要素上始终是资本。因而这个过程需要加以说明。"我们看到，对资本的理解只有内容，而没有形式，便是抽象的资本的定义，抓住了形式，但若忽略了同内容的关系，也是不准确的。在关系中理解资本，更要在过程中把握资本。资本并不是简单的交换价值的累积，资本化的关系也不是单纯的货币的积累的结果。资本作为一种历史性的东西，并不存在于一切社会形式中。"雇佣劳动是资本形成的必要条件，并且始终是资本主义生产的必要前提。"④ 可见，在生产过程中考察资本，资本无非是一种生产关系，这构成资本的本质规定，资本的生产以雇佣劳动为前提，作为资本生产结果的利润也无非是资本对它自身的一定的关系。由此，对于这种生产关系的本质规定，只有将生产作为考察对象，才能得以揭示。也是在这个意义上，马克思实现了对古典经济学将资本视为物的思想超越。

---

① 《马克思恩格斯全集》第30卷，人民出版社1995年版，第194页。
② 同上书，第206页。
③ 同上。
④ 《马克思恩格斯全集》第32卷，人民出版社1998年版，第130页。

（三）研究方法：将强制抽象上升到科学抽象

在马克思探讨政治经济学的方法之时，就已提及经济学研究中的两条道路，"在第一条道路上，完整的表象蒸发为抽象的规定"①，古典经济学家所走的便是这样的道路，而马克思所采纳的则是第二条道路——"抽象的规定在思维行程中导致具体的再现"②，在现实中表现为起点的事物，在思维中则表现为结果，这种结果是马克思要回到的结果。于是我们看到，在《资本论》中出现的商品、货币、资本诸概念，就已经具有完备的形式规定的思想意蕴，而《资本论》便是遵循生产、流通以及生产作为一个总过程展开的资本考察。由此上升到规律性的方法认识以深化对资本范畴的理解——资本是物质载体与本质规定的统一，在本质规定中，它是生产关系，在物质载体上它以货币的形式出现。——这不是一个形式逻辑的概念，而是形式规定的概念，对于资本这一形式规定的分析，必须采用抽象力来代替③，因此，准确把握马克思的资本概念，也必须重视马克思在从事政治经济学批判研究中所采取的科学抽象法。

与此对应的是，古典经济学家之所以将资本等同于物而不是生产关系，与其强制抽象的研究方法是直接相关的，"抽掉了使资本成为人类生产某一特殊发展的历史阶段的要素的那些特殊规定，恰好就得出这一证明。要害在于：如果说一切资本都是作为手段被用于新生产的对象化劳动，那么，并非所有作为手段被用于新生产的对象化劳动都是资本"。④可见，抽掉了资本的具体的物质形式，也即抽掉了资本的中介环节，资本所具有的社会的历史的内涵，就丧失了。只有内容，而没有形式，必然得出抽象的资本的定义，这是李嘉图学派的资本观，但若只抓住了形式，而忽略了形式与内容的关系，便对资本的理解难免流于肤浅，这种理解正是萨伊等庸俗经济学家的理解。马克思指出，把握资本的概念必须从价值出发而不是劳动，"从劳动直接过渡到资本是不可能的，正像不可能从不同的人种直接过渡到银行家，或者从自然直接过渡到蒸汽机一样"。⑤ 中介方法作为科学抽象法的必要环节，是不可或缺的。马克思首先遵从现象到

① 《马克思恩格斯全集》第 30 卷，人民出版社 1995 年版，第 42 页。
② 同上。
③ 王峰明编著：《〈资本论〉第 1 卷导读》上册，中国出版集团 2012 年版，第 3 页。
④ 《马克思恩格斯全集》第 30 卷，人民出版社 1995 年版，第 214 页。
⑤ 同上书，第 215 页。

本质的研究路径，去掉中介；再遵从本质到现象的叙述路径，还原中介。正是在科学抽象的高度上，马克思实现了对古典经济学的方法论超越。

三　马克思资本观的当代价值

资本范畴无疑是解剖当代社会现代性问题的一柄利刃，对于拜物教的认识，有西方学者也意识到马克思并不笼统地从历史唯物主义的"现实生活"与"意识"两分的框架里加以分析，而是将其置于特定的资本主义的生产方式之中加以说明。① 而一旦我们自觉地站在形式规定的方法视域下把握马克思的资本范畴，作为现代性问题的一大难点——资本拜物教的秘密也便昭然若揭了。在《资本论》中，马克思指出，"拜物教是同商品生产分不开的"。② 拜物教的根源就在于商品所采取的形式规定的方式，本质的规定性为表现本质的物质规定性所遮蔽。站在资本拜物教的发达形态来思索，商品、货币以及资本，根在商品，而商品又在于商品本身所采取的形式，才是拜物教产生的来源。"商品形式的奥秘不过在于：商品形式在人们面前把人们本身劳动的社会性质反映成劳动产品本身的物的性质，反映成这些物的天然的社会属性，从而把生产者同总劳动的社会关系反映成存在于生产者之外的物与物之间的社会关系。由于这种转换，劳动产品成了商品，成了可感觉而又超感觉的物或社会的物。"③ 与物之间的物理关系不同，"商品形式和它借以得到表现的劳动产品的价值关系，是同劳动产品的物理性质以及由此产生的物的关系完全无关的。这只是人们自己的一定的社会关系，但它在人们面前采取了物与物的关系的虚幻形式。"④ 这种人与人的关系所必须采取的物与物的关系的形式，正是拜物教的秘密所在。可见，拜物教之谜源于商品形式之谜，形式规定的方法正是破解商品形式之谜的钥匙。

在商品经济范畴中，从商品到货币再到资本，与之相伴随的是价值形

① Alfonso Maurizio Lacono, *The History and Theory of Fetishism*, Palgrave Macmillan US, 2016, p. 101.

② 《资本论》第一卷，人民出版社 2004 年版，第 90 页。

③ 同上。

④ 同上书，第 89 页。

式不断发生推进与演化的历史过程。形式规定越高级，遮蔽性越强。形式规定遵循从抽象到具体的基本原理，它的生发路径是这样的：价值的形式规定由私有制的本质规定与活劳动的物质规定完成；商品的形式规定由价值的本质规定加上一个具体产品，如小麦、麻布等具体形态的产品充当物质规定；而货币的形式规定则是以商品为本质规定，以金银为物质规定完成，更推之，资本的形式规定的表达式便为货币的本质规定加上雇佣工人这一物质承担者来实现。只是因为本质规定的表达要通过物的形式，结果物的形式却将本质规定遮蔽了，人们只看到了物质规定，却忽视了本质规定性，即私人劳动社会性及劳动者的社会关系。① 从商品拜物教、货币拜物教以及资本拜物教，形式的遮蔽性越发强烈，对资本的崇拜在资本主义条件下发展到登峰造极的程度，也因此，"要从根本上消除拜物教现象，就必须诉诸生产关系的革命性变革，既要扬弃生产资料的劳动者个体私有制，还要扬弃生产资料的资本主义私有制"②，只有在生产关系的高度上，才能找到根除拜物教这一现代性问题的良药配方。在这个意义上也可以说，共产主义终结了形式的统治，实现了内容的解放。③

综上所述，廓清资本范畴的马克思思想之原貌，以使我们在当代境遇中思考资本问题之时不离马克思主义理论之要义，不失马克思资本批判思想之精深，是大有裨益的。资本概念作为政治经济学中最难以解决的一大问题，在生产关系的意义上，它是最能区分马克思有别于其所处时代政治经济学家的标志性范畴，注重马克思政治经济学研究的思想方法，深化对这一基本概念的认知，对于我们推进马克思主义基本理论研究的规范化进程是必要的。只有在对马克思思想体系中基本概念的正确把握之上，才能在资本与价值、劳动等重要的政治经济学范畴发生关联，并展开对当代现实问题的深入分析。而要解决现代性问题，就必须对货币、资本等问题进行充分认识，剥开多重规定的遮蔽。深刻把握马克思的资本批判理论，才能在起点上对现代性问题形成清晰的认识，进而逐步解决现代性问题的各种疑难杂症。

---

① 《资本论》第一卷，人民出版社 2004 年版，第 93 页。
② 王峰明、牛变秀：《价值存在和运动的辩证法——马克思〈资本论〉及其手稿的核心命题研究》，社会科学文献出版社 2011 年版，第 153 页。
③ G. A. Cohen, *Karl Marx's Theory of History*, *A Defence*, Princeton University Press, 2000, p. 130.

西方女性主义者对《资本论》及其手稿的解读：以"生产劳动"概念为例

常佩瑶

摘要 20世纪60年代末，西方女性主义者开始尝试将马克思主义政治经济学理论运用于分析与女性家务劳动相关的一些问题。最初讨论的焦点是家务劳动是不是马克思所说的"生产劳动"。一些女性主义者以《资本论》及其手稿中关于"生产劳动"及其相关概念的论述为依据，对家务劳动的性质进行深入分析，但却得出了一些相互矛盾的结论。这些分歧体现了当时的女性主义者对马克思的《资本论》及其手稿缺乏全面研究和深入解读。但是，这种女性主义视角也揭示了对性别压迫相关问题的分析在马克思政治经济学体系中属于薄弱环节，为马克思主义政治经济学体系的进一步完善提出了新要求。

关键词 女性主义 马克思 《资本论》 生产劳动

20世纪60年代末，西方女性主义者开始尝试将马克思主义政治经济学理论运用于分析妇女压迫问题，为当时兴起的第二波女性主义运动提供理论支持和论证。这些尝试最初是以家务劳动这项所谓"女性劳动"的讨论。特别是关于家务劳动是不是马克思所说的"生产劳动"这个问题，引发了当时女性主义理论界的广泛关注和深入讨论。"生产劳动"这个概念是马克思在《资本论》及其手稿中提出的一个重要概念。在马克思主义政治经济学理论中，"生产劳动"这种特殊的劳动与资本对工人阶级的剥削有直接联系。女性主义者之所以关注这个概念，是因为她们想探明当

[作者简介] 常佩瑶，贵州财经大学马克思主义学院副教授，法学博士。

时资本主义社会中女性普遍从事的繁重且无薪酬的家务劳动是否与资本主义剥削有关。

然而，关于资本主义社会中女性的家务劳动究竟是"生产劳动"还是其他性质的劳动这个问题，不同的女性主义者却得出了一些截然不同的结论，尽管她们的判断主要依据都是马克思的《资本论》及其手稿。那么，这些分歧究竟是什么原因引起的？这场争论的主要目的及其理论意义是什么？本文将就这些问题展开详细讨论。

一 西方女性主义者关于家务劳动 是否是"生产劳动"的争论

开启女性主义者关于家务劳动问题争论序幕的是 1969 年加拿大女性主义学者玛格丽特·本斯顿（Margaret Benston）在知名左派刊物《每月评论》上发表的《女性解放的政治经济学》。[①] 本斯顿是当代女性主义者中首次尝试运用历史唯物主义原理以及马克思主义政治经济学理论对女性家务劳动进行分析的学者。她试图论证女性的家务劳动在资本主义生产中具有特殊的地位和作用，从而将这种所谓的"女性劳动"与女性在资本主义社会中的屈从地位联系在一起。本斯顿的这篇文章没有直接引用马克思的《资本论》及其手稿，而是引用了马克思主义经济学家曼德尔（Mandel）著作中对马克思主义政治经济学的解读。她注意到了曼德尔对资本主义社会中非商品生产劳动的相关分析：

> 第一类包含了一切农民为自身消费所生产的东西，在生产它的农场里就直接被消费掉了……
> 第二类产品是那些在资产阶级社会中不是商品，但是在家里生产的具有单纯的使用价值的所有东西。尽管大量人类劳动都进入了这种类型的家庭生产中，它仍然仅仅具有使用价值而非商品。每当烹饪一碗汤，或扣子钉在衣服上，它都构成了生产，但是没有为市场进行

① Benston, M., "The Political Economy of Women's Liberation: A Reprint", *Monthly Review*, 1989, 41 (7).

生产。

　　商品生产的出现于它的随后的合法化和普遍化从根本上改变了人的劳动以及他们组织的社会。①

　　这段话让本斯顿发现了马克思主义政治经济学理论中女性家务劳动的"领地"。本斯顿从这段论述中得出了两个结论：第一，家务劳动所生产出来的产品属于上述的第二类，即它是具有使用价值而没有交换价值的非商品生产劳动，因此家务劳动是一种仅生产使用价值的劳动；第二，资本主义的商品生产仅仅改变了男性的劳动和其组织形式，将男性带入了工业化生产方式之中，而将女性留在家里继续从事这种"前资本主义"性质的劳动，即一种处于交换市场之外的劳动，这使"女性"这个群体与"男性"这个群体处于不同的生产关系中。从而本斯顿得出一个重要结论："我们可以暂且将女性定义为这样一个群体，她们在与家（home）和家庭（family）相关的活动中，有责任生产简单的使用价值。"②

　　本斯顿的这篇文章虽然没有直接涉及对马克思《资本论》及其手稿的研究，但是却为女性主义开启了利用马克思政治经济学理论分析女性劳动问题的大门。这篇文章一经发表，立刻受到女性主义理论界的广泛关注，可以说引发了20世纪60年代末到70年代末女性主义关于家务劳动问题的轰轰烈烈的"十年争论"。

　　真正引发关于家务劳动是否是"生产劳动"争论的是1972年达拉·科斯塔（Dalla Costa）和塞尔玛·詹姆斯（Selma James）在意大利和美国的左派刊物上同时发表的《妇女与共同体的颠覆》③ 一文。她们在这篇文章中提出了一个挑战正统马克思主义的观点——家务劳动不仅带来的是对女性的压迫，而且是对女性的剥削。

　　提出这一观点的主要目的是为20世纪70年代西方一度兴起的声势浩

---

① Benston，M.，"The Political Economy of Women's Liberation：A Reprint"，*Monthly Review*，1989，41（7）．

② Ibid. ．

③ Mariarosa Dalla Costa and Selma James，*Women and the Subversion of the Community*. In Ingraham，C.，Hennessy，R.，*Materialist Feminism：A Reader in Class，Difference，and Women's Lives*，New York：Routledge，1997，pp. 40 - 53.

大的具有跨国性质的女性主义运动——"家务劳动工资"运动①——提供理论基础。科斯塔和詹姆斯的这篇文章主要是分析女性与资本主义之间的关系，并讨论女性如何进行斗争和反抗才能摧毁这种关系。她们得出的最终结论正是如题目所表达的，即女性应该反抗并摧毁"家庭"这个共同体。对于资本主义的家庭及其意识形态的批判，在马克思主义著作以及很多女性主义著作中可谓司空见惯。但是，科斯塔和詹姆斯不仅反对女性在家庭中所受的压迫，而且要反对资本主义通过家庭而施加在女性身上的经济剥削。因此，她们试图去论证女性在家庭中从事的家务劳动这种非工资的劳动参与了资本主义剩余价值剥削。

　　然而，这个命题显然对经典马克思主义政治经济学理论提出了挑战。众所周知，马克思主义政治经济学体系中，剩余价值产生于生产领域，指的是资本家用可变资本购买了工人阶级的劳动力的同时无偿占有了工人阶级生产的剩余劳动。而科斯塔和詹姆斯却旗帜鲜明地提出：

　　　　首先要清除某种正统的马克思主义观点，特别是在意识形态和所谓的马克思主义政党实践中的观点，这些观点已经被认为是理所当然：当女性总是在社会生产之外，也就是在社会组织的生产周期之外，她们也就处于社会生产力之外。换句话说，女性所担任的角色总是被看成是一种在精神上具有从属性的人，她除在家外被边缘性地雇佣以外，处于生产之外。她主要是家庭之中一系列使用价值的提供者。这基本上是马克思的观点，他观察到妇女在工厂中工作时发生了什么，得出结论说，对于她们，留在家庭中可以保留道德水准更高的生活方式。家庭主妇角色的真正本质从未清晰地出现在马克思那里。②

　　她们认为，马克思的理论清晰地阐明资本主义是建立在对作为工资劳

---

　　①　也有的译者将其翻译为"家务劳动有偿化运动"或"家务劳动薪酬运动"，但是，由于这一运动强调的主要是为家务劳动争取同工人阶级的工资劳动同样的地位，因此，翻译为"家务劳动工资运动"较为明确。

　　②　Mariarosa Dalla Costa and Selma James, *Women and the Subversion of the Community*. In Ingraham, C., Hennessy, R., *Materialist Feminism: A Reader in Class, Difference, and Women's Lives*, New York: Routledge, 1997, p. 47.

动者的工人阶级的直接剥削的基础之上。然而，马克思的理论和工人阶级运动实践都忽略了一个重要的问题，那就是正是通过工资，使资本主义对那些没有工资的劳动者——家庭主妇——的剥削也成为可能。正是因为工资的"遮蔽"，那部分进行无工资的劳动者的劳动成为不可见的，从而使资本对这部分劳动的剥削更有效率。女性的家务劳动在表面上看来是为了家庭而进行的一种处于资本之外的私人劳动，使女性受男性摆布。这通常被视为一种"压迫"而非"剥削"，从而掩盖了资本主义剥削的普遍性。这种掩盖，同时也使女性被排除在反抗资本主义的组织和行动之外。

因此，科斯塔和詹姆斯认为，家务劳动事实上是资本的一种"特殊的剥削形式"，而这种剥削的关键就在于"工资"。由于家务劳动没有工资，使它成为一种仅仅生产使用价值的非生产劳动，被排除在社会生产之外。那么，如果家务劳动有工资，它就能够进入生产领域并成为一种产生剩余价值的生产劳动。这样，家务劳动就不再是私人劳动和"妇女劳动"，而是能够转化成为一种社会劳动。她们认为，家务劳动事实上不应该是"妇女劳动"，因为"一个女人从洗衣清洁工作中，不比男人从事这项活动获得更多的满足或者是少一些疲倦"。[1] 家务劳动之所以被看成是一种典型的妇女劳动以及这种特殊的剥削形式的实现，依靠的是资本主义的"原子家庭"这种严格的家庭形式，即一种典型的依靠男性外出从事资本主义的工资劳动，而将女性隔离在家庭之中从事家务劳动并为资本主义再生产提供新的劳动力。因此，她们提出了一个响亮的口号："工资反对家务劳动！"

科斯塔和詹姆斯揭示这种资本的"特殊的剥削形式"，因为她们认为这不仅是一个"妇女问题"，并且关系到整个无产阶级革命运动的组织和策略。当时，在美国和加拿大的新左派运动及其他左派激进运动中，男性永远作为中坚力量并处于领导地位，而女性通常都被排挤到组织活动的边缘，这引起了很多积极参与运动的女性的不满。因此，本斯顿、莫顿、科斯塔和詹姆斯等一些左派女性主义者都认为，正是因为女性所从事的是无薪的家务劳动而非工资劳动，导致她们与资本主义之间的关系被遮蔽。如果能够在理论上揭示出她们与资本主义剥削之间的联系，那么工人阶级家

① Mariarosa Dalla Costa and Selma James, *Women and the Subversion of the Community*. In Ingraham, C., Hennessy, R., *Materialist Feminism: A Reader in Class, Difference, and Women's Lives*, New York: Routledge, 1997, p. 48.

庭中的女性也应该加入反抗资本主义的革命组织中，并且成为同男性工人阶级同样强大的力量。然而，她们的力量一直被无产阶级反抗运动和阶级斗争实践所忽视。

然而，科斯塔和詹姆斯将家务劳动定位为一种资本主义的"特殊的剥削形式"的观点一经提出，立刻引发了当时女性主义理论界围绕家务劳动是不是"生产劳动"这个问题的激烈争论。因为家务劳动是不是"生产劳动"与从事家务劳动的女性是否也遭受资本的剥削这个问题息息相关。同时，这场争论也促进了女性主义者对马克思的《资本论》及其手稿的价值的关注与深入研究。

关于家务劳动是生产劳动还是非生产劳动的问题，女性主义者大致提出了四种观点。第一种就是之前论述的科斯塔和詹姆斯的观点，即认为家务劳动是一种"潜在的"生产劳动，但是，由于它没有工资而被遮蔽了，因此，如果为家务劳动支付工资，它就能够转化为直接参与剩余价值剥削的生产劳动。除此之外，还有三种不同的观点，它们分别是：①家务劳动本身就是生产劳动；②家务劳动是非生产劳动；③家务劳动既不是生产劳动，也不是非生产劳动，它的性质比较特殊。虽然不同的女性主义者对于家务劳动性质的判断有着较大差异，但是，她们的判断并非是随意的，而是以马克思的《资本论》及其手稿中关于这一问题的阐述为基本依据。下面就对另外三种观点分别进行详细阐述。

（一）家务劳动本身就是生产劳动

持这种观点的是法国著名的女性主义理论家克里斯蒂娜·德尔菲，她曾被波伏娃描述为最激动人心的女性主义理论家。德尔菲关于家务劳动的理论最初于 1970 年发表在她的论文《主要敌人》[①] 中，这在时间上要早于科斯塔和詹姆斯的《妇女与共同体的颠覆》。但是，由于这篇文章直到 1974 年才在爱丁堡的妇女解放大会上由法文被翻译成英文印刷版，使它带来的影响要比科斯塔和詹姆斯的稍晚。与科斯塔和詹姆斯相比，德尔菲的观点显得更为激进。虽然德尔菲自称发展的是一种"唯物主义马克思主义"，并且也被当代的唯物主义马克思主义者视为他们一派理论的最早发起人，她的理论更倾向于当时的激进主义女性主义者，但是，又不像当时很多激进主义女性者一样倡导彻底抛弃马克思主义。她坚持认为，历史

---

① Delphy, C., "The Main Enemy", *Gender Issues*, 1980, 1 (1), pp. 23 – 40.

唯物主义是反抗所有压迫的重要理论工具。但是，她主张批判地对待马克思主义理论并设法将其加以改造，使之符合女性主义的目的。

德尔菲指出，认为家庭内进行的家务劳动和服务是非生产劳动的观点的依据是这些劳动不参与资本主义的商品生产，因此，仅生产使用价值而没有交换价值，从而不参与剩余价值剥削。德尔菲认为，这种分析方式相当于将女性与生产之间的关系切断了。她反对上述的本斯顿的一个重要的观点，即在资本主义社会中女性对生产没有结构性责任，因此，她们被排挤在商品生产的边缘。然而，德尔菲认为，当时法国的女性在家庭中所付出的劳动绝对不是边缘的，它被认为是边缘的仅仅是因为这种劳动没有工资。以1968年法国小型农场为例，一个农夫的妻子平均每天投入四小时到农业劳动中；当一个农夫雇用不起家庭工人时，他就娶个妻子。这些女性不仅为家庭内部消耗的产品和服务提供劳动，而且还生产可以出售的产品，如家禽、蛋和牛奶等。但是，制度性原因导致了这些劳动都被他的丈夫占有，因此，这些女性的劳动对生产的重要贡献被忽略了，同时她们遭受剥削的现实也被掩盖了。

德尔菲认为，女性所提供的这些服务不应该视为非生产劳动，家务劳动本身就是生产劳动，这主要出于以下三个原因：

第一，女性家务劳动具有潜在的交换价值。例如，在农场经济中，家庭生产的大部分产品用于自身消费，但是，也有一部分剩余是用来出售的，而无论是用于自己消费的产品还是出售的产品，它们本身都具有一样的使用价值，只是用于自己消费的那部分产品没有真正转化为价值。因此，德尔菲认为，它们具有潜在的交换价值。

第二，她们这些劳动所生产的产品通常都计入正式的经济核算指标中。例如，农场中用于自我消费的产品通常也被计入国内生产总值的核算过程中。

第三，所谓"生产劳动"的使用价值与纯粹家务劳动和家庭主妇的"非生产劳动"创造的使用价值之间没有差别，因为它们都是原材料的创造和转换的相同过程的不同组成部分，并且这些劳动的最终目的都是消费。例如，小麦被磨成面粉，是因为谷子状态的小麦不能用于消费，而面粉被烤成面包，也是为了消费。如果将在家庭外发生的如面粉生产等劳动，作为生产劳动，却将家庭主妇烤面包的劳动作为非生产劳动，那将是荒谬的，因为它们的性质没有本质区别。

德尔菲虽然认为家务劳动同工人的商品生产劳动都属于生产劳动，但她却将这两种生产区分为不同的生产方式：一种是马克思所讨论的资本主义生产方式，并认为在这种生产方式下，工人受到资本家的剥削；另一种是她称为"家内生产方式"，她认为，这是一种家庭领域中的特殊生产方式，在这种生产方式下女性受到男性的剥削。也就是说，德尔菲将资本主义社会划分为两个生产领域，一个是资本所控制的工业化领域，另一个是家庭领域，这两个领域都进行生产，但是，采用的是不同的生产方式，两个领域中所进行的都是生产劳动。

（二）家务劳动是非生产劳动

上述关于家务劳动的剥削理论提出后不久，马克思主义学者沃利·塞科姆（Wally Seccombe）在英国著名左派刊物《新左派评论》上发表了《资本主义下的家庭主妇与她的劳动》一文。这篇文章通过对马克思的《资本论》及其手稿中的相关理论和范畴的运用，探讨并分析了家务劳动的性质以及它与资本之间的关系。塞科姆将资本主义社会中的家务劳动视为一种必要的非生产劳动。[①]

他分析，家务劳动作为一种社会必要劳动，贯穿于资本主义的历史并仍将继续。即使工资劳动者独自生活，像洗衣、清洁和做饭等家务劳动也无法消失，它要么通过工资购买，要么由劳动者在非工作时间自己完成。更重要的是，家务劳动不仅仅是一种生活必需品，它还负责资本主义的新一代劳动力再生产，这是资本主义生产的前提。

尽管家务劳动承担着如此重要的功能，它在资本主义中仍然是一种非生产劳动。因为根据马克思关于生产劳动与非生产劳动的阐述：

"这些定义不是从劳动的物质规定性（不是从劳动产品的性质，不是从劳动作为具体劳动的规定性）得出来的，而是从一定的社会形式，从这个劳动借以实现的社会生产关系得出来的。"[②] "因此，工人单是进行生产已经不够了。他必须生产剩余价值。……生产工人的概念决不只包含活动和效果之间的关系，工人和劳动产品之间的关系，而且还包含一种特殊社会的、历史地产生的生产关系。这种生产

---

① Seccombe，W.，"The Housewife and Her Labor under Capitalism"，*New Left Review*，1973，83（January – February），pp. 3 – 24.

② 《马克思恩格斯文集》第八卷，人民出版社 2009 年版，第 218—219 页。

关系把工人变成资本增殖的直接手段。"①

在马克思看来，生产劳动具有两个特征：第一，生产劳动与资本有直接联系；第二，它生产剩余价值。家务劳动显然不符合这两条标准。首先，它与资本没有直接联系，因为它没有工资；其次，这也决定了它没有创造比自身更多的价值，即不生产剩余价值。塞科姆认为，它符合马克思对非生产劳动的定义："不同资本交换，而直接同收入即工资或利润交换的劳动。"

虽然从这个定义来看，家务劳动难以称得上是非生产劳动，因为它是无薪酬的劳动，因此，就没有同收入进行交换。但是，塞科姆却认为，事实上，工资是用来维持劳动力再生产的，只不过工资的形式掩盖了这一点。工资的形式使它表面看来是付给工人阶级在工作场所进行的劳动的报酬，但马克思对工资的分析证明，情况并非如此：

> 包含在劳动力中的过去劳动和劳动力所能提供的活劳动，劳动力一天的维持费和劳动力一天的耗费，是两个完全不同的量。前者决定它的交换价值，后者构成它的使用价值……劳动力的价值和劳动力在劳动过程中的价值增殖，是两个不同的量。资本家购买劳动力时，正是看中了这个价值差额。……事实上，劳动力的卖者，和任何别的商品的卖者一样，实现劳动力的交换价值而让渡劳动力的使用价值。他不交出后者，就不能取得前者。②

可见，工资实际上购买的是维持工人劳动力的耗费，其中包含劳动力中的过去劳动。塞科姆认为，工资实质上除支付工人购买维持生活的商品以外，还包含家庭主妇所做的家务劳动。因此，虽然家务劳动表面上没有与工资进行直接交换，但实质上是与工资或利润相交换的非生产劳动。

（三）家务劳动既不是生产劳动，也不是非生产劳动

持这一观点的是从 20 世纪 70 年代一直活跃至今的著名马克思主义女性主义者莉丝·沃格尔（Lise Vogel）。这个观点是她 1973 年发表在《激

---

① 《马克思恩格斯文集》第五卷，人民出版社 2009 年版，第 582 页。
② 同上书，第 225 页。

进美国》的《世俗家庭》文章中提出的。① 沃格尔是一个"正统"的马克思主义者，她认为，关于家务劳动的马克思主义分析应该根据马克思主义政治经济学对"生产劳动"和"非生产劳动"的范畴的定义去考察，而之前的很多女性主义者都将一种道德判断加之其上。

首先，沃格尔同科斯塔和詹姆斯一样，都不认为家庭是一种本斯顿所说的前资本主义的生产方式的残余。她认为，将家庭中妇女与丈夫的关系称为一种农奴与主人的关系，充其量只能算是一种暗喻。从严格的阶级角度来看，它没有构成一种真正的农奴与贵族的封建生产关系，就像将妇女与黑人做类比一样。因此，封建的生产关系没有在发达的资本主义社会存活。这就意味着，马克思对资本主义社会的政治经济学分析和相关的范畴可以用来分析家务劳动。然而，沃格尔认为，科斯塔关于家务劳动是生产劳动的观点只能算是一个"肤浅的近似值"。

她强调要对家务劳动是生产劳动还是非生产劳动这个问题应该进行更加细致的分析。她看到，在马克思那里，"生产劳动"的含义是被明确限定的：

> 从资本主义生产的意义上说，生产劳动是雇佣劳动，它同资本的可变部分（花在工资上的那部分资本）相交换，不仅把这部分资本（也就是自己劳动能力的价值）再生产出来，而且，除此之外，还为资本家生产剩余价值。②

显然，妇女的无薪家务劳动在维持和再生产劳动力方面绝对不符合这种定义。资本主义社会中，妇女在家中的劳动在严格意义上不是生产劳动。但沃格尔认为，这并不意味着它是非生产劳动，她引用了塞科姆同样引用过的马克思的这句话：（非生产劳动）"是不同资本交换，而直接同收入即工资或利润交换的劳动。"③ 沃格尔由此得出结论：资本主义社会中女性的家务劳动既不是生产劳动，也不是非生产劳动；这不涉及道德判断，而是纯粹将其作为经济学范畴来分析。

从上述关于家务劳动性质讨论的四个不同的观点的阐述中可以看到，

① Vogel, L., "The Earthly Family", *Radical America*, 1973, 4 and 5（7），p. 28.
② 《马克思恩格斯文集》第八卷，人民出版社 2009 年版，第 213 页。
③ 同上书，第 218 页。

女性主义者对家务劳动是否是"生产劳动"的判断虽然都是依据马克思的《资本论》及其手稿中关于"生产劳动"和"非生产劳动"的讨论，但得出的结论可谓大相径庭，几乎穷尽所有可能性。那么，究竟如何看待家务劳动的性质问题，以及如何评价女性主义者的这些观点，首先，需要对马克思在《资本论》及其手稿中与"生产劳动"相关的一些论述进行深入考察。

二 马克思关于"生产劳动"及其相关概念的讨论

关于"生产劳动"与"非生产劳动"这两个范畴，马克思在《资本论》第一卷中讨论得较少。在《资本论》第一卷中，马克思提到了两种"生产劳动"的概念：一种是前资本主义社会的"生产劳动"概念；另一种是资本主义社会的"生产劳动"概念。他对这两个概念所专门进行的区分被大多数女性主义者忽略。

马克思在《资本论》第一卷第三篇"绝对剩余价值的生产"部分的关于劳动过程的阐述中讨论了人类活动中一般的劳动过程。他认为："如果整个过程从其结果的角度，从产品的角度加以考察，那么劳动资料和劳动对象二者表现为生产资料，劳动本身表现为生产劳动。"[1] 但是，他却在注释中强调："这个从简单劳动过程的观点得出的生产劳动的定义，对于资本主义生产过程是绝对不够的。"[2] 这表明，在马克思看来，从产品角度所说的"生产劳动"与资本主义生产过程中的"生产劳动"是两个不同的概念。

在《资本论》第一卷第五篇"绝对剩余价值和相对剩余价值的生产"部分的一开头，马克思承接之前关于劳动过程的论述，讨论了随着人类社会的发展"生产劳动"内涵的转变，以及资本主义阶段"生产劳动"的内涵。随着生产方式的转变，产品的个体生产转变为社会生产，劳动过程通过协作发生，特别是体力和脑力的分工，使个体工人不一定都会像之前那样直接作用于劳动对象，也有可能间接作用于劳动对象。这样，"上面

---

① 《马克思恩格斯文集》第五卷，人民出版社 2009 年版，第 211 页。
② 同上。

从物质生产性质本身中得出的关于生产劳动的最初的定义，对于作为整体来看的总体工人始终是正确的。但是，对于总体工人的每一单个成员来说，它就不再适用了"。① 因此，从这个角度说，生产劳动的概念扩大了。然而，马克思接着指出，"资本主义生产不仅是商品的生产，它实质上是剩余价值的生产"②，那么，从这个意义上说，生产劳动的概念缩小了。

因此，在资本主义社会中"生产劳动"概念专指为资本生产剩余价值的劳动，而从事这项劳动的工人是"生产工人"。"生产工人"这个概念不仅包含"工人和劳动产品之间的关系，而且还包含一种特殊社会的、历史地产生的生产关系。这种生产关系把工人变成资本增殖的直接手段"。③ 因此，马克思不仅强调生产劳动为资本生产剩余价值，还强调它是由资本主义特殊的生产关系决定，并在劳动过程中继续生产这种关系。

对"生产劳动"和"非生产劳动"等概念进行更详细的讨论是马克思的《政治经济学批判》（1861—1863 年手稿），也就是现在我们看到的名为《剩余价值理论》的《资本论》第四卷，由考茨基依据马克思的《政治经济学批判》（1861—1863 年手稿）编辑整理并最初以俄文出版。其中，有两处马克思对相关问题花费了较长篇幅进行集中论述。一处是他在《资本论》第一卷中提到过的，计划在第四卷《剩余价值理论》，也即"理论史"部分，关于这个概念的理论来源进行讨论。这部分手稿大约写于 1862 年上半年，是马克思为《剩余价值理论》写的，主要用于讨论亚当·斯密的理论。④ 另一处是在《政治经济学批判》（1861—1863 年手稿）中的理论部分，是马克思为《资本论》第一卷《资本的生产过程》的后半部分所写的手稿，这部分写于 1863 年 1—7 月。⑤ 这部分内容马克思原本计划放在继他在之前的 1861 年 8 月到 1862 年春为《资本论》第一卷前三章之后第四章中，以"劳动对资本的形式上的从属和实际上的从属"作为小节的标题。但是，这部分没有收录在最终出版的《资本论》第一卷中。

上述两部分内容不仅清晰地展现了马克思关于"生产劳动"和"非

① 《马克思恩格斯文集》第五卷，人民出版社 2009 年版，第 582 页。

② 同上。

③ 同上。

④ 《马克思恩格斯文集》第八卷，人民出版社 2009 年版，第 616 页。

⑤ 同上书，第 629 页。

生产劳动"这两个概念的界定，还阐明这个概念在政治经济学史中的理论来源和内涵的转变，并厘清了亚当·斯密和重农学派的众多经济学家关于这个概念的认识中的错误。

在《政治经济学批判》（1861—1863 年手稿）中，马克思明确界定了资本主义社会中的"生产劳动"概念：

> 从资本主义生产的意义上说，生产劳动是雇佣劳动，它同资本的可变部分（花在工资上的那部分资本）相交换，不仅把这部分资本（也就是自己劳动能力的价值）再生产出来，而且，除此之外，还为资本家生产剩余价值。仅仅由于这一点，商品或货币才转化为资本，才作为资本生产出来。①

这个定义指出了生产劳动的三个限定性条件：①它是雇佣劳动；②它与资本家的可变资本相交换；③它为资本家生产剩余价值。这里还隐含了一个前提条件，即这种劳动所处的生产关系是一种资本主义生产体系中特殊的生产关系，即资本家与雇佣工人之间的关系。

除生产劳动之外，马克思还讨论了资本主义社会中另外两种劳动：非生产劳动；既不是生产劳动也不是非生产劳动的劳动。

关于"非生产劳动"，沃格尔和塞科姆在论证其观点的时候都引用了马克思的这句话：（非生产劳动）"就是不同资本交换，而直接同收入即工资或利润交换的劳动。"② 马克思认为，无论是生产商品的劳动，还是直接消费掉的服务，既可以是生产劳动，也可以是非生产劳动，因为这些劳动所带来的使用价值"从可能性来讲，也是商品"。③ 例如，女厨师在饭店里是生产商品，进行的是生产劳动；如果她在饭店老板家里提供服务，那么她就进行的是非生产劳动，因为她的劳动被老板直接消费掉了，不能为老板带来剩余价值。马克思接着指出，随着资本主义的发展，家庭工业和小工业的消失，从事这类非生产服务的劳动者越来越多地只提供个人服务，而不是生产商品，"因为商品本身从来不是直接的消费对象，而

---

① 《马克思恩格斯文集》第八卷，人民出版社 2009 年版，第 213 页。
② 同上书，第 218 页。
③ 同上书，第 226 页。

是交换价值的承担者"。① 这些论述表明，马克思很清楚地看到了类似家务劳动的个人服务的必要性。马克思还讨论了关于这些劳动的价值如何确定：

> 正如亚当·斯密指出的，这不妨碍这些非生产劳动者的服务的价值通过并且可以通过决定生产劳动者的价值的同样方法（或类似方法）来决定。这就是说，由维持他们的生活或者说把他们生产出来所需的生产费用来决定。②

马克思认为，非生产劳动的价值同生产剩余价值的工人的劳动力一样，是维持这些工人生存，即再生产劳动力所必需的费用，不同的是，这些价值都被资本家直接消费掉了，而没有为资本家带来剩余价值。这里可以看到，从事非生产劳动的工人获得的酬劳同生产劳动的工人是一样的，但是，不参与剩余价值的生产。那么如果他们的工作量同生产工人一样，那么，这种状况是否算作另外一种剥削，马克思没有讨论。他接着写道："这里还牵涉到别的一些不归这里考察的情况。"③ 但是，他没有说明是怎样的一些情况。

如果以上可以将马克思讨论的状况作为资产阶级的家务劳动，那么下面这段引文中，我们可以看到马克思直接讨论了工人阶级的家务劳动：

> 其实，社会上人数最多的一部分人——工人阶级——都必须为自己进行这种非生产劳动；但是，工人阶级只有先进行了"生产的"劳动，才能从事这种非生产劳动。工人阶级只有生产了可以支付肉价的工资，才能给自己煮肉；工人阶级只有生产了家具、房租、靴子的价值，才能把自己的家具和住房收拾干净，把自己的靴子擦干净。因此，从这个生产工人阶级本身来说，他们为自己进行的劳动就是"非生产劳动"。如果他们不先进行生产劳动，这种非生产劳动是决

① 《马克思恩格斯文集》第八卷，人民出版社 2009 年版，第 221 页。
② 同上。
③ 同上。

不会使他们有能力重新进行同样的非生产劳动的。①

综上所述，实际上，马克思在《资本论》及其手稿中讨论资本主义社会中的两种非生产劳动：资产阶级的家务劳动和工人阶级的家务劳动。两者之间的区别在于资产阶级可能会拿出一部分利润雇用工人去完成这部分非生产劳动，这些工人可以视为是非生产劳动者，而贫困的工人阶级则会选择在工作时间以外并且在家中自己从事这种劳动。从这里我们可以看到，马克思将工人阶级为了能够维持自己的正常生活所做的家务劳动也被称为"非生产劳动"。虽然这与之前马克思给出的"非生产劳动"的一个限定条件——非生产劳动要同收入和利润相交换——是矛盾的。但是，就本质上看，这两种劳动的性质相同，即它们都在资本主义社会中的非生产劳动领域内进行并且不创造剩余价值。

从这个角度来看，塞科姆比沃格尔更好地理解了马克思所阐述的"非生产劳动"的概念。特别是当沃格尔将家务劳动作为一种既不是生产劳动也不是非生产劳动的时候，她似乎没有看到马克思在《政治经济学批判》（1861—1863 年手稿）中对这一情况进行的专门讨论。在为《资本论》准备的理论部分的手稿部分，马克思比较细致地讨论了既不属于生产劳动也不属于非生产劳动的劳动。关于这类劳动，马克思仅指出了两种，即资本主义社会中农民的劳动和手工业者的劳动。他认为："农民和手工业者虽然也是商品生产者，却既不属于生产劳动者的范畴，又不属于非生产劳动者的范畴。……他们的生产不从属于资本主义生产方式"。② 第一，农民和手工业者虽然也生产并出售商品，我可以购买他们的商品，但是，他们用商品直接同我的货币进行交换，这种劳动的性质既不等同于用劳动同货币进行交换非生产劳动，也不等同于用劳动与资本进行交换的生产劳动，"他们是作为商品的卖者，而不是作为劳动的卖者同我发生关系"。③ 第二，马克思谈到了这种劳动的剩余。他认为，这种劳动所生产的产品，可能除用于劳动者的再生产和税收之外，还有剩余部分，剩余部分是归劳动者所有的。以上两点决定了这种劳动既不是生产劳动，也不是非生产劳动。

---

① 《马克思恩格斯文集》第八卷，人民出版社 2009 年版，第 227—228 页。
② 同上书，第 413 页。
③ 同上。

马克思认为，虽然资本主义社会中除处于支配地位的资本主义生产方式之外，还会存在少量封建主义生产方式以及相应的劳动，但是，这种生产方式通常都不会是纯粹的，它必然掺杂着资本主义的生产方式，使"独立农民或手工业者分裂为两重身份"："作为生产资料的占有者，他是资本家；作为劳动者，他是他自己的雇佣工人。"① 那么，在这种情况下，作为生产资料占有者的农民和手工业者，他们与雇佣工人之间的关系属于资本主义关系，因为老板通过自己对生产资料所有权，与工人之间形成了一种支配与被支配的关系。既然如此，我们便可以说，那些雇佣工人的劳动就是生产劳动，他们生产的剩余价值被老板占有，工人也就受到了剥削。但是，马克思认为，这种情况在资本主义社会中会逐渐消失，因为手工业和农民最终不是变成剥削者和资本家，就是丧失劳动资料而沦为工人。

三 家务劳动是否是"生产劳动"争论产生的原因及其理论意义

从上述马克思关于资本主义社会中的生产劳动和其他性质的劳动的分析来看，家务劳动本身，无论发生在资本家的家庭中还是工人阶级的家庭中，无论是通过雇佣工人来完成还是自己完成，都只能是非生产劳动。因为它不进入资本主义生产领域，因此也不与可变资本相交换，也就不参与剩余价值的生产。因此，女性主义关于家务劳动性质的讨论中，塞科姆认为，女性的家务劳动既不参与资本主义生产也不进入生产领域，因此不直接参与资本对剩余价值的剥削，这个观点与马克思的相关论述更为接近。

很显然，其他女性主义者得出不同结论的一个重要原因是缺乏对马克思的《资本论》及其手稿细致的考察，有时甚至会断章取义地去解读马克思的文本，导致他们没能充分理解马克思所讨论的这些概念的真正内涵和马克思对资本主义社会中的三类劳动进行区分的真正用意。

《政治经济学批判》（1861—1863 年手稿）中，马克思批判包括亚当·斯密、马尔萨斯、重农学派和一些经济学家关于"生产劳动"的观

---

① 《马克思恩格斯文集》第八卷，人民出版社 2009 年版，第 413—414 页。

点。马克思的"生产劳动"这个概念来自亚当·斯密，认为斯密的观点"就是沿着重农学派甚至重商学派走过的方向走，不过使这个方向摆脱了错误的表述方式，从而揭示出它的内核"。① 马克思认为，这个内核就是关于什么是"剩余价值"的理解。也正是出于这个原因，关于家务劳动是"生产劳动"还是"非生产劳动"的讨论才成为女性主义者关于家务劳动争论的核心。在马克思那里，如何规定劳动的性质，与马克思关于剩余价值的剥削理论有着直接联系。如果一种劳动被规定为生产劳动，就意味着从事这种劳动的工人是生产工人，他的劳动参与了剩余价值剥削。那么从事这种劳动的劳动者就不仅仅是被压迫，并且是被剥削。

关于什么是"剩余价值"，古典政治经济学的不同学派以及不同经济学家都有各自不同的理解。这个概念最早来源于法国重农学派，这个学派也是第一个对资本主义生产进行系统研究的学派。重农学派主张重视农业，认为只有农业劳动才能创造"纯产品"，是剩余价值的源泉。因此，他们认为，农业劳动才是生产劳动。马克思认为，他们的这种对剩余价值的看法是错误的，因为这种看法将价值和使用价值等同起来，这导致将地租视为剩余价值的唯一形式。但是，马克思认为，虽然重农学派对价值的理解是错误的，但是，他们对生产劳动的看法不完全是错误的，他们的正确之处在于指出了"雇佣劳动只有当它所创造的价值大于它本身所花费的价值的时候才是生产的"。② 也就是说，重农学派认为，劳动者不是为了自己，而是为了土地所有者创造剩余价值的农业劳动，才可以称为生产劳动。虽然重农学派对于价值的理解是错误的，但是却正确地将生产劳动这个概念与资本主义生产方式下的剩余价值的生产联系起来。

之后的重商主义学派对生产劳动的概念采纳了同重农学派相似的观点，即采用了类似的表述形式。这一学派将价值等同于金银等重金属的货币，由于只有出口才能增加本国的货币储备，因此，这一派认为："劳动只有在产品出口带回的货币多于这些产品所值的货币的那些生产部门，因而只有在使国家有可能在更大的程度上分沾当时新开采的金银矿的产品的那些生产部门，才是生产的。"③ 因此，重商主义学派总是通过压低为出口服务的生产部门的工资，使这些部门的劳动成为创造剩余价值的生产

① 《马克思恩格斯文集》第八卷，人民出版社2009年版，第214页。
② 同上书，第215页。
③ 同上。

劳动。

虽然马克思认为斯密抓住了重农学派和重商主义的生产劳动的观点的内核，但是他发现，在斯密关于生产劳动的论述中事实上包含两种见解：一种是正确的，另一种是错误的。马克思对这个政治经济学概念所做的进一步贡献就是将这两种见解区分出来并加以澄清。

斯密认为，生产劳动是由资本支付给生产劳动者以维持其生活，但是，这只可能是资本家收入的一部分。资本家的收入不仅可以用来支付生产劳动，也可以用来支付非生产劳动。资本家用于支付生产劳动的那部分基金是资本，因为这部分基金能得到补偿并带来利润，也即马克思所说的剩余价值。而资本家还可以从他的收入中抽出另一部分基金用于雇佣非生产劳动者，这部分基金相当于被资本家直接消费掉了。斯密的这个看法，马克思是赞同的。马克思认为，这是一种通过"劳动者对资本主义生产关系来给生产劳动者和非生产劳动者下定义"的"形式规定"。然而，马克思认为，斯密没有停留在这个范围内，他的论述中所掺杂的另外一个观点则超出了这个范围，走入了一条"歧途"。

马克思认为，斯密在区分生产劳动与非生产劳动时所掺杂的一些观点，表明了斯密对生产劳动还有另外一个定义。斯密在论述中强调，家仆的劳动同制造业工人的劳动不同，因为"制造业工人的劳动固定和实现在一个特定的对象或可以出卖的商品中，而这个对象或商品在劳动结束后，至少还存在若干时候"；相反，家仆的劳动"不固定或不实现在一个特定的对象或可以出卖的商品中。他的服务通常一经提供随即消失"。①这表明，斯密将对劳动产品的规定性，即是否耐久和是否固定在产品上，也纳入了对劳动的性质的判断中。马克思将他的第二种观点总结为：生产劳动就是生产商品的劳动，非生产劳动就是生产个人服务的劳动。前一种劳动表现为某种可以出卖的物品；后一种劳动在它进行的时候就要被消费掉了。马克思认为，斯密的这种观点反而又返回了重农学派，只不过重农学派仅将生产"纯产品"的农业劳动作为生产劳动，而斯密认为，制造业和商业劳动也可以将劳动固定在产品中，因此是生产劳动。马克思认为，斯密的这个定义已经"越出了形式规定的范围，越出了从资本主义生产的观点来给'生产劳动者'下定义的范围"，表明他"放弃了自己的

---

① 《马克思恩格斯文集》第八卷，人民出版社 2009 年版，第 222—223 页。

剩余价值观点，接受了重农学派的观点"。并且，马克思认为，斯密同时也走向了货币主义的通过劳动是否可以积累的角度来区分其性质，即认为有形化的商品可以积累下来转换成货币，而服务更容易消失。而货币主义的错误是他们不懂得"这些货币的创造和增加，是靠商品的消费，而不是靠商品变为金银"。①

马克思认为，斯密这个错误定义的关键在于斯密对于"劳动的物化"的理解方式。斯密清楚地意识到，商品世界分为两大类：一类是劳动能力；另一类是商品。马克思认为，商品"在它的交换的意义上——是劳动的化身，那仅仅是指商品的一个想象的即纯粹社会的存在形式，这种存在形式和商品的物体实在性毫无关系"。② 也就是说，很多劳动可以增加商品的价值，但是不会在商品上留下痕迹，因为它不会导致商品形态的变化。从这个意义上讲，家仆的劳动完全可以表现为商品，因为"从物质方面来看，甚至可能表现为同样的使用价值"，这些劳动不是生产"商品"，而是直接生产"使用价值"。③ 因此，斯密的错误就在于，他仅仅像重农学派一样，从商品的实物形态的变化判断劳动的性质和劳动的价值，而没有上升到马克思所谓的"抽象劳动"层面理解劳动。

这样，马克思在对斯密关于"生产劳动"的概念进行分析和批判的过程中，从劳动与剩余价值之间的关系的角度，对"生产劳动"与"非生产劳动"这两个概念给出了清晰和详细的定义。大多数女性主义者都忽略了马克思所强调的这两个概念的抽象劳动层面。

沃格尔的主要问题就在于此，并且她也就没有认清，马克思对"生产劳动"和"非生产劳动"的区分的主要依据是：是否参与剩余价值的生产，而非是否是雇佣劳动。她的论证过程和使用的引文表明，她很可能没有看到马克思将工人阶级的家务劳动也作为非生产劳动，以及马克思除定义了"生产劳动"和"非生产劳动"以外，还将资本主义社会中既不是生产劳动也不是非生产劳动的劳动定义为那些资本主义社会中现存的非资本主义性质的劳动。

德尔菲显然也没有看到或者没有理解马克思批判亚当·斯密的"生产劳动"概念的深刻用意。她将女性的家务劳动产生的产品在形式上与

---

① 《马克思恩格斯文集》第八卷，人民出版社 2009 年版，第 244 页。
② 同上书，第 233 页。
③ 同上书，第 235 页。

生产劳动的产品在具体形式上等同起来，因此，将家务劳动与生产劳动等同起来。她没有看到马克思讨论的是一种"抽象劳动"，而将劳动视为是否是生产劳动的依据在于"抽象劳动"是否参与了资本主义剩余价值的生产。另外，德尔菲还将资本主义社会中不同经济领域中的"家务劳动"混同起来，将工人阶级家庭中女性的家务劳动与法国小农场主家庭中的女性的家务劳动等同起来。这两者在马克思看来，前者是资本主义生产方式和资本主义性质的劳动，后者是可能还处于前资本主义阶段的非资本主义生产方式下的劳动。马克思的《资本论》及其手稿研究的重点是前者而非后者。因此，德尔菲在没有弄清资本主义社会中劳动的抽象性以及资本主义社会中不同生产方式中的劳动的区别的前提下，构建起来的所谓的"家内生产方式"理论也必然是有问题的。她沿着这样的错误路线，所进行的对马克思理论的改造也就不可能成功。

达拉·科斯塔得出了女性的家务劳动是潜在的生产劳动的结论，主要是因为她连"生产劳动"和"非生产劳动"之间的区别都没有弄清，错误地认为两者的区别是否有薪酬。但是，根据马克思的理论，首先，如果为家庭妇女的家务劳动支付薪酬，那么无论由资本家还是男性工人阶级为女性支付家务劳动的薪酬，家务劳动都不可能是成为生产劳动。因为家务劳动始终是生产领域之外的劳动，并且不能为资本生产剩余价值。其次，更加重要的是，资本家和资本都不关注生产领域之外的事情，资本仅仅用来购买能够为它生产剩余价值的劳动力，因此，指望资本家来为家庭妇女支付薪酬是不现实的。这也是当时"家务劳动薪酬运动"失败的主要原因。

尽管女性主义者对马克思的《资本论》及其手稿的解读方面存在种种问题和误解，但是并不意味了她们提出的问题没有意义。女性主义者之所以讨论资本主义社会中女性所从事的家务劳动的性质，目的不是想弄清家务劳动到底是"生产劳动"还是"非生产劳动"，而是她们敏锐地察觉到马克思所说的"生产劳动"与资本主义制度下的剥削问题有着直接的联系。尽管大多数女性主义者都没有达到对马克思的《资本论》及其手稿中的文本更深入、更全面的解读，但是，她们对于一些基本原理的理解是没有问题的。她们看到，基于历史唯物主义基本原理的马克思主义政治经济学理论，论证了工人阶级在资本主义社会中受到了剥削和压迫，这种剥削和压迫是由于工人阶级在资本主义生产关系中的地位引起的，劳动分工中的不平等地位以及所导致的经济上的剥削是他们受到压迫的物质基础。

然而，女性主义者想搞清楚的问题是，没有进入或者没有机会进入资本主义生产领域的专门从事家务劳动的工人阶级女性，以及既从事着生产劳动又要负担繁重的家务劳动的工人阶级女性，在家庭领域是否仅仅遭受的是压迫而没有遭到剥削？如果答案是肯定的，那么这种答案至少应该受到质疑。这也就是当塞科姆认为家务劳动是"非生产劳动"并且从事家务劳动的女性没有受到剥削而仅仅是受到了压迫的观点一经提出，就遭到了激烈的反驳和批判的主要原因。这个观点和论证导致的最明显的结果是，女性所遭受的精神层面的压迫就失去了其物质基础，也不符合历史唯物主义的基本原理。

因此，经历过这些争论之后，女性主义放弃了这一争论，而转向其他问题的讨论。例如，家务劳动既然是资本主义再生产领域的劳动，那么再生产领域是否也存在剥削问题，以及这种剥削的来源是资本还是男性。另外，有些女性主义者认为，女性的家务劳动问题不是资本引起的，而是由性别不平等引起的，那么解决这个问题的根本不是讨论家务劳动问题本身，而是要关注性别不平等如何解决的问题。

总之，关于家务劳动性质的讨论可以说是女性主义者在尝试运用马克思主义理论解决妇女问题的道路上迈出的第一步，尽管存在这样或那样的问题，但是，也为我们如何对马克思主义理论进行进一步的完善和补充开辟出一个方向。因为尽管马克思在《资本论》及其手稿中没有忽视家务劳动的问题，但是，也没有对其中的性别劳动分工问题进行深入讨论。虽然在马克思那个时代，工人阶级女性很多都进入了生产领域，但是，女性主要承担家务劳动和儿童养育的相关劳动的问题不是不存在，而是在当时的状况下没有受到太多重视。另外，在非生产劳动领域和资本主义社会中非资本主义生产领域虽然没有剩余价值的剥削，那么其他形式的剥削以及资本的非直接参与的剥削情况是否存在，马克思没有进行详细讨论。那么，今后如何将这方面的讨论补充到马克思的理论体系中则是一个重要而艰巨的任务。

正确理解《资本论》中
关于货币本质的界定

侯为民

摘要 一般商品是马克思对货币本质的科学界定。理解货币本质问题，应完整把握马克思关于货币问题的论述，正确区分货币和货币的本质、货币的一般性和特殊性。货币的一般性是指其在商品交换中的充当一般等价物的社会属性，货币的特殊性是指其自然形式和自然特点。不能以货币商品在社会属性上的特殊性，来取代马克思关于货币商品自然属性上的特殊性的论断。

关键词 货币本质 一般商品 一般性 特殊性

货币现象是经济理论中最易使人们受到误导的领域之一。将现存社会制度当作永恒社会制度的资产阶级经济学家，从其狭窄眼界出发不可能得出关于货币本质的科学界定。马克思在《资本论》中指出，从特殊商品向一般商品的转化，是货币产生的自然历史过程。货币的本质体现于它在商品交换中的特定社会功能，起一般等价物的作用。与"一般"等价物相对应，它便成为与各种特殊商品相对立的"一般商品"。这是马克思对商品交换关系的历史和现实进行科学分析后得出的认识结论，是马克思货币思想的重要内容。

然而，马克思关于货币的这一本质规定，过去曾被误解，认为货币能与其他商品相对立，表明它是一种特殊商品，如过去我国有些教科书就曾将货币的本质界定为"固定充当一般等价物的特殊商品"。近年来，关于

[作者简介] 侯为民，中国社会科学院马克思主义研究院思想政治教育研究室主任，研究员。

货币本质规定的错误观点始得纠正。但仍有人在此问题上提出质疑，并做出违背马克思本意的解读。有的学者认为，货币商品在本质上既是"一般商品"，也是"特殊商品"，以所谓货币商品在社会属性上的特殊性，来取代马克思关于货币商品自然属性上的特殊性的论断，这是对马克思货币本质思想的曲解。在商品生产和商品交换中，货币作为一般商品和与诸多特殊商品的对立是客观存在，所谓超越"一般论"和"特殊论"对立的说法，只能模糊人们对于货币本质问题的认识。

一 货币本质中存在一般商品和特殊商品的对立

揭示货币的本质，是为了加深对货币的认识。货币和货币的本质，是两个不同的问题。货币商品作为一种事物，内部包含着相互对立的因素，既有其充当一般等价物的社会属性，也有其物质上独有的自然属性。前者是货币的一般属性，后者是货币的特殊属性，货币则是这样的"一般性"和"特殊性"的统一。在认识论上，承认这种统一，并不意味着承认货币的本质是"特殊性"和"一般性"的统一。有的学者认为，"货币本质既具有一般性，又具有特殊性，是一般性和特殊性的统一"，这就让人不知所云了。因为事物的本质不能等同于事物本身，事物可以包含有相互矛盾的因素，但事物的本质却不可能同时存在相互对立的两种规定性。就以"人的本质"问题来说，对具体的人这一事物，当然既可归纳为单个的人所固有的各方面特征，也可从单个人的社会关系来认识。但"人的本质并不是单个人所固有的抽象物。在其现实性上，它是一切社会关系的总和"。① 因为作为个体的个人不是一种抽象的、孤立的人类个体，而是社会的产物，"抽象的个人，实际上是属于一定的社会形式的"。② 因而，对人的本质就不能从自然的"个性"，而只能在联系人的具体的历史关系基础上，从社会的"共性"的角度进行理解。而不是如《再论》一文所说，从"特殊性"和"个性"去认识和把握。如果混同"人"和"人的本

① 《马克思恩格斯选集》第一卷，人民出版社1975年版，第18页。
② 同上。

质"，就会将"单个人所固有的抽象物"和"一切社会关系的总和"同时界定为人的本质规定。同样，在货币本质问题上，也不能混淆"货币"和"货币的本质"。不同历史时期、不同国家和地区的货币往往是相互区别的，即如当今世界，货币在不同国家也是不同的，但这些不同的货币在本质上却是一样的，在社会"共性"上都是商品价值的一般表现形式。说货币本质是一般性和特殊性的统一，就无法说明不同货币的相同本质。

诚然，从特定的角度、层面和范围看，事物的本质只能是一种规定。但是，我们不能认为，对事物及其本质规定从不同角度、不同层面、不同范围进行观察、分析和把握，就可以得出关于事物本质的不同认识。自然，我们也就以此为依据，认为货币既是一般商品也是特殊商品。实际上，问题的关键是应从什么样的角度、层面和范围来分析货币的本质。在马克思看来，货币本质问题只有放在商品经济的历史时期才有意义。也正是从"商品生产和商品交换"这一特定的角度、层面和范围着眼，马克思才真正科学地揭示了货币的本质。在商品交换中，货币和众多商品作为对立的两方必然同时存在，任何脱离这一角度、层面和范围的分析，都不会也不可能在经济理论上得出关于货币本质的科学认识。就货币而言，在价值形式的发展中，它作为一般等价物，从商品世界中游离出来，取得和其他商品相对立的地位，也只能从货币商品的社会属性来说明，它只能是一般商品，而不可能同时是特殊商品。

进一步说，尽管人们对于事物本质的认识，也会由于角度、层面和范围的不同，而不断深入和逐步深化。但这种深化会发展成为相互对立的认识吗？显然不能。仍以"人的本质"问题为例，恩格斯关于人的本质的论断，就并不是一个与马克思的论断相对立的定义。恩格斯认为，"动物仅仅利用外部自然界，单纯地以自己的存在来使自然界改变；而人则通过他所作出的改变来使自然界为自己的目的服务，来支配自然界。这便是人同其他动物的最后的本质的区别"。① 该定义仍然是着眼于对人的"共性"问题的认识，而且并没有通过新的视角，得出关于人的本质的"个性"或"特殊性"来。恰恰相反，无论是马克思从人的具体的历史存在的视角出发，还是恩格斯从人和自然的角度出发，都是揭示了人的"普遍性"和"共性"。显然，在货币本质问题上，人们不能发展出对立的认识，既

---

① 《马克思恩格斯选集》第三卷，人民出版社 1975 年版，第 517 页。

承认货币本质是一般商品，又认为货币本质是特殊商品。至于那种认为在货币的定义上，除所谓的"一般本质"定义外，还有所谓的"特殊本质"的定义，更是毫无意义的。对事物本质的认识如果自相矛盾，只会将人们的认识引向混乱，更谈不上"认识的深化"了。

二　货币作为一般商品定性的理论内涵

事物的本质，是区别于其他事物的规定性。货币作为商品经济发展的历史产物，标志着人类经济活动的巨大飞跃。马克思始终是从商品的角度出发，来分析货币产生及其内涵。马克思明确指出："货币是和其他一切商品相对的一般商品"[①]，"货币由于是每一种特殊商品在观念上或实际上采取的一般形式，因而是一般商品"。[②] 这是因为，货币是从商品中产生的，商品经济中人们相互交换劳动的需要，客观上要求一个统一的、外在的"价值"实体存在，使商品内部的价值和使用价值的对立，转化为商品和其他商品的外部对立。交换的历史性的扩大与加深，发展了在商品性质中睡眠着的使用价值和价值的对立。为便于这种交易而让这种对立在外部表现出来的需要，要求有一个独立的商品价值形态，并且不断进行下去，直到这个形态因商品二重化为商品和货币最后把它取得的时候为止。这些论述表明，货币成为唯一的、固定的一般等价物。一方面表现在独立于商品界之外，与其他一切商品相区别。另一方面表现在它的属性已是社会性的，具有客观的固定性和一般的社会效力，客观上成为其他商品价值的一般的、普遍的代表。因而，一般商品的地位是由商品交换的历史发展决定的，一般商品的概念，也首先是从商品的社会属性上得出的。正是在"客观的固定性和一般的社会效力"的意义上，马克思将货币称作"一般商品"。

在理解货币本质为一般商品的定性时，需要正确把握马克思所使用的"一般"一词的角度和含义。首先要指出的是，马克思是在分析商品价值的意义上使用"一般"一词的，与商品的使用价值并不相关；其次，这

① 《马克思恩格斯全集》第25卷，人民出版社1975年版，第584页。
② 《马克思恩格斯全集》第46卷，人民出版社1975年版，第434页。

里的"一般"是价值形式的完成形态，具有简单性；最后，所谓"一般"
是与商品价值的统一性相互联系的。马克思在分析一般的价值形态时指
出，商品的价值表现：①是简单的，因为表现在一个唯一的商品上；②是
统一的，因为表现在同一种商品上。这个价值形态是简单的、统一的，所
以是一般的。可见，货币的"一般"是指商品的价值属性，而不是指商
品的使用价值属性；是指商品界的统一的"共性"，而非商品的特殊的
"个性"。

马克思货币思想中关于货币是一般商品的论述是很丰富的。从货币产
生的角度，马克思在《资本论》第一卷第三章中指出，"既然其他一切商
品只是货币的特殊等价物，而货币是它们的一般等价物，所以它们是作为
特殊商品来同作为一般商品的货币发生关系"。在论述铸币问题时，马克
思引用亚当·斯密的说法"每一个商品所有者除了他所出卖的特殊商品
之外，必须经常准备一定数额用于购买的一般商品"。在《资本论》第三
卷第二十八章中，马克思指出，"在这种形式上（储藏手段——引者注），
货币是世界市场的一般商品"，对国际资本的需求所需要的资本是货币形
式的资本，"是那种崇高意义上的货币，即作为世界市场的一般商品而存
在的货币"。从货币作为支付手段的角度，马克思在《资本论》第一卷第
三章中指出，货币不再是过程的媒介，"它作为交换价值的绝对存在，或
作为一般商品，独立地结束这一过程"。并且"在商品生产达到一定水平
和规模时，货币作为支付手段的职能就会越出商品流通领域。货币变成契
约上的一般商品"。可见，马克思分析商品价值及其运动的角度是多角
度、多层次性的，对货币作为一般商品的论述是全面的、逐步深入的。

货币是一般商品，也可以从它的内涵上理解。首先，货币本身必须
是商品，本身就具有价值，是一般的抽象劳动的凝结，这样，它才能充
当其他商品的等价物。其次，货币必须充当"一般等价物"，具有表现
商品价值的社会效力。"一般等价物没有和其他各种商品共同的相对价
值形态，它的价值只有相对地表现在无限系列的其他一切商品体上"。
这样，它才能在形式上成为其他商品的一般的普遍的价值代表。再次，
货币必须是固定地处于"一般等价形态"之上，在商品的价值表现中
享有"独占权"。马克思说，从一般等价形式过渡到货币形式，货币商
品作为"一般等价物"没有发生重要的变化，指的是其本质没有发生
改变。由于"一般等价形态是广泛而言的价值的一个形态，所以，它可

以归于任何一种商品"，所以，货币在其社会属性上也可以归于任何一种商品。但它又是被所有其他商品排挤出来唯一的一般等价物，有着固定地充当"一般等价物"的地位。没有这种处于固定状态的一般等价物，对于商品生产者来说，商品价值的表现就还带有主观的因素，从整个社会来说，商品价值的普遍性就不能统一地体现出来。可见，说货币是"一般商品"，就是指它是"固定地充当一般等价物的商品"，"固定"本身就表明了货币在其自然形态上的"特殊性"。有些政治经济学教科书改变过去不科学的提法，将货币定义为"固定地充当一般等价物的商品"，是在坚持马克思本意的基础上，对货币本质规定的科学界定。

如果我们承认，"一般等价物"和作为"一般商品"的货币在内涵和外延上都是相同的，那就必须承认，两者间就不会有本质的区别，更不会凭空产生所谓的"特殊本质"。有些学者提出，"一般商品"这种一般性规定，并不足以将货币商品同其他一般等价物商品区别开来。本来，马克思在分析货币的产生时就已指出，货币成为固定的唯一的交换媒介，是出现在"一般等价物"之后的历史阶段。货币本身就是一般等价物，当货币商品取得独占的地位时，其他的"一般等价物"早已寿终正寝，退出了历史舞台。因此不能认为，当社会存在众多的一般等价物时，货币商品却是一种先天的存在。同样，货币的本质问题，也不能转化为它同其他"一般等价物"之间的区别问题，更不能转化为"一般本质"和所谓"特殊本质"之间的关系问题。

三　货币商品的"特殊性"只能指"自然属性"

货币作为"一般商品"，是因为它能作为"一般等价物"，取得固定的独占的地位。而货币之所以能取得这个地位，又是因为货币材料具有自己的特殊性，这种特殊性表现于它的"自然形式"和"自然特点"。过去的政治经济学教科书，将货币定义为"固定地充当一般等价物的特殊商品"，也是缘于这方面的原因。的确，马克思在不同的地方提到过货币商品的"特殊"，但对照马克思的具体论述，可以看出，马克思所说的"特殊"，都是针对货币商品的"自然属性"而言的。在分析一般价值形态向货币形态的过渡时，马克思指出：等价形态社会地和特种商品的自然形态合在一起了，这特种商品因此也就成为货币商品。这里的"特种商品"显然是指具有特定自然形态的商品。他接着指出：在第四个形态（指货币形态——引者），金（指货币——引者）也仍然是一般等价物。只有这一点进步：由于社会的习惯，直接一般交换可能性的形态，或一般等价形态，最后和金这种商品的特别的自然形态合在一起了。这里更明确地指出了货币（金）是由于特别的自然形态才便于成为货币的。对货币的"特殊"或"特殊性"，显然只能从"自然形态"或物理特性理解。

有些学者提出，对货币商品的"特殊"和"特殊性"的含义，绝不能作一种"自然主义"的理解。也就是说，货币区别于"一般等价物"，不能通过货币所具有的自然特点来区分。其理由是：如果这样，货币就与其他任何商品处于同一档次、同一层面了。这一理由显然难以成立。固然，任何商品从自然形态上都是特殊商品，为什么马克思要从货币的自然形态强调货币商品的"特殊性"？这是因为，虽然任何商品在其自然形态上都有其特殊性，但并不是任何商品在自然形态上的"特殊性"都能适合于其社会的价值形式。货币商品的"特殊性"表现在它的自然形式和自然特点，但这种"特殊性"并不会导致其"一般等价物"地位的丧失；相反，正是由于其自然属性的"特殊性"，它才取得固定地充当"一般等价物"的地位，并最终成为固定的唯一的"一般等价物"。

在价值形式的发展这一问题上，需要从"自然主义"的解读中正确理解马克思的论述。在马克思看来，不仅货币商品，所有其他作为"一般等价物"的商品，也都是通过自身的自然形态，来体现其他众多商品的价值的。马克思分析一般的价值形式时就已指出：商品界全体的一般的相对价值形态，在一种从商品界排除出来的等价商品麻布上面，刻印上了一般等价物的性质。麻布自身的自然形态，现在成了商品界共同的价值形式。没有麻布的"自然形态"，就不会有"商品界共同的价值形式"。试问：如果不是指出货币，而是指出"一般等价物"自身的自然形态，是否就是将它与其他商品降到同一层面、同一档次呢？"一般等价物"与其他商品的界限就会消失吗？显然不会。可见，脱离"自然形态"就无从分析"一般等价物"的产生，后者也无从取得表现商品界其他商品价值的地位。换言之，不对作为"一般等价物"材料的"特殊性"作"自然主义"的理解，"一般等价物"就根本不能产生。不对货币的"特殊性"作"自然主义"的理解，货币也同样不可能产生。

将货币的"特殊性"归于其自身具有的"自然特点"或"自然形态",不会混淆"货币"和"货币的本质"。不会因为货币材料的"特殊性",就必然要对货币的本质作"自然主义"的理解。承认货币的自然"特殊性",也不能将货币的本质规定归结为货币的"自然形式"和"自然特点"。因为货币商品交换发展的历史产物,而商品交换发展的历史结果是,使商品二重化为商品和货币,从而让商品使用价值和价值的内部对立,发展成一种外部对立。固然,在这种外部对立中,对立的交换双方都是商品,都是使用价值和价值的统一,但是,货币和商品却又是完全不同的差别物。马克思指出:差别物的这种统一,对两极来说,却是相反地表现在每一极上……商品实际是使用价值……相反,金这种物质却只是作为价值的体化物,货币。马克思在这里所明确指出的是金这种自然物质,当作货币时只能作为价值的体化物,而不能作为使用价值的代表。可见,坚持马克思的货币思想,就不能从"自然形式"和"自然特点"来理解货币本质,更不能将货币在本质上定义为一种"特殊商品"。

四　澄清货币本质规定的现实意义

在货币本质问题上,有些学者从"一般等价物"向"货币商品"转化的角度,提出坚持货币本质"特殊论"的依据。一方面,认为货币商品作为"一般商品"同作为"一般等价物"具有相同的内涵和外延,这种"一般商品"的一般性规定并不足以将货币商品同其他一般等价物商品区别开来。另一方面,在论及货币商品的"特殊性"时,却又主张对货币商品的"特殊性"含义"决不能仅仅作一种'自然主义'的理解"。笔者认为,这种混淆概念的"超越"在实践中只能导致逻辑混乱。

澄清马克思关于货币本质的科学界定,具有重要的现实意义。

首先,坚持货币本质是"一般商品"的科学界定,才能坚持历史唯物主义观点,避免在经济学说中割裂马克思辩证唯物主义和历史唯物主义的基本思想。从认识论来看,"一般"作为抽象的总结总是在更高层次上对"特殊"的再现,从历史的观点来看,一般商品也只能从特殊商品发展而来。这是历史唯物主义逻辑的必然结论。有些学者断言,"特殊"和"特殊性"规定比"一般"和"一般性"规定,更进一步、更深一层地体现了货币商品的本质规定。其依据的逻辑是让人无法信服的。一般人都知道，认识事物的具体的"特殊性"，较之认识抽象的"一般性"要浅显、容易得多。这是因为，特殊性只能为个体或局部所具有，往往与事物自身特点直接相关，因而通过表象可以很容易总结出来。但一般性却为事物总体所具有，要总结出事物的"一般性"，通过单个事物的表象是无法得出的，必须深入事物的内部，进行科学的抽象思维，才能得出这种"一般性"。并且这种"一般性"还要接受"特殊性"的检验，只要有一个个体否定了"一般性"，则这种"一般性"就不可能成为事物的本质，不会成为事物真正的、内在的规律。

其次，坚持货币本质是"一般商品"的科学界定，才能真正科学地提示商品生产和交换的发展的历史过程和内在规律。这是因为，"特殊商品"并不是一定像货币那样，是商品生产和交换发展到一定高度的社会产物，因此，超越商品生产和交换的货币本质规定毫无科学意义。本来，马克思在分析等价形态的发展时已指出，等价形态的发展，只是相对价值形态发展的表现和结果，没有处于相对价值形态的商品生产的发展，货币根本就不会产生，就更不会由于所谓"契合"意义上的"特殊性"转化为货币。历史地看，分工的深化、生产的扩大和商品交换的发展，直接促进了从"一般等价物"向货币商品的过渡。而如果金银等货币商品的"自然特点"表现在其他的"一般等价物"商品上，后者同样也可以成为货币，这种过渡的关键不在于某种"特殊商品"的主动"契合"，而是商品生产自然历史发展的客观要求。

最后，坚持货币本质是"一般商品"的科学界定，才能客观地反映货币流通本身的规律，为划分商品资本、工业资本和货币资本奠定科学的基础，才能真正理解现代金融的本质。货币本质是一般商品，决定了货币流通规律必然要服从和服务于商品流通的需要。特别是在纸币取代金本位以后，货币的创造也必然同样要遵从于现实的商品生产的规模和结构。如果忽视这一点，就必然会招致商品生产和交换内在规律的惩罚。实际上，从早期商品生产过剩的资本主义危机，到资本积累过剩的危机，直至发展到当代资本主义债务泡沫下的经济危机，历史已经一再证明，作为从商品交换中衍生发展出来的货币，是在最广泛、最本质的意义上体现了商品的内在矛盾，也是在最广泛和最本质基础上体现了商品生产和交换者的意志和利益冲突。如果要寻找货币特殊论的意义，也只有在这个最一般的意义上才有可能。这实际上也是警示我们，当前我们在金融创新和发展虚拟经济时，必须时刻立足于实体经济的发展需要，坚持从符合客观实际出发。而背离和否定货币本质是"一般商品"的科学界定，则只会将我们引向歧途。

货币锚定物的形成机制及其
对货币品质的维护

——兼论数字货币的锚

黄泽清

摘要 现代信用货币体系的内在矛盾性，降低了货币作为价值尺度的品质。货币品质的维护取决于货币锚定物的选择。本文考察了货币形式及其职能的演进过程中货币锚定物的形成机制和货币锚定物的内在规定性，在此基础上，探讨了数字货币的锚定问题。研究表明，货币价值尺度和流通手段职能的矛盾运动细化了货币的多种职能，影响了货币的品质，从而导致货币锚定物的产生；建立在国家权力基础上的现行信用货币体系并不能保证货币的品质；货币锚定物具有不能锚定自身、数量与价值可变、反映商品总价值以及需要国家权力支撑四种内在规定；法定数字货币可以通过数字技术在加深能源、金属商品与主权货币的联系后确定其锚定物的基础上维护货币的品质。

关键词 货币职能　货币锚定物　货币品质　数字货币

货币在经历了商品货币、铸币、纸币以及信用货币等阶段的发展后形成了一个纷繁庞杂的现代货币信用体系。然而，现代信用体系的货币基础仍是脆弱的，最显著的表现就是货币品质的下降。现代货币信用体系润滑了货币流通手段的功能却掩盖了货币的价值尺度，货币是否有能力代表

［作者简介］黄泽清，中国人民大学经济学院博士研究生。

"现实的"商品价值，现行货币体系能否维护其品质是十分值得怀疑的。① 事实上，维护货币品质的关键在于货币锚定物的选择。合适的货币锚定物能够调和货币在行使价值尺度和流通手段职能时面临的矛盾，在实现"无摩擦"商品交换的同时维护货币作为价值尺度的"品质"。在这种情况下，一方面，货币政策制定者可以通过货币锚定的相关理论来调整通货的价值，维护通货稳定，从而维护金融和经济的稳定。另一方面，随着货币体系的进一步完善，未来数字社会也可以通过寻找合适的锚定物而提供"品质"优良的法定数字货币用以润滑未来社会的生产和交换。

一 货币基本职能的矛盾运动与货币锚定物的形成

货币是什么？这似乎是一个简单的问题，但是，对于这样一个简单的问题，人们的认识却争论不休，至今没有统一的说法。马克思曾经说：以货币形式为其完成形态的价值形式，是极无内容和极其简单的。然而，两千多年来人类智慧在这方面进行探讨的努力，并未得到什么结果。西方主流经济学认为，货币是在物物交换中"需求双重耦合"（包括交易双方的需求耦合、价值相等和时间耦合）的矛盾过程中产生的，货币的产生减少了物物交换的交易成本。因此，其更加强调货币作为流通手段的职能。与此不同，马克思主义政治经济学认为，货币是商品经济发展到一定阶段的产物，它是用于充当一般等价物的特殊商品，是人与人之间社会关系物化的反映。货币价值尺度的职能保证了货币流通的有效性，而货币流通手段的职能则实现了货币的价值，故其认为价值尺度是流通手段的条件，而后者又是前者的补充。② 虽然在《资本论》第一卷的分析中，货币不仅具有价值尺度和流通手段的职能，还具有支付手段、储藏手段和世界货币的职能，但是，前两种职能在体现一般等价物时并不需要货币的"实体"，而后三者则是在不同"货币形式"上展开的。③ 根据马克思的分析，一种

---

① ［美］大卫·哈维：《资本的限度》，中信出版社 2017 年版，第 396 页。

② 戴金平、黎艳：《货币会消亡吗？——兼论数字货币的未来》，《南开学报》（哲学社会科学版）2016 年第 4 期。

③ Suzanne de Brunhoff, *Marx on Money*, London：Verso, 1976, p. 25.

商品变成货币，首先是作为价值尺度和流通手段的统一①，其他三种职能可以在两者矛盾运动的基础上衍生出来。因此，理解货币两种基本职能的矛盾运动，是厘清货币各职能的发展关系以及由此产生的货币锚定问题的钥匙。

货币是商品内在矛盾发展的产物。事实上，物物交换的非同步性表明，"时间"的概念是货币分析的关键。② 虽然亚当·斯密也曾指出劳动（劳动时间）是用来购买一切商品的最初的货币③，但是，简单地将货币定义为生产商品所消耗的劳动时间是不完整的货币分析。劳动时间本身并不能直接成为货币，因为劳动时间始终只是存在于特殊产品中，必须要有一种"一般商品"，商品同这种一般商品交换，然后才能作为交换价值同其他商品交换这种一般商品的劳动时间。或者说，是一般劳动时间，是货币的化身。④ 这表明，作为一般等价物，货币具有价值尺度的职能，其价值取决于物化在一般商品中的社会必要劳动时间，而这种社会必要劳动时间又只能在货币同其他商品的交换中反映出来，从而货币也就必须具有流通手段的职能。与货币自身执行价值尺度而具有社会必要劳动时间不同，货币作为流通手段只是体现了可以交换到的社会必要劳动时间。在这种情况下，货币自身的价值必须通过相对价值的形式体现出来，这就导致了货币价值尺度和流通手段两种职能之间的矛盾。因此，必须存在某种移动的空间来解决这一矛盾，从而导致了货币其他职能及货币锚定物的产生。

一方面，货币可以储藏起来。在保证其价值尺度的同时又不必通过流通手段同其他商品相交换，从而货币基本职能的矛盾使货币具有了储藏手段的职能。但是，如果没有价值尺度和流通手段两个职能，储藏就只是简单的积累货币的自然形式（如金属形式）而放弃了其经济形式，储藏手段的职能也就毫无意义。货币之所以具有储藏手段的职能是因为这一职能可以在具备前两种职能的基础上通过协调它们的关系来化解矛盾：当流通中表现出的货币价值超过其实际价值时，即流通中的货币供给超过货币需求时，储藏手段可以吸收多余的货币量以协调两者的矛盾；反之则会投入

---

① 戴金平、黎艳：《货币会消亡吗？——兼论数字货币的未来》，《南开学报》（哲学社会科学版）2016 年第 4 期。

② 《马克思恩格斯全集》第 13 卷，人民出版社 1976 年版，第 13 页。

③ ［美］劳伦斯·哈里斯：《货币理论》，梁小民译，商务印书馆 2017 年版，第 114 页。

④ 《马克思恩格斯全集》第 46 卷（上），人民出版社 1976 年版，第 115—116 页。

一定的货币量以满足流通之需。虽然储藏手段缓解了原先的矛盾，但却引致了新的矛盾：货币所代表社会权利的性质不会受到量的限制而储藏者拥有的货币在量上却是有限的。当大量货币被储藏起来时，货币和商品流通就会出现中断的可能，货币基本职能的矛盾又会显现出来。为了缓解货币职能的矛盾，货币支付手段的职能便产生了。

另一方面，在货币具备了储藏手段职能后，货币所代表的社会权利就会相对于时空而保持不变，从而使商品买卖实现了时间和空间的分割，一种新型的社会关系，即债权债务关系由此产生，货币也就被赋予了支付手段的职能。后凯恩斯主义的"国定货币理论"认为，现代货币就是产生于人们的债权债务关系，并强调现代货币是一种"税收驱动货币"，在国家强制税收的条件下，只要国家承认将某种物品（不一定是商品）作为国民纳税的支付方式，则其即为货币。但是，债权债务关系毕竟是从简单商品流通中产生的，不同的是，货币支付手段的职能已经改变了传统的货币（商品）的流通形式，代之的是货币（资本）流通形式，流通的目的也不再是商品而是货币自身，是更多的货币。因此，当货币被投入流通以获得更多的货币时，资本就出现了。① 在这种情况下，货币支付手段的职能会通过对时空的压缩而进一步缓解货币基本职能的矛盾：它一方面通过减少流通成本、降低交易费用，保障了货币流通在时间上连续进行；另一方面又通过债务清偿后货币价值的增加，实现了价值尺度在空间分离后的重现，从而进一步缓解了矛盾。然而，货币支付手段的职能虽然内化了货币基本职能的矛盾但却因随之出现的信用货币而产生了新的矛盾。事实上，信用货币是直接从货币作为支付手段的职能中产生的。② 货币转化为资本后，货币支付手段职能将传统的货币（商品）流通形式变为货币（资本）的流通形式，但是，货币仍旧只完成货币的职能，货币的职能"只有由于和资本流通的其他阶段的联系才同时具有资本职能的意义"③，这里说的其他阶段显然是劳动力成为商品生产出来比它自身更大价值的阶段，是资本主义社会所特有的阶段。因此，在资本主义条件下，劳动力成为商品改变了货币在最开始就体现社会性的商品货币的形式，代替它的是

① Randall Wray, Understanding Modern Money: The Key to Full Employment and Price Stability, Massachusetts: Edward Elgar Publications Ltd. , 1998, p. 82.

② Suzanne de Brunhoff, *Marx on Money.* London: Verso, 1976, p. 163.

③ 《资本论》第一卷，人民出版社 2004 年版，第 90 页。

由私人创造却可以在社会流通的信用货币形式。信用货币伴随着资本家竞争的加剧而逐渐变得细化和精巧，形成了一个纷繁庞杂的信用货币体系。在这种情况下，新的矛盾再次出现，竞争的强制力以及对货币权力的渴望使部分资本家开始滥用信用体系，只关注货币作为流通手段的职能而损害了其作为价值尺度的职能，降低了货币自身的价值，货币品质受到了严重的威胁。货币品质或者通货价值的降低很容易引发通货膨胀，从而有可能导致货币危机或经济危机。因此，急需采取必要的措施去维护货币的品质。

实际上，在货币已经成为资本的条件下，资本主义世界试图通过构建一整套等级森严的货币机构体系来进一步解决货币价值尺度和流通手段两种基本职能的矛盾。在这个等级制度中，级别较高的机构保证了级别较低的货币品质——中央银行对于商业银行。但是，在这个等级制的顶端，又是靠什么来保证货币品质呢？正如布雷顿森林体系解体之后混乱的国际货币市场那样，虽然货币机构的等级秩序可以克服本地或本国的货币职能矛盾，但到头来却在国际舞台上让对抗处于未曾解决的状态。[1] 只有在世界市场上，货币才作为这样一种商品执行职能，这种商品的自然形式同时就是抽象人类劳动的直接的社会实现形式。[2] 因此，当货币执行世界货币的职能时，现有的货币机构秩序也不足以维护货币的品质，这就需要通过锚定某种或某类商品来稳定通货价值，于是货币锚定物应运而生。

综上所述，货币基本职能的矛盾运动使货币在细化了多种职能后形成了复杂的信用货币体系，在这一体系下，货币私有性和社会性的矛盾严重威胁了货币品质，从而影响了通货价值和经济稳定，于是寻找合适的货币锚定物成为协调这一矛盾必不可少的选择。

二　货币锚定物的内在规定及其对货币品质的维护

货币形式经历了从商品货币到纸币再到信用货币的发展过程，而且这一过程使货币逐渐脱离其外在物质形式的束缚，因此，货币锚定物品的形

---

① 《资本论》第二卷，人民出版社 2004 年版，第 397 页。
② ［美］大卫·哈维：《资本的限度》，中信出版社 2017 年版，第 166 页。

式也大致经历了类似的过程，但正如不管货币怎样挣脱其外在物质形式的束缚都要受到货币基本职能矛盾的约束一样，货币锚定物从有形到无形的演变也会服从其内在的规定法则，而这个具体的规定则需要在各种货币形式的演进过程中寻找。

货币从最开始的商品货币形式到金属货币形式经历了较为缓慢的发展过程，直至 1825 年英国才开始真正实施金本位制。起初，当黄金等贵金属成为货币时，金属货币所具有的实际价值恰好等于其所表现的名义价值，因此，货币锚定货币本身，即不存在货币锚定物。事实上，在金属货币阶段，由于所有商品的价值均是由商品货币（黄金）所表现出来的，因此，黄金的价值能够反映该阶段总的商品价值。然而，由于供给黄金的能力是由具体的生产条件所支配，因此，当黄金作为纯粹的商品货币使用时，就会永久停留在流通中，导致黄金的供给因生产条件的有限和生产费用的昂贵而无法及时调整，难以适应商品经济的快速发展。

货币从金属货币形式向铸币和纸币形式的转化使货币发展步入了信用货币的初级阶段。在这一阶段，货币的名义价值与实际价值存在分离的可能，货币品质面临降低的威胁。此时，国家便登上了货币发展的舞台，开始承担维护货币品质的责任。国家强制发行的不可兑换的铸币以及之后被纸面符号所代替的纸币进入流通领域，交易成本被记账成本所取代，交易效率大大提升的同时货币品质也因国家信用的背书而得到保障，似乎货币也不需要锚定任何物品。然而，货币并不只是单纯的流通手段，货币必须具有真实的交换价值才能站在其他一切商品及其使用价值的对立面。[①] 而这种真实的价值并不是依靠国家权力来确定的。因为国家权力或者中央银行的权力只是在已经受到极大限制的时候才开始。[②] 中央银行只有货币的垄断权并没有货币的有效控制权，私人银行家才拥有货币的控制权。"国定货币理论"也看到了这一点，并认为中央银行由于不能通过限制准备金来制约商业银行业务创新，从而就无法控制货币供给，商业银行的货币供给是由私人贷款需求和银行贷款意愿决定的，而不是由银行存款的多少决定，即贷款创造了存款。[③] 尽管该理论也认为中央银行无法有效控制货币供给，但是，该理论却过分夸大了国家权力的作用，认为中央银行作为

---

① 《资本论》第一卷，人民出版社 2004 年版，第 390 页。

② ［美］大卫·哈维：《资本的限度》，中信出版社 2017 年版，第 66 页。

③ 《马克思恩格斯全集》第 46 卷（上），人民出版社 1976 年版，第 152 页。

"最后贷款人"可以凭空产生无限的准备金以满足商业银行的贷款需求。事实上，由于铸币或纸币的流通量仍然需要通过对应于现实中所需的金属货币（货币商品）量来反映出总的商品价值，因此，作为一国金属货币最终保管者的国家机构或中央银行只能在本国内保持货币品质的相对稳定，在世界市场上则会出现困难。解决的方式之一是某些极其强大的国家货币与黄金挂钩，其他国家的货币通过汇率来相互兑换，正如第二次世界大战后形成的布雷顿森林体系那样。但只要货币政策是由本国中央银行制定，这种体系就必然面临着维护本国资本利益和维护世界范围内资本利益的两难境地。同时，随着世界各国竞争性加强，各国为维护自身经济发展的需要会主动采取脱锚行为，最终导致了该体系的解体，纸币完全脱离了与黄金的挂钩成为名副其实的信用货币，货币发展进行信用货币的高级阶段。在信用货币的高级阶段，由于黄金退出了流通，国际货币秩序一度陷入混乱，货币品质也遭受重创。虽然人们也试图通过超主权货币的方法，如特别提款权（SDR）来解决这一问题，但效果却并不理想。实际上，超主权货币仍然是建立在各国信用货币的基础上的，而信用货币并不能保证货币最终的价值。尽管中央银行是信用制度的枢纽，但银行的枢纽又是什么呢？马克思认为，"金属准备又是银行的枢纽"①，尽管是否为"金属准备"仍待商榷，但它却隐含了通过货币商品来对信用实施约束的必要性。因此，除将货币锚定某种特定商品的生产来调节货币积累和价值丧失的缺口外，现行的信用货币体系无法保证货币的品质。

根据对货币锚定物发展的分析，货币锚定物应遵循以下规定：第一，货币锚定物不能通过锚定自身而被赋予价值；第二，货币锚定物的量进而其价值能够随着社会生产条件或生产效率的改变而改变，否则会破坏货币锚定物作为价值尺度的基础；第三，货币锚定物必须能够反映该货币阶段商品的总价值，否则货币对其锚定后将无法准确反映其他商品的价值；第四，货币锚定物需要国家权力的支撑。由于信用货币可以通过购买劳动力商品而具有资本的性质，使货币可以被私人创造，因此，为了实现货币的社会性，需要对货币锚定物提供国家权力的支撑。显然，只有同时满足上述规定，才能充当货币锚定物。然而，在现行信用货币体系下，同时满足

---

① ［美］兰德尔·雷：《现代货币理论：主权货币体系的宏观经济学》，中信出版社 2017 年版，第 648 页。

上述四种规定的货币锚定物很难在现实中找到。一方面，黄金等金属货币已经无法准确地反映高级信用货币阶段商品的总价值，否则社会经济将陷入长期的通货紧缩中。因此，当严重的通货膨胀破裂，社会出现经济危机时，人们还是会迫不及待地持有黄金等金属货币，将其作为价值的合法代表。另一方面，现行的信用体系表明，维护货币品质需要诉诸国家权力，但国家权力仍然存在边界，似乎只有通过更高级的技术或者制度化安排来对现行的货币体系进行重塑才能保证货币的品质和通货的稳定。

事实上，西方经济学界也曾关注信用货币高级阶段的货币锚定问题。一种观点认为，货币锚定物应该是基于"一揽子"商品基础上的多种经济指数。① 然而，货币锚定多种经济指数存在许多问题。首先，它们是一种间接指数，可能会存在时滞性问题，在锚定多种指数的情况下，时滞会带来严重的套利行为。而且该做法仍然无法解决世界货币体系的混乱，当允许资本自由流动时甚至会通过套利加重这种混乱。其次，锚定多种指数时会出现顾此失彼的现象，很难使经济体达到理想的状态，如当以物价指数作为货币锚的时候，在控制通货膨胀水平的同时，失业率往往会上升。

另一种观点认为，货币的名义锚需要国家或者政府部门通过一系列机制设计出来②，政府作为所有社会就业者的最终雇主，需要设定最后雇主计划（ELR），在该计划下，政府部门建立起一个公共部门基本就业储备池子，雇用任何愿意在非营利的公共部门就业的劳动力，并设定该部门的劳动力工资价格（BPSW）作为货币的锚，这样，私人部门的工资，从而其他价格会以 BPSW 为基础，根据市场供求上下波动。尽管就业储备池子里劳动力工资价格作为货币的锚定物能够反映商品的总价值，但是，该理论的前提假设是公共部门的效率天然地低于私人部门的效率，从而在一开始，公共部门可以作为最终雇主来吸收被私人部门解雇的人员，但这一假设是否成立仍是值得商榷的。另外，该理论虽然肯定了商品价格总额的可变性以及 BPSW 的相应调整③，但却没有进一步分析 BPSW 是由什么决定的问题。因此，货币锚定物的不确定使现行信用体系无法保证货币的品

---

① 张五常：《货币不可无锚》，《IT 经理世界》2004 年第 1 期。

② 巴曙松、杨现领：《货币锚的选择与退出：对最优货币规则的再考察》，《国际经济评论》2011 年第 1 期。

③ ［美］兰德尔·雷：《现代货币理论：主权货币体系的宏观经济学》，中信出版社 2017 年版，第 135 页。

质，国际货币市场长期处于动荡和混乱的状态。

三　数字货币通过重塑现行信用体系维护货币品质

　　尽管现行信用体系无法有效地维护货币品质，但该体系的不断发展却为解决这一问题提供了可能，即通过未来数字货币对信用体系的重塑来确定货币锚定物，从而维护货币品质。货币从信用货币形式发展到数字货币形式符合货币非物质化的发展进程，然而，学界对于比特币、以太坊等现行"数字货币"的认识存在较大分歧。谢平、吴志峰[1]等学者充分肯定了数字货币的发展趋势，认为数字货币作为互联网金融下的产物，势必会丰富和发展传统货币，是货币发展史上的第三次革命性飞跃。李翀、兰德尔·雷[2]则表示了对比特币等数字加密货币的质疑和批评，认为其既不具有价值，也不能通过国家信用为其背书，只能算作是一种金融工具，其未来现金流贴现的公允价值为零。还有一部分学者虽然也对比特币作为数字货币持怀疑态度但却对基于区块链技术下的法定数字货币给予支持，认为现有的私有数字货币理论尚不成熟，它们虽然满足了技术上的点对点但却缺乏金融内涵上的点对点，而未来法定数字货币的内在价值与传统货币相比不应有任何变化，只是通过数字发行技术将货币形态数字化，因此，法定数字货币将成为现金的替代或补充。[3] 事实上，学界关于数字货币的争论主要集中在两个方面：一是比特币等数字货币是否为货币；二是未来数字货币的内在价值应如何保证。

　　关于第一个争论，本文认为，比特币并不是真正的货币。首先，比特币等多类准数字货币是基于工作量证明机制（POW）或者权益证明机制（POS）等复杂的计算机和密码学算法通过"挖矿"的工作量证明或获取数字加密货币的所有权证明产生的，没有太多经济上的含义，并不具有货

　　① 谢平、吴志峰等：《数字加密货币研究：一个文献综述》，《金融研究》2015 年第 1 期；吴志峰：《区块链与数字货币发行》，《国际金融》2016 年第 9 期。

　　② 李翀等：《比特币会成为货币吗》，《当代经济研究》2015 年第 4 期；［美］兰德尔·雷：《现代货币理论：主权货币体系的宏观经济学》，中信出版社 2017 年版，第 106 页。

　　③ 庄雷、赵成国：《区块链技术创新下数字货币的演化研究：理论与框架》，《经济学家》2017 年第 5 期。

币价值尺度的职能，因此，无法成为真正的货币。其次，任何国家也不会将比特币等数字资产作为法定货币，因为一方面，没有中心发行机构、绝对匿名性和不透明性、交易承载量不足等问题①使各国在通过货币政策调节经济结构面前变得束手无策；另一方面，不由国家背书而是由数字技术背书下的各类数字资产使各国中央银行放弃货币发行主权，从而放弃因发行货币而得到的铸币税收益，这对各国来说都是几乎不可能做到的。最后，比特币等准数字货币的私有性与货币所需要的社会性之间的矛盾难以调和，当其进入流通后势必会出现价格剧烈波动的情形。2017 年年底，比特币的暴涨暴跌就是这种矛盾的具体反映，其市值创下了一天内蒸发300 亿美元的纪录。因此，比特币、以太坊等准数字货币只能被称为非货币数字资产，而不是真正的货币。② 在可以预期的未来，数字货币的形式只有可能是各国中央银行发行的，基于分布式账本，但采用中心化机构——中央银行来做信用背书的法定加密货币。③ 在基于区块链技术的法定数字货币出台后，很有可能的一种形式是中央银行将数字货币发行至商业银行业务库，商业银行受中央银行委托向公众提供法定数字货币存取等服务。④

关于第二个争论，关键在于法定数字货币将如何重塑信用体系以及通过锚定什么来维护货币品质。一方面，法定数字货币在一定程度上对现行信用体系进行了重塑。首先，法定数字货币背后的区块链技术通过点对点的交易方式缩小了公民与中央银行的距离，减少了公众对商业银行存款的需求。⑤ 其次，法定数字货币改变了货币的发行和结算方式，大数据技术等信息技术的发展使社会主体间的交易已经由原先的现钞清算转变为记账清算，整个经济体系的流动性进一步得到提升。⑥ 可见，法定数字货币可以充分利用区块链的分布式记账技术和大数据技术改变现行信用体系的货币发行和结算的方式。另一方面，法定数字货币仍然面临如何维护货币品质的问题。事实上，法定数字货币需要锚定商品，否则其对支付工具的定

---

① 姚前、汤莹玮：《关于央行法定数字货币的若干思考》，《金融研究》2017 年第 7 期。
② 秦谊：《区块链技术在数字货币发行中的探索》，《清华金融评论》2016 年第 5 期。
③ 姚前：《数字货币的发展与监管》，《中国金融》2017 年第 14 期。
④ 肖风：《数字货币的价值起源》，《清华金融评论》2017 年第 4 期。
⑤ 范一飞：《中国法定数字货币的理论依据和架构选择》，《中国金融》2016 年第 17 期。
⑥ Raskin, M. and D. Yermack, Digital Currencies, Decentralized Ledgers, and the Future of Central Banking, *NBER Working Paper*, pp. 222 –238.

义和限制就是必需的①，从而与数字货币流通的"无摩擦性"相悖。根据上文分析，寻求法定数字货币的锚定物就是寻找能够对未来数字技术水平和社会总的商品价值同时做出反应②，且能够与国家权力有机结合的一类特殊"商品"。

传统意义上的金属商品（如黄金）和特定主权货币（如美元）都只能部分地满足货币锚定物应遵循的四大规定。一方面，虽然金属商品能够满足不锚定自身和反映金属货币阶段商品总价值的规定，但却缺乏国家权力的支撑，且无法实现自身数量与价值随技术进步而变动。另一方面，与金属商品相反，虽然锚定特定主权货币能够实现国家权力的支撑以及数量和价值的可变性，但却出现了锚定货币自身以及无法如实反映信用货币阶段商品总价值的问题。因此，同时兼顾上述四大规定的方法便是将金属商品和特定主权货币有机融合起来，而能源则是连接两者的有效方式。事实上，金属商品、主权货币以及能源之间的联系随着资本主义的发展而越发紧密。在资本主义初期，原始积累使在封建社会中需要通过贵族地位和身份来确定的人与人之间的社会关系转化为了资本主义社会中通过货币来主导的人与人之间的社会关系，货币表现为一切权利的权力，而支撑这一权力的则是资本积累扩张所必需的能源生产控制权。19 世纪中叶，英国煤炭产量占世界总产量的 2/3，到了 20 世纪初，美国石油产量已接近世界产量的 90%。在拥有了主要能源的生产控制权和黄金定价权的情况下，英镑、美元等特定主权货币相继成为霸权货币。尽管在 20 世纪 60 年代末，中东地区石油产量超过美国，能源生产控制权与黄金定价权发生了分离。但是，一方面，布雷顿森林体系为美国积累了大量的黄金储备；另一方面，美国在 20 世纪 70 年代与沙特达成了协议，确认了美元作为石油唯一标价结算货币的地位。在这一机制的作用下，黄金定价权和能源生产控制权再次得到统一，美元再次表现为其他货币的名义锚。然而，当今社会又存在三个因素制约着这一机制，一是黄金退出了流通领域，黄金定价权作用退化；二是新能源不断涌现，能源生产控制权不再表现为对石油的单一控制；三是数字货币对美元霸权下的信用体系进行了重塑。在这种情况下，一种近似替代的方式是通过大数据技术、区块链技术以及云计算技术

---

① 李建军、朱烨辰：《数字货币理论与实践研究进展》，《经济学动态》2017 年第 10 期。
② 约翰·威克斯：《商品货币理论及其经验可信性》，《政治经济学评论》2012 年第 1 期。

货币锚定物的形成机制及其对货币品质的维护 ·133·

等先进数字技术来加深能源、金属商品与主权货币之间的联系，从而确定数字货币的锚定物。可以认为，未来法定数字货币的锚定物应是"一揽子"能源、"一揽子"主权国家黄金储备以及 SDR 中各类货币发行量的综合体。其中，"一揽子"能源和黄金储备需要通过大数据和云计算技术确定的能源结构和黄金储备结构来进行加权，前者包括可再生能源、天然气、石油、煤炭等①，后者包括美国、德国、意大利、法国、中国等。②"一揽子"主权货币需要通过区块链、大数据以及云计算技术确定的 SDR 中不同主权货币（包括数字货币）发行量来进行加权。因此，在此基础上得到的货币锚定物遵循了上述四种规定，并可以实现对数字货币品质的维护。

然而，货币只存在于一个特定的社会与经济框架之中③，一种货币形式可能消除另一种货币形式无法克服的缺陷，但只要它们仍然是货币形式，只要货币仍然是一种重要的生产关系，那么任何货币形式都不可能消除货币关系固有的矛盾，而只能在这种或那种形式上代表这些矛盾。④ 法定数字货币的形式或许仍会使货币职能出现这样或那样的矛盾来等待我们解决，但货币数字化的发展也势必会为解决这些矛盾而提供基础条件。或许，当基于各类数字技术下的数字货币真正能够保证在社会信用充分完备的条件下实现不必经过货币而直接进行点对点的物物交换时，商品经济就不复存在了，货币乃至国家也将随之消失。

四 结论与政策建议

本文在分析货币基本职能矛盾运动的基础上探讨了货币锚定物的形成机制，并结合不同时期货币形式的演进，分析了货币锚定物的内在规定以及未来数字货币的锚定问题，得到以下几点结论。

---

① 据英国石油公司（BP）发布的《世界能源展望（2018）》显示，到 2040 年，全球能源结构将呈现石油、天然气、煤炭和非化石燃料"四足鼎立"的局面。其中，可再生能源将成为增量和需求最高的能源类型。

② 据世界黄金协会（WGC）2018 年 1 月发布的公告显示，截至 2017 年年底，黄金储备量排名前五位的国家分别为美国、德国、意大利、法国和中国。

③ Grinberg R. Bitcoin, "An Innovative Alternative Digital Currency", *Hastings Science & Technology Law Journal*, 2012, 4, pp. 159 – 180.

④ ［美］劳伦斯·哈里斯：《货币理论》，商务印书馆 2017 年版，第 64 页。

第一，货币价值尺度和流通手段职能的矛盾运动细化了货币的多种职能，影响了货币品质从而导致货币锚定物的产生。货币两种基本职能的矛盾使货币自身的价值必须通过相对价值的形式体现出来，储藏手段职能虽然部分地解决了矛盾却有可能中断货币和商品的流通，支付手段职能使货币成为资本后产生了货币私有性和社会性的矛盾，威胁了货币品质，影响了通货价值和经济稳定。世界货币的职能使等级森严的货币机构体系无法在世界市场上维护货币的稳定，寻找合适的货币锚定物成为必要选择，因此产生了货币锚定物。

第二，建立在国家权力基础上的现行信用货币体系并不能保证货币品质。虽然经国家权力背书发行的纸币大大提升了货币流通手段的职能，但货币并不只是单纯的流通手段，货币必须具有真实的交换价值才能站在其他一切商品及其使用价值的对立面，而这种真实的价值并不是依靠国家权力来确定的。在信用货币的高级阶段，除将货币锚定某种特定商品的生产来调节资本积累和价值丧失的缺口外，现行的信用货币体系无法保证货币的品质。

第三，货币锚定物应遵循四种规定：一是货币锚定物不能通过锚定自身而被赋予价值；二是货币锚定物的量，从而其价值是可变的而不是确定的，它随着社会生产条件或经济生产效率的变动而变动；三是货币锚定物必须能够反映该货币阶段商品的总价值；四是为了实现货币的社会性，货币锚定物需要国家权力提供支撑。传统意义上的金属商品和特定主权货币都只能部分地满足货币锚定物应遵循的四大规定。

第四，法定数字货币可以通过大数据、区块链等新型数字技术重塑现行信用体系以维护货币品质。法定数字货币通过点对点的交易方式缩小了公民和中央银行的距离，并改变了货币的发行和结算方式。未来法定数字货币锚定物的近似替代应是"一揽子"能源、"一揽子"主权国家黄金储备以及 SDR 中各类货币发行量的综合体。其中，"一揽子"能源和黄金储备需要通过大数据和云计算技术确定的能源结构和黄金储备结构来进行加权，"一揽子"主权货币需要通过区块链、大数据以及云计算技术确定的SDR 中不同主权货币（包括数字货币）发行量来进行加权。

因此，政府应充分认识货币锚定物的形成机制及其对货币品质的重要性，通过积极地推动法定数字货币，重塑现行信用体系，并在此基础上对数字货币进行锚定后，通过利用适当的货币政策来维护货币的品质和经济的稳定。

金融化运行机制的生成、建构与表达

——从马克思的货币职能理论出发

董志芯

摘要　马克思对货币职能的理解中蕴涵着金融化运行的可能性，由此出发对金融化运行机制进行由内而外、由抽象到具体的逻辑梳理，将澄明：金融化运行机制的生成是通过多样化的抽离完成的，并呈现为颠倒的生成形态；金融化运行和推进是以货币信用体系为后盾、以生息资本为根本范畴、以金融契约的建立和履行为主要内容的政治经济学建构过程；金融化过程中，社会符号化了的金融货币插上了推进自身"能指漂移"的翅膀，不断表达着自行增值、自行繁衍自身的诉求。对金融化运行机制的分析，为探究金融危机的内在渊源提供了思想启发，将明证马克思《资本论》中关于货币职能、货币符号化、银行、信用等的论述仍然极富科学性和现实意义。

关键词　金融化　货币职能　能指漂移　符号　信用

随着布雷顿森林体系解体和浮动汇率制度实行，人类真正开启了金融化的历史。传统上对金融化运行机制的分析，主要集中在金融学领域，注重于数据层面、技术层面、制度层面等的研究，但缺乏内在的、深层的视野。马克思在《资本论》及其手稿中运用从抽象上升到具体的逻辑方法，从资本的生产过程、流通过程、资本主义生产的总过程出发，揭示了资本主义经济运行的规律和趋势，其中，关于货币职能、货币符号化、银行、信用制度等的论述，为当今分析金融化运行机制留下了宝贵的理论线索，

［作者简介］董志芯，上海财经大学人文学院博士研究生。

为探究金融危机的内在渊源提供了思想启发，极富科学性和现实意义。

遵循马克思的理论线索，本文首先揭示：在对货币职能的深入理解中，蕴含着金融化运行的可能性。由可能性出发，本文从金融化运行机制的内在生成、政治经济学建构及符号价值表达三个方面，对金融化运行机制进行由内而外、由抽象到具体的逻辑梳理，将澄清：金融化运行机制从生成本质上讲，是通过多样化的抽离完成的，并呈现为颠倒的生成形态；金融化运行和推进是以货币信用体系为后盾、以生息资本为根本范畴、以金融契约的建立和履行为主要内容的政治经济学建构过程；金融化过程中，社会符号化了的金融货币插上了推进自身"能指漂移"的翅膀，不断表达着自行增殖、自行繁衍自身的诉求。

一　在对货币本身的理解中，蕴含着金融化运行的可能性

金融化运行机制的生成是在资本主义由简单再生产向复杂再生产转变的漫长历史进程中生成的。马克思从对商品价值形式的历史梳理中，揭示出货币的起源和本质。货币是作为商品世界的统一的相对价值形式，作为获得客观的固定的一般等价物而出现的。货币产生之后，便将内含于商品中的使用价值和交换价值、具体劳动和抽象劳动二重性之间的矛盾，转化为外显的商品和货币、劳动再生产和资本再生产之间的矛盾。对这些矛盾的理解，必须回归对货币本身的理解，回归到对货币职能的理解中。而在对货币职能的深入理解中，马克思已经隐约意识到货币本身的发展过程中孕育着未来突变的可能性，即金融化运行的可能性。①

其一，货币具有价值尺度的功能，可以为商品提供价格标准，但是，价格在交换过程中的实现却是以价格围绕价值波动来完成的，其结果是"凡有两种商品依法充当价值尺度的地方，事实上总是只有一种商品保持

---

① 马克思《资本论》中，关于货币职能的解释，关于货币职能在资本生产、流通过程中的发挥，是理解资本主义生产方式走向金融化的重要线索，这是可以通过对货币职能的检索得以证明的，其中，流通手段、支付手段、贮藏手段是理解信用货币、银行、股票等的重点，本文的任务之一就是梳理货币职能中蕴含的金融化的可能、矛盾与趋势，同时为了更好地理解金融全球化趋势，需要在马克思的基础上对世界货币与金融化的内在契合做进一步延伸。

着这种地位"①，这种商品就是具有潜在可变的价值②并估价较高的货币商品。③ 由此货币价值尺度的二重化④隐藏着作为观念或想象的价值尺度职能的发挥与作为实在的价格标准变动之间的矛盾，隐藏着一切商品为了取得货币而让渡的可能性和不断让渡的必要性。《价值起源》一书指出，就未来结果达成的契约和权利、可转让性是现代金融创新的重要基础。⑤ 一方面，货币价值尺度和价格变动之间存在"或有权利"，"一项或有权利只不过是一次打赌，其中的一方按照某个事件的结果向另一方支付。……或有权利使人们能够通过套期保值来回避未知的未来风险"。⑥ 对无论是价值大于价格，还是价格大于价值的或有权利结果达成契约，在资本主义发展过程中，成为减少和降低交易活动风险的有力工具，成为金融缘起和金融创新的最初动因。另一方面，"可转让性是资本市场最基本的特征"。⑦ 资本市场的可转让性与商品交换过程中的让渡具有深厚的渊源。货币是随着商品交换的扩大和加深而必然出现的，是可以绝对让渡的商品，其首要目的是作为社会公认的价值尺度的形式实现不同形态商品的不断让渡。而在资本市场上，同样需要货币价值尺度的功能，尽管这一功能的发挥，并不需要其尘世代表（如金、银、纸币等）的出场，以股票、债券等符号形式出场的货币，取得了社会公认的具有可转让性的职能，这与货币的价值尺度职能具有内在的一致性，不断推进着资本市场的流动。

其二，作为商品流通的中介，货币取得了流通手段的职能，货币的交换价值在不断的流通过程中成为转瞬即逝的要素。由此，货币职能的象征性存在就侵吞了其物质性存在，货币符号成为执行其职能的代表。"从货币作为流通手段的职能中产生出货币的铸币形式"⑧，"流通过程的自然倾向是要把铸币的金存在转化为金假象，或把铸币转化为它的法定金属含量

---

① 《马克思恩格斯全集》第44卷，人民出版社2001年版，第117页。

② 同上书，第118页。

③ 同上书，第114页。马克思认为，商品的表现包含着商品分为商品和货币商品这种二重化。

④ 同上书，第116页。

⑤ ［美］威廉·N. 戈兹曼、［美］K. 哥特·罗文霍斯特：《价值起源》，王宇、王文玉译，万卷出版公司2010年版，第14页。

⑥ 同上书，第15—16页。

⑦ 同上书，第17页。

⑧ 《马克思恩格斯全集》第44卷，人民出版社2001年版，第147页。

的象征"。① 有了铸币之后，把实际价值与名义价值分离开来的可能性就出现了，这种可能性就是"可以用其他材料做的记号或用象征来代替金属货币执行铸币的职能"②，由此，纸币成为货币符号。"符号执行货币职能的可能性，这是金融资本产生的前提性条件。……金融资本就是货币或资本逐步抽象化和符号化的过程"。③ 从货币作为纯粹的流通手段的立场来看，货币可以采取多种多样的形式，来完成其对交换进行润滑的作用。比如，"融通票据，就是人们在一张流通的汇票到期以前又签发另一张代替它的汇票，这样，通过单纯流通手段的制造，就创造出虚拟资本"；④ 又如，"存款银行用转账的办法，节约了流通手段的使用……靠转账的办法，存款制度能够达到完全不使用金属货币的程度。如果每个人都在银行开户存款，并用支票来进行一切支付，这种支票就会成为唯一的流通手段"。⑤ 因此，选择何种货币形式就取决于各种形式在克服交易成本时的效率，技术因素成为影响货币流通本身的重要因素。金融工具创新从根本上说就是对货币流通形式的不断创新。

其三，随着商品本身的让渡与商品价格实现在时间上的分离，货币作为支付手段的职能出现了，货币运动由此具有了新的特点，也产生了新的矛盾。首先，支付手段的运动实现了价值的跨期转移，代表着债权人和债务人的契约关系取代买者与卖者的支付关系，蕴含着金融形式的社会关系由此牢固地结晶起来。其次，货币支付不需要即时完成，但需要按时完成，作为总体流通过程的顺利完成，就受到一个接一个支付锁链的品质、支付手段的流通速度、支付期限的时间间隔等因素的影响，这些因素也成为之后金融危机发生的影响因子。再次，作为支付手段的货币包含着一个直接的矛盾：在各种支付互相抵消时，货币就只是在观念上执行计算货币或价值尺度的职能，但是，在进行实际支付时，实在的货币必须出场。这个过程中就孕育着货币危机的可能性，"这种货币危机只有在一个接一个的支付的锁链和抵消支付的人为制度获得充分发展的地方，才会发生"。⑥

---

① 《马克思恩格斯全集》第 44 卷，人民出版社 2001 年版，第 148 页。
② 同上。
③ 王庆丰：《〈资本论〉的再现》，中央编译出版社 2015 年版，第 201—202 页。
④ 转引自《马克思恩格斯全集》第 46 卷，人民出版社 2003 年版，第 451 页。
⑤ 同上书，第 456 页。
⑥ 《马克思恩格斯全集》第 44 卷，人民出版社 2001 年版，第 162 页。

伴随着金融化的深入和金融制度的创新，这种货币危机爆发的可能性越来越大，并成为现实。最后，从货币作为支付手段的职能中产生了信用货币。[①]"信用货币起源于私人约定的汇票和信用券；它们一旦开始作为支付手段来流通，就取得了社会货币的形式。"[②] 发挥受信任的价值储存功能的信用货币，由于债权的转移而不断流通，随着信用支付规模的扩大，它逐渐成为大规模交易的领域的主要货币形式；"随着支付集中于同一地点，使这些支付互相抵消的专门机构和方法就自然地发展起来"[③]，也就是说，作为金融化专门运行的机构，比如银行，也自然而然建立起来了。

在货币的支付手段职能中，孕育出了金融化的契约关系、信用货币、金融机构以及金融危机的影响因子和爆发的可能性。与此同时，信用货币的内在否定性也凸显出来了。实在货币与信用货币在流通中的区别是：黄金等形式的货币一开始就是社会性的，它可以不断转手，并一直保持流通，无须回到其起点。在金融化的历史过程中，信用货币最初是由私人创造的货币形式，它既可以任意扩张和收缩，也可以在投入流通时作为社会性的存在。信用货币在流通过程中不断地被创造、被毁灭，当债务到期时，信用货币必须以实物的形式，或者代表真实财富的货币形式来赎回。倘若商品交易没有按照之前的契约来完成，债务无法顺利偿还，那么信用货币就会直接"丧失价值"或"贬值"，商业危机和货币危机的可能性一并存在。其结果是，"信用货币的'价值丧失'是一个可能具有社会后果的私人问题"。[④]

其四，对外贸易的发展推动了世界市场的形成，货币发展成为世界货币。由此，原先货币职能在国内流通中具有的矛盾和金融化的可能性就转移和扩散到更加广阔的世界中来，当然，矛盾的形态也会发生相应的变化。马克思在《资本论》中关于世界货币的论述主要是以金银为核心的，但随着布雷顿森林体系和金本位制的解体，浮动汇率制的到来，我们必然需要对这一内容进行延伸。

首先，金银由于具备质的同一性，因而能够表现纯粹量的差别，这是其成为世界货币的首要原因。这就暗含了世界货币在其本质上是充当计算

---

① 《马克思恩格斯全集》第 44 卷，人民出版社 2001 年版，第 162 页。
② ［英］大卫·哈维：《资本的限度》，张寅译，中信出版社 2017 年版，第 391 页。
③ 《马克思恩格斯全集》第 44 卷，人民出版社 2001 年版，第 161 页。
④ ［英］大卫·哈维：《资本的限度》，张寅译，中信出版社 2017 年版，第 392 页。

货币的纯粹观念形态，其要求的是数量上的可界定。由此，观念中的、可计量的金银货币形态具有了被取代的可能性。也就是说，对于世界货币，应该"从它作为流通手段的形式规定性上来认定，而不是从它作为货币的形式规定性上来认定"①，如果金银在其作为世界货币的职能上被孤立起来，那么就如金融化现实表现的那般，世界货币具有转化为仅具有计算职能的价值符号的现实可能性。

其次，从世界货币的历史发展来看，金银充当世界货币，是在世界性的物物交换的平衡突然被打破的时候出现的，其主要职能是作为支付手段来平衡国际贸易差额。在金银储备足够的时候，国际贸易的差额可以顺利实现补偿。但历史的趋势是，这一差额呈指数级扩大，尤其是先进的资本帝国主义国家同封建落后的殖民地、半殖民地国家、发展中国家之间的贸易差额越来越大。如果一国现有的金银储备已经无法支付国际性债务，代替金银的世界货币形式或计量手段便呼之欲出。马克思原本想"完全撇开国际支付的平衡如何进一步发展为汇票交易等等，完全撇开一切和有价证券营业有关的事情；总之，完全撇开信用制度的一切特殊形式不谈"。②但是，马克思想撇开完全不谈的事，在这里具有了非谈不可的必要性。

再次，与世界货币同时出现的，还有经营各国铸币的货币经营业。随着国际贸易的扩大，"兑换业，即把贵金属兑换成当地铸币和把当地铸币兑换成贵金属，就成了一种十分普遍的有利可图的事业了"。③汇兑银行就是从兑换业发展而来的。同时，"金和银这两种商品作为世界货币来流通时，又要归结为它们互相之间的不断变动的价值比率"。④金银往返在不同国家之间的流通"是一个随着汇率的不断变化而产生的运动"。⑤由此，汇率成为决定国际贸易利益的重要因素，以美元为中心的汇率制度解体之后，浮动汇率制成为影响国际贸易的主导因素。

最后，随着金本位制的崩溃，金银作为世界货币的地位就丧失了吗？在金融化的繁荣时期，以社会财富形式存在的信用货币，排挤金银形式的货币，并篡夺其地位。但是，一旦信用发生动摇，以及金融危机周期性地

---

① 《马克思恩格斯全集》第 31 卷，人民出版社 1998 年版，第 554—555 页。
② 《马克思恩格斯全集》第 46 卷，人民出版社 2003 年版，第 355 页。
③ 同上书，第 354 页。
④ 同上书，第 355 页。
⑤ 同上书，第 169 页。

发生，所有的票据、有价证券和商品都必然会要求现实地、突然地转化为货币，转化为金和银。这种情况在危机时期表现得最为尖锐，是因为随着资本主义信用经济的全球性扩张，为直接的使用价值，为生产者本人的需要而进行的生产，已经完全废止……资本主义生产不断地企图突破对财富及其运动的这个金属的限制，突破这个物质的同时又是幻想的限制，但又不断地在这个限制面前碰破头。[①] 在世界性的危机面前，金银仍举足轻重。

其五，在资本主义商品流通过程中，作为"物的神经""社会的抵押品"[②] 的货币拥有随时可以交换的绝对的权力，激发了人们无止境的储藏欲望。从金融化视角来看，其带来的结果是：

首先，货币的储藏职能既是其他职能发展的产物，又是其他职能发挥的前提。一方面，货币被储藏后，社会再生产和商品的流通就面临着市面上货币量不足的阻碍，这一阻碍是借贷、赊欠等发生的原因，孕育着最早的金融契约的萌芽。另一方面，流通手段、支付手段、世界货币职能的顺利发挥，必然要求大量货币的储藏与保管，这一任务交由银行来完成，银行逐渐成为贵金属储藏所和商业信用的中心。

其次，货币的储藏职能具有二重性，即作为单纯财富的积累和为未来增殖储备的积累，其历史趋势是逐渐形成潜在的货币资本。在信用制度下，所有这些可能的资本，由于它们积聚在银行等的手中，而成为可供支配的资本、"可贷资本"、货币资本，而且不再是被动的东西，不再是未来的音乐，而是能动的、生利的东西。[③]

再次，作为储藏的货币其内在要求是在这一轮运动终结时又成为下一轮运动的开端，发展并非如其所愿。发达的资本主义国家拥有巨额的储藏货币，而落后国家常常面临着货币匮乏，于是渴望利用这种作为潜在货币资本储藏起来的剩余价值来取得利润和收入的企图，在信用制度和有价证券上找到了努力的目标。[④] 由此，国家间的债权债务关系建立起来了，世界性金融契约关系展开。

最后，使问题进一步复杂化的，还有那种任意加在这个储藏货币上的

① 《马克思恩格斯全集》第46卷（上），人民出版社2003年版，第650页。
② 同上书，第154页。
③ 同上书，第554—555页。
④ 《马克思恩格斯全集》第45卷，人民出版社2003年版，第561页。

新的职能，即在信用制度和信用货币发达的国家充当银行券兑换的保证金的职能。[①] 将个人、企业等的货币存入银行，形成银行的储备货币，但存在银行的货币远远无法满足社会性的再生产的需求，由此，银行券的发行成为吸收货币的有力手段。造成的结果是银行家资本的最大部分纯粹是虚拟的，是由债权（汇票）、国债券（它代表过去的资本）和股票（对未来收益的支取凭证）构成的。[②] 到这时，非现实的银行的储藏货币，以符号化的、虚拟化的形式登上了历史的舞台，预示着资本主义生产体系、世界性的再生产走向虚拟化、金融化。

对货币职能中蕴含着金融化可能性的揭示，其重要意义在于：指引着我们沿着马克思留下的线索，运用其生成性、过程性、关系性的分析方法，在整个货币流通、各货币职能的、历史的或逻辑的形成过程中对金融化运行机制进行阐明。

二 抽离与颠倒：金融化运行机制的内在生成

作为经济活动的高级形态的金融化运行机制，乃是由历史过程所生成，是"商品化—货币化—符号化（虚拟化）—证券化（再度虚拟化）"渐进发展、长期进化的产物。货币职能的普遍性使其成为生活世界的万能之物，从而发挥一种世界主义的、普遍的、摧毁一切界限和束缚的能量，蕴含其中的金融化运行的可能性，在资本主义发展的历史进程中随着货币力量的日益增长而转化为现实性。金融化运行机制从生成本质上讲，是通过多样化的抽离完成的，并呈现为颠倒的生成形态。正如马克思所说，因为货币作为现存的和起作用的价值概念把一切事物都混淆了、替换了，所以它是一切事物的普遍的混淆和替换，从而是颠倒的世界。[③]

第一，商品生产、交换、分配过程中始终包含着使用价值和交换价值、具体劳动和抽象劳动之间的矛盾，资本主义的发展并没有扬弃这些矛盾，而是创造这些矛盾能在其中运动的形式。这些运动的形式经过多样化的抽离，推进了金融化运行机制的内在生成。马克思指出，货币是将人与

---

① 《马克思恩格斯全集》第 46 卷（上），人民出版社 2003 年版，第 515 页。

② 同上书，第 532 页。

③ 《马克思恩格斯全集》第 3 卷，人民出版社 2002 年版，第 364 页。

社会、自然界、人本身联结起来的纽带，是一切纽带的纽带，既是纽带的黏合剂，又是纽带的分离剂。① 货币普遍性的存在，使其黏合功能之光遮蔽了其分离的强大效用。而正是作为纽带分离剂的货币，创造了多样化的抽离，推进了金融化可能性转化为现实性。

首先是商品的自然形式和价值形式的分离。最早的商品交换是"物物交换"，但"物物交换"必须局限在一定的时空范围内，这就对人们的生产、生活产生了诸多不便。于是产生了商品的自然形式和价值形式分离的必要性，商品化逐渐走向货币化。货币是在"物物交换"的历史发展中被选出的专门代表商品价值形式并用于交换的特殊商品。这样，"物物交换"就被分解为卖和买、价值度量与物质补偿两个独立的过程。由此，商品交换首次获得"脱域"性，即商品交换的完成可以摆脱时空的束缚，而进行跨越时空的交换。在"物物交换"中被选择为能够承担交易媒介功能的货币，必须具有易携带、易分割计量、稀缺性等特征，由此金银成为天然的货币形式。"商品价值从商品体跳到金体上……是商品的惊险的跳跃"。②

其次是货币实在价值与符号价值的抽离。马克思在对货币职能的分析中，就揭示出货币具有从实体化走向符号化的趋向。这是因为，货币的量越来越成为货币的唯一强有力的属性；正像货币把任何存在物都归结为它的抽象一样，货币也在它自己的运动中把自身归结为量的存在物。③ 如果说货币职能的最初发挥是建立在金银等尘世的代表之上的话，那么金融化时代货币职能的发挥则脱离了金银介质，变成由纯粹符号来表达的价值量体系。货币形式的发展经历了由金银—纸币—电子货币—金融衍生符号的转变。货币单位的这一物质符号的量，这一符号的数目就具有本质意义。④ 黑格尔说，当我们考察价值的概念时，物本身只是被看作一种符号，物不是被当作物本身，而是被当作它所值的东西。⑤ 在此，货币"价

---

① 《马克思恩格斯全集》第 3 卷，人民出版社 2002 年版，第 362 页。马克思在《1844 年经济学哲学手稿》中指出："如果货币是把我同人的生活，同社会，同自然界和人联结起来的纽带，那么货币难道不是一切纽带的纽带吗？它难道不能够把一切纽带解开和联结在一起吗？因此，它难道不也是通用的分离剂吗？"

② 《马克思恩格斯全集》第 44 卷，人民出版社 2001 年版，第 127 页。

③ 《马克思恩格斯全集》第 3 卷，人民出版社 2002 年版，第 339 页。

④ 《马克思恩格斯全集》第 30 卷，人民出版社 1995 年版，第 165 页。

⑤ 转引自《马克思恩格斯全集》第 44 卷，人民出版社 2001 年版，第 110 页。

值本身的革命超越了它的商品形式，达到了它的激进形式"。① 资本主义的发展，逐渐使货币成为计量价值数目的符号，货币化逐渐向符号化转变。"1971 年，布雷顿森林体系的崩溃和瓦解更是消解了货币的黄金基质，使货币成为纯粹的符号体系"。② 更甚者，货币的符号化实现二次虚拟，走向证券化。有价证券、股票、债券、基金、远期合约、金融期货、期权、股权等作为货币的象征符号，成为金融化运行的交换媒介。

再次是货币羽化为资本，货币的所有权和使用权的分离。"物物交换"被分解为买与卖两个过程后，以货币为核心的分离也产生了。货币在流通过程中具有两种形态：W—G—W 是货币为买而卖，G—W—G 是货币为卖而买。在后一种流通形式中，货币获得了创造价值的职能，成为"会生金蛋的资本"，这就将作为原价值的货币和作为实现价值增殖的货币区分开来了。货币在自身的增殖运动中，不断地变换货币形式和商品形式，即以商品资本、产业资本、生息资本的形式实现增殖。在生息资本的场合，货币增殖完全摆脱其中介过程，表现为 G—G′ 的运动。到此，商品、货币、资本经历着对象性的分离和自身内部的分离，即商品→商品和货币、货币→货币和资本、资本→资本和利息、利息→利息和利润。列宁指出："资本主义的一般特性，就是资本的占有同资本在生产中的运用相分离，货币资本同工业资本或者说生产资本相分离，全靠货币资本的收入为生的食利者同企业家及一切直接参与运用资本的人相分离。"③ 20 世纪是从一般资本统治到金融资本统治的转折点，这时，银行渠道的密网迅速扩展，集中着社会几乎全部的资本和货币收入，银行资本和工业资本日益长合在一起，金融资本就是由银行支配而由工业家运用的资本。由此，金融资本第一次完成了货币所有权与使用权的分离。20 世纪 70 年代拉开了资本主义金融化的序幕，大量的过剩资本和旺盛的消费需求，刺激着金融市场的繁荣，通过金融衍生工具的创新，资本不仅取得了联合起来的社会资本的形式，而且获得了虚拟资本的形式，以股票、债券、基金、期权、期货等资本的所有权证书形式通过不断的转手和反复流通就可参与价值增殖过程，金融资本完全摆脱了物质形态的束缚，获得了最大的自主权和灵

① ［法］让·波德里亚：《象征、交换与死亡》，车槿山译，译林出版社 2012 年版，第 4 页。
② 范宝舟：《财富幻象：马克思的历史哲学解读》，《哲学研究》2010 年第 10 期。
③ 《列宁专题文集：论资本主义》，人民出版社 2009 年版，第 148 页。

活性，进一步上演着资本使用权与所有权分离的增殖游戏，演绎着实体产业资本与虚拟金融资本的日渐分离。同时，以货币投机为生的食利者阶层、金融投机者与实业家日渐分离，在马克思那里，实业家即职能资本家，是资本的非所有者，他通过向货币资本家借贷的方式获得资本的使用权，资本增殖的收入分为企业主收入和借贷利息两部分，分别属于资本的使用者和所有者。

第二，经过内在的多样化抽离，金融化运行机制便在现实世界中以颠倒的形态呈现出来。当前，"金融市场的人所看到的工业和世界市场的运动，恰好只是金融和证券市场的倒置的反映，所以在他们看来结果就变成了原因"。① 从结果来说，金融化作为资本主义历史发展的更高阶段，在商品生产和市场经济中产生了一个巨大的多重颠倒的复杂结构，它使生产从属于交换，使目的从属于手段。随着货币化向符号化的转化，"在这个纸券的世界里，在任何地方显现出来的都不是现实价格和它的现实要素，而只是金银条块、硬币、银行券、汇票、有价证券"。② 其结果就是生产与交换的颠倒、实体经济与虚拟经济的颠倒。马克思指出，"在 G—G′上，我们看到了资本的没有概念的形式，看到了生产关系的最高度的颠倒和物化：资本的生息形态，资本的这样一种简单形态，在这种形态中资本是它本身再生产过程的前提；货币或商品具有独立于再生产之外而增殖本身价值的能力，——资本的神秘化取得了最显眼的形式"。③ 也就是说，货币符号化为金融化的深化插上了扩展的翅膀，它将着了魔的颠倒的世界更厉害得多地发展起来，它将资本主义的一切社会关系抽象为交换关系，即使是关于未来的交换也不再是未来的音乐，而成为现时的金融叙事曲。从经济上颠倒的形态出发，在现存社会生产关系中已经必然产生出相应的颠倒的观念，即拜物教形态的变迁，它是商品拜物教→货币拜物教→资本拜物教→金融拜物教的历史转化和变形。然而，作为社会本质的资本生产关系就被现实的和观念的颠倒遮蔽起来了。只有在金融危机显现和爆发的时候，人们才能意识到这种颠倒的危害：没有真实的生产，没有切实的劳动，就没有最终的保障，金融危机的产生正是由于这些颠倒已经突破了经济发展的底线。人们才能意识到金融化王国的幻境背后，依然存在由资本

---

① 《马克思恩格斯选集》第四卷，人民出版社 1995 年版，第 699 页。
② 《马克思恩格斯全集》第 46 卷（上），人民出版社 2003 年版，第 555 页。
③ 同上书，第 442 页。

主义生产过程构筑的剥削性经济关系的本质。从原因来讲，金融化运行机制的颠倒形态需要追溯到货币内在的起颠倒作用的力量。"货币内在的特点是：通过否定自己的目的同时来实现自己的目的；与商品相对立而独立；由手段变成目的。"① 原先交换价值只是商品在社会交换中得以实现的手段和工具，随着商品经济的进一步发展，作为交换手段的货币越来越成为生产的目的，"生产的发展越是使每一个生产者依赖于自己的商品的交换价值……交换价值越是成为生产的直接目的"；② 同时，货币使商品的自然形式和价值形式分离开，就在实践中使一切实在的、由劳动创造的产品成为货币的代表，随着生产的社会性的增长，交换关系固定为一种对生产者来说是外在的、不依赖于生产者的权力。马克思指出，"在货币经营业从真正的商业分离出来时，货币的特殊性质再次显现出来"③，其意思是说，随着金融化的深入发展，货币的交换权力取得了其繁荣膨胀的土壤，生息资本成为"一切颠倒错乱形式之母"。④ 金融化的运行"已经不再是仅仅掌握生产的余额，而且逐渐地侵蚀生产本身，使整个的生产部门依附于它"。⑤ 这就引起了虚拟经济对实体经济的逾越。同时，金融工具的创新，虚拟金融产品的创造，不仅使生产越来越从属于交换价值，而且使一切社会活动、社会关系、意识观念越来越具有面向交换价值的性质，具有谋求交换价值的目的。

三　货币信用体系：金融化运行机制的政治经济学建构

　　货币职能的发挥激励着资本主义再生产对货币资本的无限需求，尽管通过多样化的抽离和颠倒，金融化运行机制已得到了内在的生成，但是，货币资本的积累和流通必须获得外在的社会的支持。大卫·哈维指出："我们倘若没有全面地理解金融运作的制度框架和中介——金融运作由此

---

① 《马克思恩格斯全集》第 30 卷，人民出版社 1995 年版，第 100—101 页。
② 《马克思恩格斯全集》第 46 卷（上），人民出版社 1979 年版，第 91 页。
③ 《马克思恩格斯全集》第 30 卷，人民出版社 1995 年版，第 100 页。
④ 《马克思恩格斯全集》第 46 卷（上），人民出版社 2003 年版，第 528 页。
⑤ 同上书，第 368 页。

汇集并合并了作为可贷资本的货币——就无法理解作为资本的货币的供给。"① 货币信用体系是金融化运行机制得以完成的外在力量，是金融化运行于其中的基本的框架，它是由金融机构、金融交易方式、金融衍生品、国家性和国际性的政策制度等要素构成的系统。金融化运行机制是以货币信用体系为后盾的政治经济权力再生产过程；是以生息资本为根本范畴、以金融契约的建立和履行为主要内容的资本积累和流通过程；是与资本主义内在矛盾相适应的货币信用体系的政治经济学建构过程，与金融危机的产生具有内在的契合。

其一，金融化运行机制的发挥，必然要求建立具有强制性的、受到法律认可的货币信用体系。后者成为金融化运行的强大后盾，演绎着政治经济权力的再生产过程。

首先，由国家主导的公共信用成为资本的信条②，国家的政治法律权力成为金融化健康运行的主导权力。货币符号化本身需要得到客观的社会公认。为了维护信用货币品质，保障货币职能的发挥，国家必然会运用法律的强制手段。这时政治的和法律的后盾就取代了由货币商品提供的后盾，主要体现为以中央银行主导下各金融机构的权利和义务，以及法律规定下的银行制度、国债制度、股票制度及金融监管服务等。从实际情况来看，货币信用体系一在银行体系内部，中央银行则在民族国家内部成为至高的调节权力。中央银行不仅是现代信用体系的枢纽，而且是国家机器控制权的一个中心。

其次，信用制度产生出联合的资本，即社会资本。后者获得支配社会生产的具体权力。货币信用体系的建立把大量分散的可供支配的资本集中起来，集中起来的资本由货币资本家统一支配，结果是货币资本家拥有了一种外在于、独立于实际生产过程的权力，不同的生产部门都受到了社会资本的统一支配。以货币信用体系为支撑的股份制度是当前金融化的突出特征。股份公司的组织形式分离了所有权与管理权，带来了一种解放货币资本的融资形式。投资人持有所有权证书，并收取利息，同时可以在任何时候把自己的股票和债券抛售给别的投资者。当前，股份公司的管理服从"股东价值观"的原则，每个人都具有成为股东的潜在可能，但是，股东

---

① ［英］大卫·哈维：《资本的限度》，张寅译，中信出版社 2017 年版，第 411 页。

② 《马克思恩格斯全集》第 44 卷，人民出版社 2001 年版，第 865 页。马克思提出"公共信用成了资本的信条"。

权力的落实和维护依然掌握在那些拥有巨额或者占比较高的股东的手中，股票市场既是大的货币资本家主宰经济局面、部署发展战略的场所，也是他们在一定界限内绝对支配他人的资本、他人的财产，从而他人的劳动权利的地方。

最后，从国际局势来看，金融化运作呈现为金融帝国主义国家对世界经济的主宰和霸权。"马克思关于货币角色及职能的分析蕴含着货币作为国际性权力象征的内容。"① 世界市场的建立和全球化的深入，既推进了国际信用体系的形成，也推进了商品输出向资本输出的转移。第二次世界大战以来，世界银行、国际货币基金组织作为世界性的金融机构，对维护国家间的信贷、投资、金融往来等，发挥着资金支持、贸易均衡等重要功能。但是，金融资本流动规则的话语权仍然由西方大国掌握，靠金融垄断滋养起来的"中心国家"掌握着为"边缘国家"提出发展计划的绝对权力。在国际性的竞争中，国家政策选择也不得不从属于新自由主义式的无约束的、灵活的、全球化的金融冒险，突出表现为令人目眩的金融投资的增长要求刺激了主权债务的爆炸性增长。金融化运行机制的逻辑就是对资本控制日益集权和集中的逻辑，在此政治集权比资本集中更为惊人，不断加深着经济权力和政治权力的相互渗透。

其二，金融化运行机制是以生息资本②为根本范畴、以金融契约的建立和履行为主要内容的资本积累和流通过程，货币信用体系对金融化运行起着二重性作用。

首先，金融化运行是围绕生息资本进行的，突出表现为虚拟形态的生息资本。生息资本自产生时就表现出对未来剩余价值的强烈的分割欲望。"作为生息资本的特征的，是它的表面的、已经和作为中介的循环相分离的流回形式。"③ "把货币放出即贷出一定时期，然后把它连同利息（剩余价值）一起收回，是生息资本本身所具有的运动的全部形式。"④ 在金融

---

① ［美］让玛·瓦苏德万：《国际金融体系的历史演进与当前国际金融危机——基于马克思货币理论的分析》，贺钦译，《国外理论动态》2010 年第 6 期。

② 《马克思恩格斯全集》第 46 卷（上），人民出版社 2003 年版，第 499 页。马克思在《资本论》第三卷中，花费了大量的笔墨对生息资本进行了论述，指出"以下几章，我们将要联系生息资本本身来考察信用，考察信用对这种资本的影响和信用在这里所采取的形式"，沿着马克思关于生息资本的线索对金融化的运行机制进行分析尤为必要。

③ 《马克思恩格斯全集》第 46 卷（上），人民出版社 2003 年版，第 388 页。

④ 同上书，第 390 页。

化的世界，运动着的是巨额的生息资本，积累着的是幻想的虚拟资本价值的积累。马克思指出，"真正的信用货币不是以货币流通（不管是金属货币还是国家纸币）为基础，而是以票据流通为基础"。① 金融化时代，生息资本不断地虚拟化，除了传统的货币形式的借贷资本等，不仅产生了由产业资本衍生的各种股票、证券、债券等非货币形式的金融资本，还产生了名目繁多的股权类产品的衍生工具、利率衍生工具等衍生性非货币形式的金融资本。

其次，金融化运行是通过建立金融契约的方式来实现生息资本的流通和价值增殖。生息资本的运动是本金和利息的回流运动，这种回流"不是表现为一定系列的经济行为的归宿和结果，而是表现为买者和卖者之间的一种特有的法律契约的结果"。② 具有法律效力的金融合约，规定着资本回流的周期、利息率、违约责任等内容，一旦达成，就可以将各种形式的金融资本瞬间转移。从总体来看，生息资本周转时间的差别、利润率的差别受到金融合约规模的影响，同时金融契约的规模也在金融虚拟化的进程中呈现出爆炸性的扩大和增长，日益呈现出跨部门、跨国家、多方位、交叉性、复杂性、高风险性等特征。

最后，马克思在《资本论》第三卷专门分析了"信用在资本主义生产中的作用"，在金融化时代的今天，货币信用体系仍具二重作用。"信用制度固有的二重性质是：一方面，把资本主义生产的动力——用剥削他人劳动的办法来发财致富——发展成为最纯粹最巨大的赌博欺诈制度，并且使剥削社会财富的少数人的人数越来越减少；另一方面，造成转到一种新生产方式的过渡形式。"③ 货币信用体系的建立，可以说是金融化世界的"头号功臣"，因为它让金融资本得以在不同的业务、公司、部门、区域、国家之间进行配置和协调，成为资本流通的中枢神经系统和资本积累的利刃。但是，金融化时代的信用体系变成了"生产过剩和商业过度投机的主要杠杆"，进而"资本导致的不平等总比劳动导致的不平等更严重"④，尤其是资本不断金融化的运行过程，导致了更为极端的不平等。

---

① 《马克思恩格斯全集》第 46 卷（上），人民出版社 2003 年版，第 451 页。
② 同上书，第 390 页。
③ 同上书，第 500 页。
④ ［法］托马斯·皮凯蒂：《21 世纪资本论》，巴曙松等译，中信出版社 2014 年版，第 248 页。

其三，货币信用体系的政治经济学建构过程与资本主义的内在矛盾相适应，金融危机与金融化运行机制的偏离有关，其克服必然需要回归金融化运行的本源。

首先，货币信用体系是在尝试应付资本主义的内在矛盾时的产物，肩负着推进资本主义生产方式的历史使命。但是，资本主义的内在逻辑本身包含着毁灭的力量，为了约束这些力量对资本主义生产的破坏，货币信用体系成为至关重要的工具。哈维指出："资本主义金融如果挣脱了货币体系的枷锁，就会把矛盾内化到自身当中，并进入一种与自身的货币基础相对抗的姿态。"① 于是信用体系内化了资本主义的矛盾，并产生了与自身内在矛盾相适应的生息资本的形式。但"它只是暂时缓解了资本主义生产的一些矛盾，而并没有从根本上消除这些矛盾。资本扩张的本质不仅没有改变，反而是在信用这种新的载体上得到了加强"。②

其次，货币信用体系具有使金融化运行偏离维护资本主义生产的作用，产生了加速金融危机爆发的可能性，促进了旧生产方式解体的各要素。金融化时代，纯粹的信用经济占据了主要地位，货币的虚拟形态被推到了极端，它们与社会劳动、真实的社会生产之间的联系也变得越来越薄弱了。随着互联网技术的发展，信用手法和金融花招的剧增取得了明显的技术支持。但"信用使积累资本恰恰不是用在把它生产出来的那个领域，而是用在它的价值增殖的机会最多的地方"。③ 于是信用成为投机行为的基础，虚拟资本"颠倒错乱"的形式走上了前台，让"颠倒现象"得以在信用体系内部"达到完成的地步"。

最后，金融危机的克服呼唤真实的货币基础。金融化时代的货币信用体系是以"虚拟资本"的形式来运行的，而虚拟资本是不以任何商品交易为后盾的纯粹的货币的自我循环流动。马克思指出："一旦劳动的社会性质表现为商品的货币存在，从而表现为一个处于现实生产之外的东西，货币危机——与现实危机相独立的货币危机，或作为现实危机尖锐化表现的货币危机——就是不可避免的。"④ 任何一种社会形态的发展，都必须寻找其坚实的经济运行基础或经济运行之本。无论金融化世界中的虚拟财

---

① ［英］大卫·哈维：《资本的限度》，张寅译，中信出版社 2017 年版，第 402 页。
② 范宝舟：《财富幻象：马克思的历史哲学解读》，《哲学研究》2010 年第 10 期。
③ 《马克思恩格斯全集》第 34 卷，人民出版社 2008 年版，第 546 页。
④ 《马克思恩格斯全集》第 46 卷（上），人民出版社 2003 年版，第 585 页。

富的积累多么膨胀，多么令人眼花缭乱，但清醒之后，社会的发展和进步必然归结为对劳动生产积累的诉求。如果劳动生产的积累与虚拟资本的积累处于严重不平衡的状态，金融危机就必然爆发。若要抑制由金融化泛滥引起的严重失衡的倾向，必须回归永远真实的货币基础，必须回归真实的劳动生产。

四　能指漂移：金融化运行的符号价值表达

货币职能中蕴含着金融化运行的可能性，经过内在抽离和颠倒，经过外在的货币信用体系的保驾护航，便呈现为现实的运动过程。金融化运行服从能指的逻辑，金融资本的流通就是能指的流通，金融游戏就是不同能指之间的较量。金融化过程中，社会符号化了的金融资本插上了推进自身"能指漂移"的翅膀，不断表达着自行增殖、自行繁衍自身的诉求。符号化的货币获得了解放，它摆脱了过去指称真实使用价值的义务，终于获得了自由。层出不穷的金融创新活动，采用"以词代物"的手段，使人们在金融化的世界中无法自拔。具有以下三个方面的特点：

（一）使用价值体系隶属于交换价值体系，所指的逻辑隶属于能指的逻辑

哈维指出："即使货币是社会劳动之价值的能指，但隐隐呈现出的危险却是这种能指本身将成为人类贪婪和人类欲望的对象（窖藏的钱财、贪得无厌的守财奴等）。一旦我们看出货币一方面是其他一切形式的社会差别的一种'彻底平衡物'，它本身是可以被挪用为'私人的社会权力'的社会权力的一种形式，那么那种可能性就变得确定了。"[①] 在金融化主宰世界之前，交换价值仅仅是作为使用价值的代理人出场的，但交换价值依靠它符号化了的武器，通过动员全部人类的使用价值并垄断它的实现，最终成功地控制了使用价值，并取得了可以自我实现、自我繁衍的伟大胜利。金融化时代，价值规律主要不是存在于使用价值与交换价值相统一的各种商品的可交换性之中，而是存在于金融符号影响下的符号价值的更为

---

① ［美］戴维·哈维：《后现代的状况——对文化变迁之缘起的探究》，阎嘉译，商务印书馆2003年版，第136页。

纯粹的相互交换之中。金融化革命的要求就是要废除商品价值规律，要求使用价值和交换价值的分离。作为货币形式的虚拟资本使自己从货币基础本身中分离出去，通过自我繁衍、自由组合生成一个独立的、虚幻的金融化的王国。在马克思那里，经济的积累和追求尚存有可直接触摸到的具有物质外壳的商品，但金融化的世界中，连那张"跳舞的桌子"——神秘的物质外壳都消失了。

金融化的世界，无参照的、移情的、不确定的、浮动的符号的纯粹自我运动和能指漂移，成为构筑和架构这个世界的绝对形式或绝对逻辑。金融化运行过程中起根本性支配作用的是由金融资本的符号话语、符号意境制造和渲染出来的具有暗示性、诱惑性、操纵性的能指意义和符号价值。在金融化时代，金融叙事呈现为符号价值能指的自我叙事。"符号相互交换。但决不和真实交换（而且只有以不再和真实交换为条件，它们之间才能顺利地交换、完美地交换）。"① 金融化的交易行为不是实时的，而是以未来为担保的交易，所以交易的内容是空虚的；通过期权、掉期交易、期货，以及货币与货币的交易等路径，使货币成为与实际生产过程相互脱离并与其他无数符号相关的自在的符号系统。因为资本把符号直接投入到纯粹的流通之中，使符号获得了统治地位。金融化运动过程脱离了客观的现实世界的生产，而表现为由虚拟资本的符号价值所彰显出来的某种意指对人的强大诱惑和操控能力。在金融化的世界中，到处展现的是使用价值的意识形态都已经成为交换价值体系的共犯和随从。

（二）金融创新中的"以词代物"与浮动能指的漂移

席勒在《金融与好的社会》中提出了一个值得深思的问题："以词代物：货币是衡量价值的标准吗？"日常生活中，我们常常把某个概念赋予一个客观的现实意义，但在这个过程中，概念的重要性便具有了夸大的倾向。"以词代物"就是指当概念被词汇凸显出来之后，在人们看来，概念本身就开始变得"与事物的本质相当契合，与它们的真实存在完全匹配"。他指出，金融化运行过程中，金融工具的符号化、概念化也会产生同样的效果，而"以词代物"就成为金融化运行过程中的常见手段和现象。"金融创新从来都不仅是技术革新的挑战，创新过程的一个部分就是

---

① ［法］让·波德里亚：《象征、交换与死亡》，车槿山译，译林出版社 2012 年版，第 4 页。

对人们已经熟知的概念进行重新架构或二次推销。"① 金融创新的"新词"在这里就是鲍德里亚所指的"一种再语意化（resémantisation）（能指的复活）"② 过程。"以词代物"是金融资本的符码，其目的"在于将自身掩盖在价值之下，或者通过价值而生产自身"。③ 鲍德里亚的预言："新功能主义将成为新资本主义的镜像，也就是说，更大强度的能指的游戏，一种符码的数学和控制论"④ 随着金融化的深入成为现实。

金融化运行机制的过程是：通过真实性来将符号合法化，紧接着通过符号来建构真实性（为还未实现的真实性），再接着是通过还未实现的真实性将新的符号合法化，等等类推。这就是金融化的纯粹形式、纯粹符号之间的转化，纯粹的符号能指的浮动和漂移，它将前符号性现实转化成符号化现实，转化成陷入能指网络陷阱中的超级现实。金融系统的全部策略都处在这种浮动能指交换的超级现实中，是"货币按照一种简单的转账和记账的游戏，按照一种对自身抽象实体的不断拆分与重复来自我再生产"。⑤ 斯科特·拉什和约翰·厄里指出："金钱和世界都构成为符号和形象。金钱就是运转得越来越快的世界——显示在电脑屏幕上的纯粹仿像。"⑥ 在金融化的世界中，仿佛金融符号能指本身，就能"自我实现"，这就"如同在当下的国际趋势中所表现出来的那样，只有漂浮的通货货币在自由地流通着"。⑦

（三）生产时代的终结与无处不在的金融化景观

"在资本主义经济过程中，抽象成为统治不是一种先验的本体论设定，而是经济运作的历史结果。"⑧ 金融化社会在本质上成为由符号化的货币牵引生产、决定生产的社会。货币流通不是按照生产的目的运行，而

---

①　[美] 罗伯特·席勒：《金融与好的社会》，束宇译，中信出版社 2012 年版，第 214 页。

②　[法] 让·鲍德里亚：《符号政治经济学批判》，夏莹译，南京大学出版社 2009 年版，第199 页。

③　同上书，第 140 页。

④　同上书，第 199 页。

⑤　[法] 让·波德里亚：《象征、交换与死亡》，车槿山译，译林出版社 2012 年版，第 26 页。

⑥　[英] 斯科特·拉什、约翰·厄里：《符号经济与空间经济》，王之光、商正译，商务印书馆 2006 年版，第 396 页。

⑦　[法] 让·鲍德里亚：《符号政治经济学批判》，夏莹译，南京大学出版社 2009 年版，第203 页。

⑧　张一兵：《回到马克思：经济学语境中的哲学话语》，江苏人民出版社 2013 年版，第603页。

是出自金融化模式，即出自金融化能指参照。金融化成为生产的前导，生产内在于金融符号的包围之中，由此生产失去了目标、先验性。真正的行动不是生产本身的行动，而是生产之前的行动，这是由金融资本所主导的行动，它必须严格遵循金融的符号化的规定。因此，真正的行动就是由金融化世界预先设定的符号行动。资本主义已经超越了其"生产之镜"，直接依靠组织劳动生产来获得剩余价值已成为资本主义发展的陈年旧事，生产的时代走向终结。生产的神话不再，此起彼伏的是金融领域的高涨的神话，是令人眩晕的统计学数字增长。但是，这些数字增长"不是为了生产而被调动，而是作为操纵变量被编目、被传唤、被勒令运转，不是变为生产力，而是变为代码棋盘上那些遵守相同游戏规则的棋子"。① 当前，一切现实的真实的生产活动都被导入金融化景观的全球性建构之中。金融化景观将"是永远照耀现代被动性帝国的不落的太阳，它覆盖世界的整个表现并永恒沐浴在自身的光辉之中"。② 金融化景观的自我运动是："它妄称自己是人类活动中以流动状态存在的一切方面，以便以一种将活生生的价值颠倒为纯粹的抽象价值的凝结状态的东西来加以占有。"③ 能指的幽灵称霸于金融化世界：对金融化世界进行幽灵般的分析以及能指幽灵般地笼罩在金融化世界的上空。

按照金融化运行的逻辑，仿佛每一个事物都具有潜在的符号交换价值，实际上并非如此。由此，当金融危机来临时，我们不应惊奇，当金融化运行逐渐脱离其客观的实体性的生产时，它就转变为一种虚拟化的运行体系，从而在它的再生产过程之中，不过是根据能指力量的大小将仅存的过去的和现在的，以及未来可能产生的剩余价值，尽数收入囊中。但是，虚拟资本的结构性统治并非真能离开客观物质生产的现实大地。金融系统建立在不确定性和虚拟性的前提之上，被不确定性和虚拟性推动。但反过来，它随时面临着不确定性之死的纠缠和真实性之死的纠缠。

---

① ［法］让·波德里亚：《象征、交换与死亡》，车槿山译，译林出版社 2012 年版，第 15 页。

② ［法］居伊·德波：《景观社会》，王昭风译，南京大学出版社 2006 年版，第 5 页。

③ 同上书，第 13 页。

《资本论》对当代空间政治经济学派的启示

周立斌　王希艳

　　摘要　马克思的《资本论》蕴含着大量的空间思想，但由于诸多原因，这些空间思想在 20 世纪 60 年代以前始终未受到重视。兴起于 1968 年法国"五月风暴"后的当代空间政治经济学派，不仅重视挖掘《资本论》中的空间思想，而且以《资本论》的范畴和逻辑展开了对当代资本主义社会包括城市景观、基础设施等在内的空间经济的批判。列斐伏尔不仅从政治经济学角度研究空间生产问题，更以跨学科的方法以整体的眼光看待空间及空间生产问题。哈维不仅重视挖掘《资本论》中的空间经济思想，而且直接用《资本论》中的概念和思路去建构自己的空间理论。在对空间生产的探究过程中，哈维借助马克思在《资本论》中对资本积累和资本循环的关系论证，创造性地提出了资本第二循环的概念，并以此展开他对当代资本主义城市化的批判。苏贾以世界体系为研究对象，通过梳理资本主义核心与边缘的对立，探寻出马克思《资本论》的当代意义。这一学派的努力，不仅使《资本论》的空间经济价值得以凸显出来，而且深化了对《资本论》文本的认识，并赋予《资本论》文本新的时代价值。

　　关键词　《资本论》　马克思　空间政治经济学

　　当代空间政治经济学派兴起于 1968 年法国"五月风暴"后。除受到

　　［作者简介］周立斌，东北大学秦皇岛分校副教授，哲学博士。王希艳，东北大学秦皇岛分校副教授，哲学博士。

"五月风暴"中一些进行的所谓城市革命的影响外①，发达资本主义国家采取一整套空间消费策略来缓和社会矛盾（包括内城改造计划、郊区化运动、福利分房制度、商业中心的兴建等），城市规划越来越受到资本的逻辑作用等因素，也促使了一些马克思主义者开始研究包括城市在内的空间经济，"受到种种事件的刺激，马克思主义者在 20 世纪 60 年代转向了对城市问题的直接研究。他们设法理解城市、以共同体为基础的社会运动以及与以劳动为基础的运动间的联系（也就是传统的关注点）的经济与政治意义。当城市受到各种各样的研究时，生产和再生产的关系受到了集中审视，被当作劳动力生产、实现（通过消费的有效需求，有时引人注目）、再生产（在其中，受到物理和社会的基础结构——住房、保健、教育、文化生活——所支持的家庭和共同体的制度起到了关键作用，并受到地方政权的怂恿）的场所"。②

当代空间政治经济学派人物众多，观点各异，且人员分散在美国、英国、法国等众多国家，也没有明确的领导人、组织机构、人员分工等。之所以能把这些人物归为一个学派，主要原因是：这些学者持有一个共同的目的——对当代资本主义空间经济进行马克思主义的批判。

中外学术界公认，当代空间政治经济学派的代表性人物有：亨利·列斐伏尔（Henri Lefebvre）、曼纽尔·卡斯特尔（Manuel Castells）、大卫·哈维（David Harvey）、欧内斯特·曼德尔（Ernest Mandel）、爱德华·苏贾（Edward Soja），等等。在这些学者中，列斐伏尔、哈维和苏贾等对《资本论》的空间思想最为重视，阐释的力度最大，因此，本文主要分析和论证这三位学者与《资本论》中的空间思想的关系。

---

① 1968 年 3 月 22 日，巴黎近郊的农泰尔文学院（现为巴黎第十大学）学生开始罢课，进行游行示威，抗议政府逮捕反对越战的学生。此后，法国许多省市大学生为响应农泰尔文学院的学生运动，也采取了罢课、上街游行等方式对学校的教育体制进行抗议。这就是闻名于世的"五月风暴"。在"五月风暴"中，一些学校的大学生不仅占领街道、校园等场所，甚至筑起街垒，展开巷战，进行所谓的城市革命。

② ［美］艾拉·卡茨纳尔逊：《马克思主义与城市》，王爱松译，江苏教育出版社 2013 年版，第 37 页。

一 列斐伏尔对《资本论》空间思想的挖掘与当代阐释

在当代空间政治经济学派中，列斐伏尔对空间政治经济学的贡献巨大。他不仅是空间生产范畴提出的第一人，还分别从哲学、政治经济学等角度和思路研究空间生产，开创了当代空间政治经济学派的跨学科研究的先河。

在空间研究中，列斐伏尔重视挖掘《资本论》中的空间思想。"通过回顾马克思对城市的论述（1972），列斐伏尔在《资本主义的生存》（1973）及其杰作《空间生产》（1974）里，开始更加明确地讨论他关于空间性和社会再生产这一中心主题"。①

然而，要想准确地阐释列斐伏尔对《资本论》的空间思想的挖掘与阐释，需要在其对空间思考的学术进程中考察，因为他的空间生产思想与他对空间的哲学本体论和辩证法的思考紧密地联系在一起。在这个角度来看，列斐伏尔对《资本论》中空间思想的认识是他对空间哲学思考的结果。

（一）空间的本体论和辩证法

按常理，空间无非是物质运动存在的形式，人们在这种客观性的空间中生活和生产，完全能感觉到它的三维性——长、宽、高，何须如此复杂地阐释。

但列斐伏尔认为，以上观点是一种流俗的一元理论的空间观，是错误的空间观。"在一元理论的空间观中，空间被孤立地理解为'领域/场域'的统一体，就像分子、电磁和引力在物理学中一样。"② 除以上流俗的一元理论的空间观外，还有许多空间观都是错误的。他指出，空间"充满着各种各样的幻想和错误：——被人们干巴巴地使用的相对性观念就是建立这种概念，这种表象，特别是日常生活表象上，而对传统空间观（诸如三维性、空间与时间的分离、米尺和时钟，等等）仍然忠心耿耿、敬

---

① ［美］爱德华·苏贾：《后现代地理学——重申批判社会理论中的空间》，王文斌译，商务印书馆 2004 年版，第 77 页。

② Henri Lefebvre, *The Production of Space*, Oxford UK：Blackwell Publishing, 1991, p. 11.

若神明"。①

列斐伏尔认为，空间既不是一个空壳子，也不是一个被动的储藏物，也不仅是一个康德哲学的心理范畴，而是关乎人的存在和意义。错误的空间观，既不利于人们对空间与人的关系的认识，也不利于人们对资本主义空间生产的作用的认识，更不利于人的解放。

列斐伏尔的空间观是：空间具有物理性、意识性和社会性三种属性，充满了辩证法，"此刻我需指出被感知的、认识的/被构想的和活生生的三重之间存在的辩证联系"。② 空间的物理属性是指人们在日常生活中感知的空间；空间的意识属性是指由哲学家、数学家、小说家、社会学家等在头脑里、小说里、著作里等构想的空间；空间的社会属性是指每一个社会都有自己独特的空间。如古代的城市不可被理解为人与物在空间中的集合，也不能在大量有关空间的文本和论文之基础上被简单地视觉化。

列斐伏尔指出，空间虽包含一种交织在一起的三重性，但其他二重属性是由空间的社会性所决定的，"每个社会都处于既定的生产模式架构里，内含于这个架构的特殊性质则形塑了空间"。③

在《空间生产》中，列斐伏尔追问：如果空间呈现了社会关系，那它是怎样做到的呢？为什么能做到呢？这些又是什么关系呢？列斐伏尔认为，对这些问题的解答都要从空间生产去寻找。

（二）列斐伏尔对《资本论》空间思想的挖掘

从对空间的本体论和空间的辩证法思考，再到空间生产的研究，列斐伏尔拆除了哲学与政治经济学学科的樊篱，对空间经济采用了跨学科的研究。"相较于其他马克思主义者，列斐伏尔把这些涉及空间作用者的问题理解为经济、政治和文化生产力之间的一些复杂联系，而不是理解为单纯地产生于政治领域的问题。所以，列斐伏尔的空间使用者也是日常生活的作用者。"④

在《空间生产》中，列斐伏尔对空间生产的解释是："主要是表现在

---

① Henri Lefebvre, *The Production of Space*, Oxford UK: Blackwell Publishing, 1991, p. 1.

② Ibid., p. 39.

③ ［法］亨利·列斐伏尔：《空间：社会产物与使用价值》，上海教育出版社 2003 年版，第 48 页。

④ ［美］马克·戈特迪纳：《城市空间的社会生产值》，任晖译，江苏凤凰教育出版社 2014 年版，第 162 页。

具有一定历史性的城市的急剧扩张、社会的普遍都市化，以及空间性组织的问题等各方面。"①

正是对空间生产的探究中，列斐伏尔认识到《资本论》文本中的空间思想的价值。"虽然《资本论》并未分析空间，某些概念，诸如交换价值与使用价值，在今日却可以应用在空间上"。②

1. 从商品的二重性到空间商品的二重性

在《资本论》中，马克思指出，任何商品都具有价值和使用价值。借鉴于马克思的这一分析，列斐伏尔指出，在资本主义社会，空间已经不再是自然的存在物，而是作为商品而存在，即空间商品。空间一旦作为商品生产出来，就具备了商品的价值和使用价值。

一般商品的使用价值是由社会决定的，而空间商品的使用价值，既表现在商品本身的自然属性，也表现在商品的社会属性。例如，作为空间商品的机场、医院、商场等，其不同的使用价值既与自然属性有关，也与社会属性有关。

空间商品的价值也是由社会来决定的。我们可以在今天的房地产开发中体会到这种空间的价值属性，如不同的楼层和房屋朝向因接受的阳光照射的强度和时间不同都被换算成房屋应具有的货币价值。

与马克思在《资本论》中对商品的价值重点关注不同，列斐伏尔更重视空间商品的外在表现形式——空间的交换价值，因为在空间的交换价值中，更体现空间在保障资本的增殖性、国家对社会的控制性以及使人的价值贬值的所在。"资本主义和新资本主义的空间，乃是量化与愈形均质的空间，是一个各元素彼此可以交换因而能互换的商业化空间；是一个国家无法忍受任何抵抗与阻碍的警察空间"。③

2. 空间的生产力

列斐伏尔认为，在资本主义社会，空间既是社会产品，也是生产要素。当空间作为一种生产要素而存在时，就会成为一种生产力。"对于列斐伏尔来说，空间在生产模式中与资本和劳动力具有同样的本体论地位。而且空间关系表现为一种丰富而持续的社会矛盾的源泉，这需要根据它自

---

① ［法］亨利·列斐伏尔：《空间：社会产物与使用价值》，上海教育出版社2003年版，第47页。

② 同上书，第54页。

③ 同上书，第55页。

身的术语进行分析，并且不能被剔除，正如马克思主义政治经济学试图去做的那样，只能作为一种生产过程本身产生出来的内在矛盾的反映。事实上，空间的地位作为一种生产力意味着它是这一进程的一个基本的组成部分。"①

把空间作为生产力的一个要素，不仅是对马克思生产力理论的一个丰富，更是列斐伏尔在空间经济分析的创造之处，同时也推进了历史唯物主义的空间化进程，毕竟，生产力是马克思历史唯物主义的重要理论范畴。

（三）列斐伏尔对《资本论》空间思想的当代阐释

列斐伏尔指出，通过城市的空间生产，即对城市地理进行不断的改造，资本主义缓解了由于资本积累导致的经济危机而生存到今天。这显然是对《资本论》中积累问题的当代空间阐释。

资本主义要想在空间上顺利地实现资本积累，即城市的空间生产，首先，必须确保能够充分占有城市空间这一宝贵的资源。资本主义为此的策略就是：必须由资本掌控城市规划的能力，因为城市规划就是对城市资源的预先划分。

其次，制造以旅游产业为主导的空间消费。列斐伏尔认为，在资本主义的空间生产中，也存在扩大再生产问题，而空间的扩大再生产，与空间消费问题是联系在一起的。在当代资本主义社会，空间商品的生产与消费已经完全从属于资本的逻辑，为资本主义的扩大再生产服务。这些空间消费产业优势在于：能雇用大量低工资的劳动力，生产出相对较多的剩余价值，同时还能占有或控制城郊的空间。

最后，主导地理经济的分布。列斐伏尔指出，资本家必须掌控地理经济的区域分布，因为只有掌控地域的地理空间，才能顺利实现资本积累，进而实现剩余价值。

列斐伏尔研究《资本论》的空间思想及阐释其当代价值的做法，给予我们的启示是：不仅要从政治经济学角度研究空间生产问题，更要以跨学科的方法以整体的眼光看待空间及空间生产问题，这样，才能使《资本论》中的空间经济思想在当代凸显出真正的价值。

---

① ［美］马克·戈特迪纳：《城市空间的社会生产值》，任晖译，江苏凤凰教育出版社 2014 年版，第 129 页。

二 哈维对《资本论》空间思想的挖掘与当代阐释

在当代空间政治经济学派的代表人物中，哈维对《资本论》中的空间思想最为重视。他不仅重视挖掘《资本论》中的空间经济思想，而且直接用《资本论》中的概念和思路去建构自己的空间理论。

哈维对《资本论》异常重视，从 1971 年开始他就每年给学生上《资本论》课程，一直坚持到今天，甚至曾经到监狱中去给犯人讲《资本论》。在他看来，"我们需要一整套源自《资本论》的理论工具来认识与我们切实相关的政治问题"。①

那么，在当代资本主义，都有什么问题与《资本论》的理论工具相关呢？哈维认为，这样的问题很多，诸如资本积累、资本循环、产业后备军、相对剩余价值生产等，都需要借助《资本论》来进行解释。他举例说："舆论极力谴责技术变革如何破坏着就业机会，削弱着劳动组织的建设，增加了而不是减轻了工人的劳动强度和时间（这些正是马克思在'机器和大工业'一章中的中心议题）。这样，问题就归结为一个：仅几十年来，劳动力的产业储备军是如何依照资本积累的利益被生产、维持并日益壮大的？"②

在当代空间政治经济学派的发展过程中，哈维最大的理论贡献就是直接从马克思的《资本论》出发，建构当代的空间政治经济学体系。《资本的限制》就是哈维用《资本论》术语和逻辑建构当代空间政治经济学的尝试。

（一）空间生产与资本积累、资本循环的关系

在《资本的限制》中，哈维指出，资本主义之所以能从自由竞争时代发展到今天而没有崩溃，靠的就是资本积累。然而，当代资本主义的资本积累的重心已经不是马克思在《资本论》中论证的工厂领域，而是城市领域，即靠对城市景观、基础设施等空间物品的生产来达到资本积累的目的。这一资本积累过程，也被哈维称为空间生产过程。

---

① ［美］大卫·哈维：《希望的空间》，胡大平译，南京大学出版社 2008 年版，第 6 页。
② 同上书，第 7 页。

在对空间生产的探究过程中，哈维借助马克思在《资本论》中对资本积累和资本循环的关系论证，创造性地提出了资本第二循环的概念，并以此展开他对当代资本主义空间生产的批判。"我在《资本的局限》中要做的最重要的工作是建设一个解释城市化的基本理论，那就是将空间生产和空间结构整合起来，作为马克思主义理论核心中的一个积极因素。"①

1. 资本第一循环

马克思在《资本论》第二卷中指出，剩余价值的实现必须通过资本循环才能实现。然而，在产业资本的循环过程中，会形成一种资本积累不断提高的趋势，原因是：每个资本家都想获得更多的剩余价值，必然会不断提高资本有机构成。随着资本有机构成的不断提高，工人的失业率就会大增，由此形成了庞大的产业后备军。

在《资本的局限》一书中，哈维将马克思对产业资本的循环分析称为资本第一循环。他认为，马克思关于资本的第一循环理论，深刻揭示了资本主义积累的矛盾，揭示了资本主义剩余价值实现的过程，解答了资本积累之谜、利润率不断下降的趋势、产业后备军形成等问题。

2. 资本第二循环

哈维认为，随着产业领域的资本积累不断增加和资本有机构成的不断提高，利润率会不断下降，由此，资本积累遇到了障碍。为了突破产业领域资本积累的障碍，资本家必然会把资本积累转向新的领域，以获取更多的利润。

哈维指出，城市的基础设施、公共设施、住房等的投资是资本积累最好去处，由此，资本会形成与产业领域性质不同的循环，即资本第二循环。

此外，使资本进入第二循环也是资本主义在产业领域激烈竞争的结果。在产业领域的激烈竞争，对资本家产生了加速周转时间的强大压力。因为商品在空间中流通需要花费时间和金钱，所以，竞争迫使资本主义通过投资城市的基础设施、公共设施等来消除空间障碍，从而加速周转时间，达到所谓"用时间消灭空间"的目的。

---

① David Harvey, *The Urban Experience*, Oxford UK：Blackwell Publishing, 1989, p. 4.

（二）资本第二循环与资本主义的当代经济

为了全面分析资本主义的当代经济特点，哈维以资本第二循环为理论出发点，以城市空间经济为中心，对当代资本主义的经济进行全面研判，并建构了当代空间政治经济学的基本理论框架。

1. 资本城市化的政治经济学逻辑

哈维把资本积累、资本循环、空间生产、技术革新等政治经济学的概念都置于他对资本城市化的考察之下，并对它们之间的关系进行了细致的梳理。

自从第二次世界大战后，以美国为代表的西方发达资本主义国家加紧推动城市化的进程。然而，这时的城市化已经不同于马克思时代的城市化。在马克思时代，城市化的进程是通过工业化来推动的，而在第二次世界大战后，城市化的进程是由资本推动的。

资本推动城市化的目的无非就是解决在生产领域内资本积累过剩的问题。当资本从生产领域内转移到城市的建成环境时，就进入了资本第二循环——空间生产中。资本的城市化是通过两条途径实现的：一是郊区化；二是内城的改造。

在现代资本主义国家，无论是郊区化，还是内城改造，都是在资本的逻辑主导下，在国家的支持下和金融资本的参与下完成的。它们之间构成了城市化的三位一体。在资本主导下的城市化进程中，技术革新，尤其是交通技术和通信技术革新，为空间生产的顺利进行创造了条件。无论是郊区化必备的汽车，还是在旧城改造中兴起的一幢幢跨国公司总部大楼，离开了交通技术和通信技术革新，是不可能出现的。因此，哈维认为，资本积累、技术革新和资本城市化必须要一起进行。

2. 资本主义当代经济中的诸多空间经济问题

哈维在对资本主义城市化的研究中，通过列举资本主义当代经济中的诸多空间经济问题和矛盾来阐释《资本论》的当代价值。

第一，城市蔓延问题。资本积累是马克思在《资本论》中主要分析的问题和立论基础。哈维异常重视资本积累的时代价值。他指出，在当代，资本主义城市化是为资本积累服务的，因此，必然导致城市蔓延越来越严重。自第二次世界大战以后，在资本积累逻辑的强势支配下，资本家对城市郊区不断进行低密度的开发，成为城市蔓延的主要推动者。

第二，生态环境的破坏。马克思在《资本论》中虽然论证了许多资本积累的恶果，如两极分化、"羊吃人"的现象等，但没有提及资本积累的生态后果。然而，哈维却注意到了这一点。哈维长期生活在美国的巴尔的摩，这个城市如何在资本积累的逻辑支配下不断进行城市改造以及城市改造给人们带来的生态、健康等问题，他都有切身体会。在《希望的空间》中，哈维对巴尔的摩的城市改造及后果是这样描写的："大量的人（白人和黑人）继续成群结队地（根据人口调查局的数字，在过去五年中每个月的净比例就是 1000 多人）离开城市去郊区寻找慰藉、安全和工作（当我刚到这个城市时，其人口接近于 100 万，现在它的人口降到刚刚超过 60 万）。郊区、边缘城市和远郊地区（借助于政府对交通的巨大资助和上层收入阶层通过抵押利息税额的减除而进行的住宅建设）以一种极度非生态的趋势蔓延——长途交通班车、夏天严重的臭氧浓度（几乎自然地与螺旋式上升的呼吸道疾病联系在一起）以及农用土地的丧失。开发商把破坏稳定一致的郊区风格（当然，由于在建筑上借用了意大利式别墅和多利安式圆柱的风格而有所缓解）当作治疗城市文明崩溃和瓦解的万能药，这种崩溃和瓦解首先是在市中心地区，然后，这种致命的打击就传播到了内郊。"[①]

第三，资本第二循环自身的矛盾。资本循环是马克思在《资本论》中重点的关注问题。哈维通过对资本第二循环的条件的研究发现，虽然资本通过投资城市的基础设施、城市景观等空间产品，可以在一定时间内缓解由于在资本第一循环中面临的资本积累过剩的压力，但由于城市的空间产品也是有限的，用不了多长时间，资本第二循环也会出现资本积累的过剩问题。这无疑是对《资本论》中资本循环矛盾的当代阐释。

三 苏贾对《资本论》空间思想的挖掘与当代阐释

与列斐伏尔和哈维相比，苏贾对《资本论》的空间思想的挖掘并不那么充分，他只是在《后现代地理学——重申批判社会理论中的空间》中对马克思《资本论》的空间思想捎带提及。然而，在此书中，他借鉴马克思《资本论》的空间思想，具体而详细地分析了当代资本主义的空

---

① ［美］大卫·哈维：《希望的空间》，胡大平译，南京大学出版社 2008 年版，第 141 页。

间生产状况。

（一）苏贾对《资本论》空间思想的挖掘

苏贾认为，无论是在《政治经济学批判大纲》中，还是在《资本论》中，都蕴含丰富的空间生产思想。但是，为什么马克思在这两个文本中的空间思想得不到重视呢？苏贾指出，主要原因在于《资本论》是一个未完成的工程。在《资本论》的计划写作中，马克思原打算在国际贸易中探究空间生产的，但由于《资本论》本身的未完成，因而后续工程中预计的空间经济思想没有得到阐发，"现在众所周知的是，马克思一直未能完成自己想要撰写《资本论》的后续卷的计划。在这些后续卷里，他本来计划要探讨世界贸易和资本主义的地理扩张，但只是在迟迟出现的《政治经济学批判大纲》里才暗示了在《资本论》业已发表了的卷本中所出现的基本上是呈无空间和封闭性体系的理论阐述"。①

当然，苏贾指出，马克思在上述两个文本中的空间思想未得到重视，还有其他原因，如西方马克思主义对于历史与时间的过于重视而有意对空间的忽视、历史决定论长期主导了苏联及东欧的马克思主义研究而导致对马克思文本中的空间思想的漠视；等等。

为此，苏贾把阐释马克思主义的空间思想当作自己的一个学术使命。他以世界体系为研究对象，通过梳理资本主义核心与边缘的对立，探寻出马克思《资本论》的当代意义。

（二）世界体系下核心与边缘的对立

在马克思、恩格斯时代，世界体系下的生产空间还只是表现在殖民地与母国的关系，真正意义上的全球性空间生产尚未开始。但是，马克思在《资本论》中已经揭示了全球性空间生产与交换对于资本主义发展，尤其对于资本积累的重要性。在殖民地与母国之间，空间上的生产分工与产品交换对于双方都很重要，尤其对于母国的资本积累尤为重要。

从20世纪70年代起，苏贾一直关注世界体系下的生产空间。他研究的共有两个主题：核心与边缘的对立问题和空间的价值转移问题。

这种核心区如何主宰边缘区呢？苏贾的答案就是由商品的不平等的交换形成的价值转移，因此，所谓主宰关系就是不平等关系，体现于从边缘

---

① ［美］爱德华·苏贾：《后现代地理学——重申批判社会理论中的空间》，王文斌译，商务印书馆2004年版，第130—131页。

国到中心国的价值转移。"为界定价值的地理转移所必须做的一切事情，就是赋予资本主义一种具体的地理学，从毫无空间的针头上移走生产与交换，将它们搬入一种有区分的并已得到不平衡发展的空间性。从资本的地理景观角度看，在同样一体化的商品市场里，将会存在生产率较高和生产率较低的不同地区、高低不等的资本对劳动的比率（有机构成）以及千变万化的利润率等所有这些方面。因此，市场交换不仅成为公司与部门之间价值转移的一种手段，也是价值地理转移的一种渠道。有些区域在价值方面将会有一种净利，而另一些区域则将会招致一种净亏损，而这将对资本积累的地理学，对每一个空间层次上的中心和边缘的形成产生某些影响"。①

这种价值转移主要体现在帝国主义的贸易和有区别的工资上。帝国主义的贸易体现在中心国对边缘国工业原料、农产品的低价收购和中心国对边缘国工业品的高价出卖这两个方面。同时，有区别的工资也会形成价值的地理转移。"不平等的交换在国际这一层面上作为一种机制几乎发挥全部的作用。借助这一机制，在边缘性的资本主义国家生产的价值，通过帝国主义的贸易和有区别的工资，始终不断地被转移到核心国家。"②

从政治经济学的角度分析，核心主宰边缘是资本积累和资本追求利润的双重结果。这是因为，如果利润率在一个国家的所有地区、世界上的所有国家以及工业的所有部门，始终是一致的话，那么除因为人口流动的必要而进行资本积累之外就不会有别的形式的资本积累。但是，这本身也会因为随后产生的严重的经济停滞的冲击而被改变。为此，资本主义经济中竭力避免这种同质性。换句话说，为了资本积累的实现和利润率的最大化，就必须全球造成发展和欠发展的地理状况。这是资本本身不断展现的运动法则的一种必然结果。

不仅如此，中心国为了自身的利益，会通过世界体系下的商品交换，不断扩大这种地理经济差距，使边缘永远处于边缘，中心的地位永远不会动摇。

---

① ［美］爱德华·苏贾：《后现代地理学——重申批判社会理论中的空间》，王文斌译，商务印书馆 2004 年版，第 170—171 页。
② 同上书，第 175 页。

四 结语

　　《资本论》是一个异常丰富的思想宝库。当代空间政治经济学派挖掘出的空间思想，只是这一宝库的一部分。这些学者对《资本论》的空间思想的挖掘与当代阐释虽有不足和失误所在，但总体来说，贡献是巨大的，值得中国学者学习和借鉴。

　　最后，希望本文能起到抛砖引玉的效果，以吸引国内外更多学者关注《资本论》及其他马克思主义经典文本的空间经济思想。

马克思经济学语境的产业升级及其对当代中国结构转型的指导意义

魏　旭

摘要　不同于发展经济学结构主义和全球价值链理论的产业升级思路，马克思经济学将产业升级看作是不同资本在追求超额利润的内在动力和为应对资本主义竞争的外在压力下不断引入新技术、新模式和新方法的产业发展能力的累积与培育的动态过程，其核心是劳动生产率的提升。这一过程既包括产业内部生产结构的变动、产业间生产结构的变动，也包括产业内和产业间生产的联动效应。资本的产业内竞争、资本的产业间竞争、资本的空间流动以及资本的分化是推动产业升级的过程机制和产业升级的实现方式。推动产业升级，必须遵循生产方式特别是技术方式演化、社会生产按比例协调发展和生产性劳动特性等规律，才能真正使产业升级成为经济可持续高质量发展的路径。

关键词　产业升级　劳动生产率　生产方式演化　生产性劳动

一　问题提出

在改革开放的 40 年时间里，我国在发展对外经济关系领域取得了世人瞩目的成就。一方面，对外贸易总量实现了近乎年均两位数的增长。在加入世界贸易组织 15 周年之际，中国就已经成为世界第一大贸易体。

[作者简介] 魏旭，经济学博士，吉林财经大学马克思主义经济学研究中心教授、《当代经济研究》编辑部主任。

2017 年，我国货物贸易进出口总值达到了 27. 79 万亿元人民币;[①] 另一方面，我国参与全球生产网络分工的比重也明显上升，现已成为全球生产网络的重要环节，创造了"中国增长的奇迹"，一举成就了制造业大国的地位，使我国成为世界第二大经济体。然而，2008 年国际金融危机的爆发、世界市场环境的恶化以及长期高速增长所积累下的结构性矛盾的显现，我国的产业特别是外向型产业的发展遭遇了前所未有的困难，经济发展也随之进入了新常态，产业发展面临"双重锁定"和"双端挤压"的困境。与此同时，随着新兴经济体特别是中国在全球生产网络中位势的提升和贸易竞争力的增强，由发达国家主导的全球化进程和国际贸易政策框架受到冲击，以美国为首的发达国家出现了"逆全球化"趋势和"贸易保护主义"思潮复归倾向，使我国经济发展的外部环境面临严峻的挑战。造成上述困境的因素很多，既有现实的因素，也有政策的因素。但如果我们探求其背后的政策因素的话，这恐怕与西方主流产业转型升级理论在我国的应用是分不开的：过于强调全球价值链体系的嵌入导致对世界市场的过度依赖的同时，使服务于国内市场的产业部门发展不足，尤其是以"加工贸易"承接为主体的低端发展模式弱化了技术溢出和技术学习效应；过于强调发挥"比较优势"原则的产业选择模式，使国内生产在参与全球生产过程中出现产业链和生产网络的"双重锁定"现象；以发达国家成熟工业化阶段产业结构模式为"标杆"，片面追求"三次产业"发展的结构转换导致过早出现"去工业化"，使实体经济（主要是工业领域）领域内产业间的相互需求急剧下降，导致严重的产能过剩；过于强调产业转型升级政策的单项突进，忽视了产业转型升级是一个整体性、系统性和综合性的产业变革过程，导致不同产业转型升级政策之间的冲突，甚至使产业政策成为掣肘产业转型的因素。

在面对上述产业发展困境时，选择什么理论指导我国的产业发展实践，需要我们全面深刻地认识和理解产业转型升级的本质、动因和产业转型升级的过程机制，以构建科学可持续的产业政策体系，进而指导我国产业发展方向的选择和现代化产业体系的构建。基于此，本文在运用马克思经济学立场、观点和方法批判性地理解和认识西方主流产业升级理论的基

---

① 中华人民共和国海关总署:《2017 年中国货物贸易进出口总值 27. 79 万亿元》，中国经济网，http://www.ce.cn/xwzx/gnsz/gdxw/201801/12/t20180112_ 27702525. shtml。

础上，系统地梳理和解读马克思的产业升级思想，以期对我国的产业升级和实现结构转型的实践有所裨益。

二 产业升级的内涵与路径：一个批判性的审视

尽管产业升级一直是学术界和政府政治议程持续关注的议题，但学术界已有研究对产业升级范畴的界定却始终是模糊的，或者说，学术界对何谓"产业升级"并没有取得一致的意见。从已有文献来看，学术界关于产业升级的研究，主要是围绕以下两种范式展开的。

（一）发展经济学结构主义的产业升级思路

对产业结构变动及产业升级现象的分析，最早可追溯到威廉·配第那里。在维护与批判亚当·斯密为解释国民财富来源而进行的生产性劳动和非生产性劳动划分是否科学的论战中，威廉·配第给出了一国经济增长进程中产业结构转换的判断，认为"工业的收益比农业多，而商业的收益又比工业多"。[①] 1935 年，艾伦·费希尔（Allan G. B. Fisher）对产业部门进行了划分，即所谓的"三次产业分类"法。在三次产业分类的基础上，克拉克利用多国数据对不同国家各个历史时期劳动的投入产出进行计算，得出了劳动在不同部门分布比例的演化趋势，即所谓的"配第—克拉克定理"。沿着这一思路，罗斯托、库兹涅兹、卡尔多、钱纳里和泰勒等对这一定理不断予以拓展，形成了以"三次产业"的比例关系变动为核心的基于增长视阈的产业结构转型与升级的思路。自此，产业结构转换与升级被日益纳入西方经济学特别是发展经济学的理论分析框架，并用以指导各国特别是发展中国家的产业发展实践。这种结构主义的产业结构变动与转型思路，将增长和发展看作是一个关涉从依赖农业活动向依赖工业和服务业的结构转换的结果，其主要关注产出和就业这两个静态指标在三次产业间的分布比例，并将其作为判断一个经济体产业结构是否合理和优化的标准。其后，阿西莫格鲁（D. Acemoglu）又将产业内部生产效率的改进引入对结构转型的分析，将结构转换与升级归于产出与就业在产业间的动态变化以及产业内部生产效率的改进，最终形成了所谓的"标准结构"

---

① 《马克思恩格斯全集》第 33 卷，人民出版社 2004 年版，第 167 页。

理论。[1] 然而，这种以对产业结构转换现象形态描述为特征的结构主义思路，就其本身而言，由于既未给出产业结构转换的过程是由什么驱动的，也没有给出这一过程是怎样发生的，因而受到来自西方经济学特别是发展经济学内部的批评与挑战。事实上，以产值高低这一指标来衡量一个国家或地区产业结构是否合理的做法，并不能真实地反映出经济发展过程的效率高低或好坏：且不说不同产业产值和就业比例并不能真实地反映出一个国家或地区的真实的生产力水准，单就其将基于产值和就业的现象形态的产业结构比例当作经济发展的规律，其本身就已具有了形而上学的意蕴。

面对早期结构主义产业升级思路的缺陷，林毅夫在构建其新结构经济学的过程中，提出了一个基于比较优势及其演化的产业转换与升级的赶超思路：发展中国家应选择那些人均收入相当于自身两倍左右、资源禀赋大致相同国家的产业结构作为追赶对象，把为私营企业发现并成功地得以发展的产业纳入潜在比较优势产业集合加以推进，以实现产业的结构转型与升级，从而形成了一个具有赶超性质的结构升级理论。然而，正如我国学者张其仔所说的，"这种基于潜在比较优势的赶超型产业转型升级思路，因其无法精确评估一国的资源禀赋和无法解释具有相同或相似资源禀赋国家为什么具有生产不同类型产品的能力而失去普遍性"。[2] 而且，过于强调比较优势产业的选择，可能恰恰是造成后发国家产业发展困境的一个因素。[3]

无论是早期结构主义思路，还是新结构经济学，其产业升级的思路本质仍然是"配第—克拉克定理"的翻版或拓展，将产业升级定位于产业结构的升级——国民经济中三次产业比例及其变动，并将发达国家现象形态的产业间结构比例看作是规律性的东西。事实上，结构主义的产业升级思路，不仅忽略了同一产业内部结构变换与升级，更为重要的是，结构主义思路忽略了一个经济体生产方式性质或生产关系对产业升级的影响，也没有考虑到不同性质劳动（生产性或非生产性劳动）的不同增长效应及

---

① D. Acemoglu, *Introduction to Modern Economic Growth*, New Jersey: Princeton University Press, 2009, pp. 693 – 771.

② 张其仔：《产业升级机会的甄别》，《中国工业经济》2013 年第 5 期。

③ 我国学者詹懿认为，过于强调"比较优势"的产业选择模式，使中国企业在嵌入全球生产体系和国际分工网络过程中陷入了高能耗、低收益的粗放型发展泥潭，无法积累向高技术、高品质产品升级的能力。具体请参见詹懿《中国现代产业体系发展中的五大误区》，《现代经济探讨》2013 年第 10 期。

其比例对产业升级的影响。

（二）全球价值链理论的产业升级思路

20 世纪 90 年代以来，伴随经济全球化和全球生产网络的形成，基于全球产品内分工视阈的产业价值链升级理论逐渐兴起。在研究韩国工业化转型特别是电子产业发展中，迪特尔·恩斯特（Dieter Ernst）引入了价值链这一范畴，用以分析韩国的产业升级。[①] 沿着这一范式，杰里菲（G. Gereffi）将产业升级的过程概括为从代工生产到原始设计生产再到自有品牌生产的演进历程。[②] 汉弗莱和施密茨（J. Humphrey and H. Schmitz）对基于全球价值链的产业升级模式进行了划分，其总结了四种典型的产业升级的方式：一是工艺流程升级；二是产品升级；三是功能升级；四是所谓的跨链条升级。[③] 两位学者将这四种产业升级模式看作是一个逐次递进的过程。从这一产业升级的思路可知，基于全球价值链理论的产业升级过程建构的全部基础在于企业能力本身，而产业升级的本质就是提升企业或产业的竞争力。这一产业升级的思路从微观或中观的视角提供了一个可选择的有益路径。但这一思路也有其致命的缺陷——并未揭示出产业升级的方向和归宿在哪里。虽然这一理论认识到了产业内升级和产业间升级常常是相伴而行的，但没有说明产业内的升级和产业间的升级对一个产业或企业来说到底哪种模式更容易实现，其约束条件或机会条件又是什么。而且，由于其过于关注产业价值链的攀升而忽略了产业内部和产业之间的产业扩散机制对产业升级的影响。

西方主流产业升级理论的研究，为我们理解和认识产业结构转换规律和产业升级提供了有益的观点与思路。然而，综观这些理论我们会发现，无论是产业升级的结构主义思路，还是基于全球价值链攀升的思路，要么因为静态分析方法而有失偏颇，要么缺乏对产业结构转型实现过程的分析而难以操作，要么强调单一因素的作用失去普遍性而失去实际意义。而且，已有的这些研究因为其概念范畴的含混性，本身也无法真正揭示出一

---

① D. Ernst, "Global Production Network and Industrial Upgrading – Knowledge – Centered Approach", *East – Wester Center Working Paper*：Economic Series，2001.

② G. Gereffi, "International Trade and Industrial Upgrading in the Appareal Commodity Chains", *Journal of International Economics*，1999（48）.

③ J. Humphrey and H. Schmitz, "How does Insertion in Global Value Chains Affect Upgrading in Industrial Cluster", *Regional Studies*，2002，9（36）.

个国家或区域产业转型升级的动力机制与内在机理，尤其是对因分工演化而导致的产业扩散机制和产业多样化在产业转型升级中作用的忽视，使现有的产业转型升级理论缺乏系统性和完整性。更为重要的是，由于西方主流产业升级理论最终完全放弃和背离了"斯密传统"——劳动价值论（特别是斯密关于不同产业部门劳动性质划分——生产性劳动和非生产性劳动思想），而将所有产业都看作是价值创造的部门，使其在选择产业发展方向和产业转形升级政策时陷入顾此失彼的境地。因此，要廓清和弥补主流产业升级理论存在的问题和缺陷，需要重新回到马克思主义经济学。

三　马克思经济学视域内产业结构
变动与产业升级的过程机制

在马克思看来，社会经济发展实质上就是一个以生产方式变革为核心的产业体系变革的过程，也即我们通常所说的产业升级过程。这一过程既表现为产业内部生产结构向着更高效率活动转移的过程，也表现为不同产业资本向着更高利润率部门流动而形成的产业间结构比例变动的过程。随着资本竞争导致的劳动生产率的提高，这一进程还表现为因资本和劳动分化所引致的产业多样化进程——不断引入新产品和新产业的过程。按照这一逻辑，马克思经济学视阈的产业升级至少包含以下四个相互联系的方面。

（一）资本的产业内竞争所推动的产业升级

按照马克思的观点，逐利作为资本主义生产方式的绝对规律，始终会以竞争的方式表现为对资本的外在强制。就同一产业部门的资本来说，要想获取更多的剩余价值，就必须使自身的劳动生产率不断提升，使之高于或至少等于部门平均的劳动生产率，这是由市场价值规律决定的。而劳动生产率又是由"工人的平均熟练程度、科学的发展水平和它在工艺上应用的程度、生产过程的社会结合、生产资料的规模与效能以及自然条件等因素决定的"。① 因此，资本一方面会不断引入新工艺、新的生产方法或管理模式以提高劳动生产率；另一方面不断通过剩余价值的资本化和资本

---

① 《马克思恩格斯全集》第 44 卷，人民出版社 2001 年版，第 53 页。

间的兼并重组等方式扩大企业生产规模，进而提高生产效率。① 这样，同一资本内部的生产者出于获取超额剩余价值和维持自身的目的而展开的竞争就成为产业发展的常态机制。这一情形一方面会使效率较高的资本获取更多的收益，另一方面会使劳动生产率相对较低的资本也被迫从影响劳动生产率的各个方面入手提高自身的生产条件、销售条件和管理方式。于是，一旦一个资本引入了新的生产方式，提高了劳动生产率，就会引起其他资本的模仿，从而形成产业技术或生产的组织方式的产业内扩散机制，这就不断推动产业部门内部的资本不断地向效率更高和超额剩余价值更多的生产活动移动，使整个产业部门的生产得以升级。对此，马克思分析说："当新的生产方式被普遍采用，因而比较便宜地生产出来的商品的个别价值和它的社会价值之间的差额消失的时候，这个超额剩余价值也就消失。价值由劳动时间决定这同一规律，既会使采用新方法的资本家感觉到，他必须低于商品的社会价值来出售自己的商品，又会作为竞争的强制规律，迫使他的竞争者也会采用新的生产方式。"② 事实上，正是资本的逐利和社会需要推动资本主义生产方式得以由协作、工场手工业发展到机器大工业这一特殊的生产方式。在这一演化进程中，生产的技术方式不断推动生产的组织方式和生产的社会方式发生变革以适应这一技术方式，反过来新的生产的组织方式和生产的社会方式又不断推动生产的技术方式演化与进步。因此，生产力和生产关系的矛盾运动是产业升级的总的推进动力。

（二）资本的产业间竞争推动的产业升级

产业内不同资本的竞争，在不断使生产的技术条件改善的同时，也会不断推动资本的积累和资本的集中。资本规模的扩大使不同产业部门的资本有机构成会经常性发生变动，使不同部门之间的资本构成比例出现高低不同的差异，这就导致了不同部门之间利润率的差别。但在特殊的资本主义生产方式下，资本作为一种社会权利，必然要求等量资本获取等量利润。于是，资本就会由利润低的部门流向利润率高的部门。资本的这种流动既包括新增资本流入高利润率的部门，也包括原有资本转移而进入利润

---

① 事实上，不断积累起来的资本，会以新的技术和新的组织形式进行再投资，进而形成一个互动的循环过程。在这一过程中，资本会不断地将生产移向效率更高和收益更大的生产活动。这一过程所形成的产业内扩散效应就会推动这个产业部门的生产活动不断升级。
② 《马克思恩格斯全集》第 44 卷，人民出版社 2001 年版，第 370 页。

率高的部门。资本流动的结果，不仅使全社会形成一个平均的利润率，而且使不同的技术和生产方法在产业间扩散。资本的产业间竞争，在两个方面推动了产业升级：一方面，资本的产业间竞争使不同部门之间的关联效应日益增强，也使两类不同分工之间的转化不断推进，这就使一个产业的生产链条不断得以向前和后向延展，以致不同生产被纳入同一产业的生产过程。正如马克思所说的，"一个生产部门，例如，铁、煤、机器的生产或建筑业等等的劳动生产力的发展，——这种发展部分地又可以和精神生产领域内的进步，特别是和自然科学及其应用方面的进步联系在一起，——在这里表现为另一些产业部门（例如，纺织工业或农业）的生产资料的价值减少，从而费用减少的条件。这是不言而喻的，因为商品作为产品从一个产业部门生产出来后，会作为生产资料再进入另一个产业部门。它的便宜程度，取决于把它生产出来的生产部门的劳动生产率，同时它的便宜程度不仅是它作为生产资料参加其生产的那种商品变得便宜的条件，而且也是它构成要素的那种不变资本的价值减少的条件，因此又是利润率提高的条件"。① 正是在这个意义上，马克思得出了"一个工业部门生产方式的变革，必定引起其他部门生产方式的变革。这首先是指那些因社会分工而孤立起来的以至各自生产独立的商品、但又作为总过程的阶段而紧密联系在一起的工业部门"的判断。这样，产业升级就不仅表现为向更高生产率和更高利润活动的转移过程，而且还表现为新技术、新工艺和新模式向已有产业的扩散过程，从而改变原有或所谓的传统产业的生产方式，进而推动产业升级，今天的电子信息技术或智能技术的发展使整个社会生产方式和生活方式都发生根本性的变革就是很好的例证。另外，资本不断地由利润率低的部门流向利润率高的部门，会使整个社会的生产活动不断地移向更高效率和效益的部门，整个社会不同产业或部门劳动的配置比例也就相应地发生变化，进而推动了产业结构升级。② 由此可知，在马克思这里，一个经济体的产业升级过程并不是一个孤立的过程，而是一个系统的过程。因此，一个社会产业体系的完备性和配套性，就成为制约产业升级能力和产业竞争力的重要影响因素。

---

① 《马克思恩格斯全集》第 46 卷，人民出版社 2003 年版，第 96 页。
② 分析至此，我们会发现，产业的结构升级和产业结构的升级并不是一回事，这是两个既相互联系又有所差异的概念。在马克思这里，产业升级恰恰包含这两方面的内容。

（三）资本空间流动所推动的产业升级

资本的盈利能力取决于自身劳动生产率的高低，其要想获取超额剩余价值或超额利润（当然，这里剔除垄断的情形），就必须使自身的劳动生产率高于部门或社会平均的劳动生产率。由于生产过程和流通过程是互为条件和相互作用的①，因此，对有利生产条件和销售条件的获取，就成为资本配置与管理的直接目标。正如前文所述，决定资本生产率的因素既涉及生产力层面的科学的发展水平和它在工艺上应用的程度、工人的平均熟练程度和自然条件，也涉及生产方式（当然也包括生产关系）层面的生产过程的社会结合、生产资料的规模与效能，即"生产力的这种发展，最终总是归结为发挥着作用的劳动的社会性质，归结为社会内部的分工，归结为脑力劳动特别是自然科学的发展。在这里，资本家利用的，是整个社会分工制度的优点"。② 由于不同地区具有不同的要素禀赋条件、生产的技术条件和社会分工的程度，因此具有不同的劳动生产率。由于同一产业部门面对的是有市场价值决定的同一的市场价格，劳动生产率较高的地区的资本在与劳动生产率较低地区的资本进行竞争时，在落后地区的市场上不仅能获得正常的剩余价值，而且能获得一个超额的剩余价值，这就引起资本在产业内进行跨区域流动，进行生产的再配置，这在现实社会就表现为产业的空间转移。与此同时，由于狭义的流通过程与生产过程所耗费的时间共同构成资本总的流通时间，因此，为靠近销售市场以节约流通时间，提高资本的年利润率，也会使资本的生产转向产品的销售市场附近，这一点被大卫·哈维称为"资本的空间修复"。对劳动生产率较低的地区（或者后发地区）来说，劳动生产率较高的资本生产的转入，一方面会使本地的生产率在整体上得以提升，另一方面资本间的竞争引致的学习或模仿也会相应地使本地资本的生产效率得以提升，尽管存在引入资本的技术保护现象。这样，资本的空间移动会推进后发地区的产业升级。如果将这一过程推广到世界市场范围，这一点也是适用的，而且在现实世界甚至称

① 对于这一点，马克思曾以举例的方式予以说明："完全撇开资本 a 的生产过程不谈，资本 b 的生产过程的速度和连续性是决定资本 a 从货币形式再转化为产业资本形式的要素。因此，资本 b 的生产过程的持续时间表现为资本 a 的流通过程的速度的要素。一个资本的生产阶段的持续时间决定另一个资本的流通阶段的速度。这两个阶段的同时性是使资本 a 的流通不受阻碍的条件：资本的那些必须交换来的要素，是同时投入生产和流通的。"具体请参见《马克思恩格斯全集》第 30 卷，人民出版社 1995 年版，第 516 页。

② 《马克思恩格斯全集》第 46 卷（上），人民出版社 2003 年版，第 96 页。

为后发国家或地区推进本地产业升级的一种重要模式。

（四）资本的游离与分化推动的产业升级

随着资本逐利和为应对竞争而导致的劳动生产率的提高，同一资本在市场规模不变时，使生产同一使用价值所需要的资本和劳动力的数量必然减少，从而造成资本和劳动力的过剩。这样，由资本本性所决定的经济运行必然产生两种结果：一方面，要求资本创造出新的需要，或者说必须引入产品创新或形成新的产品功能以扩大消费的范围，使企业生产的产品多样化或直接转到新产品的生产。对此，马克思在考察相对剩余价值生产时曾经进行了详细的分析。"例如，由于生产力提高一倍，以前需要使用100 资本的地方，现在只需要使用 50 资本，于是就有 50 资本和相应的必要劳动游离出来；因此必须为游离出来的资本和劳动创造出一个在质上不同的新的生产部门，这个生产部门会满足并引起新的需要。旧产业部门的价值由于为新产业部门创造了基金而保存下来，而在新产业部门中资本和劳动的比例又以新的形式确立起来。"① 而且，由于"现代工业通过机器、化学过程和其他方法，使工人的职能和劳动过程的社会结合不断地随着生产的技术基础发生变革。这样，它也同样不断地使社会内部的分工发生革命，不断地把大量资本和大批工人从一个生产部门投到另一个生产部门。因此，大工业的本性决定了劳动的变换、职能的更动和工人的全面流动性"。② 因此，资本逐利和相互竞争的结果，必然将资本的生产不断引向新的具有质的差别的使用价值生产。另一方面，物质生产领域劳动生产率的提高，又会使资本的生产更加关注产品的质量和奢侈品的生产，使生产活动不断地移向更高的利益环节，推动产品的不断升级换代。正如马克思所说的，随着劳动生产率的普遍提高，"社会产品中有较大的部分转化为剩余产品，而剩余产品中又有较大的部分以精致和多样的形式再生产出来和消费掉。换句话说，奢侈品的生产在增长。大工业造成的新的世界市场关系也引起产品的精致和多样化"。③ 与此同时，物质生产领域劳动生产率的提高，会使劳动在非物质生产领域的配置比例不断提高，使产业结构发生变化。对此，马克思指出，"大工业领域内生产力的极度提高，以及随之而来的所有其他生产部门对劳动力的剥削在内含和外延两方面的加

---

① 《马克思恩格斯全集》第 30 卷，人民出版社 1995 年版，第 389 页。
② 《马克思恩格斯全集》第 44 卷，人民出版社 2001 年版，第 560 页。
③ 同上书，第 512 页。

强，使工人阶级中越来越大的部分有可能被用于非生产劳动，特别是使旧式家庭奴隶在'仆役阶级'（如仆人、使女、侍从等）的名称下越来越大规模地被再生产出来"。① 其实，这里又可分为两种情况：一是大工业将现代科学和工艺纳入生产过程，必然要求将科学技术发展到顶点以不断提高劳动生产率，这就使精神领域劳动的科学研究成为专门的职业；二是使非生产劳动（或者说服务劳动）者的数量在国民经济体系中的比例增加。于是，技术进步等因素使劳动生产率提高的结果必然使资本和劳动出现分化，从而使社会生产或产业结构的比例发生变动——产业结构的升级。②

四 产业升级的规律性约束与产业升级的指向

一个经济体的产业发展和产业转型升级总要受到生产的技术方式性质、社会需要以及社会生产关系性质等因素的影响而呈现出不同的样态和进程，归根结底，是由一个社会不同的生产目的决定的。在这些约束条件中，有的属于生产力自身发展规律的约束，有的是生产关系条件的约束。因此，一个社会产业升级的进程只有在符合这些规律性约束时，才可能真正成为社会经济发展的动力。

（一）产业升级内生性特质的约束

产业转型升级，取决于产业的技术进步及由此引发的生产方式的变革。因此，产业升级首要的直接推动力在于产业的技术进步。而产业技术进步及由此引起的各种促进机制又依赖于企业内部各种能力的积累。我国学者路风就指出："产业升级的实质是工业知识和经验体系的扩张和更新，所以产业升级是一个演进的过程。"③ 也就是说，任何一个社会的产业转型或新产业、新业态、新模式的引入，总是在原有产业活动的基础上形成的——新的技术突破总是在已有技术的基础上产生的。特别是资本主义生产方式由工场手工业转变为资本主义机器大工业，资本主义剩余价值生产的方法由绝对剩余价值生产转化为相对剩余价值生产之后，科学技术

---

① 《马克思恩格斯全集》第 44 卷，人民出版社 2001 年版，第 513 页。
② 由生产性劳动效率提升所引起的非生产劳动比例的增加所形成的三次产业结构的变动，有其特定的约束条件，这一点笔者将在下文中加以阐释。
③ 路风：《产业升级与中国发展政策的选择》，《经济导刊》2016 年第 9 期。

和工艺成为生产的主要方法，或者说资本主义生产方式的社会生产力表现为固定资本形态存在的机器体系。而以固定资本形态存在的生产资料代表着这个生产方式下生产力的发展水平。马克思指出，"对象化劳动本身不仅直接以产品的形式或者以当作劳动资料来使用的产品的形式出现，而且以生产力本身的形式出现。劳动资料发展为机器体系，对资本来说并不是偶然的，而是使传统的继承下来的劳动资料适合于资本要求的历史性变革。因此，知识和技能的积累，社会智慧的一般生产力的积累，就同劳动相对立而被吸收在资本当中，从而表现为资本的属性，更明确些说，表现为固定资本的属性，只要后者是作为真正的生产资料加入生产过程"。① 也就是说，如果抛开因技术积累所引发的产业革命的话，惯常的产业技术进步和产业升级，更多地表现为一个路径依赖的过程。产业升级往往表现为一种产业发展的内生过程，其总要受到已有的能力积累和产业的发展水平的制约。所以，在推动产业升级的过程中，绝不能简单地将其看作是新产业、新动力对已有产业的完全替代过程，否则将会割裂技术演进的中介过程。一定意义上，产业升级往往并不要求企业发明一种全新的技术，如果能够发现市场上已有的能够用更低成本生产产品的新方法，就能够实现产业升级。因此，我们在推进供给侧结构性改革或产业升级过程中，绝不能持有对传统产业一概否定的念头。其实，马克思在阐述其唯物史观时，已经说明了这一原则，"在这里，起作用的普遍规律在于：后一个［生产］形式的物质可能性——不论是工艺技术条件，还是与其相适应的企业经济结构——都是在前一个形式的范围内创造出来的。机器劳动这一革命因素是直接由于需求超过了用以前的生产手段来满足这种需求的可能性而引起的。而需求超过［供给］这件事本身，是由于还在手工业基础上就已作出的那些发明而产生的，并且是作为在工场手工业占统治地位的时期所建立的殖民体系和在一定程度上由这个体系所创造的世界市场的结果而产生的。一旦生产力发生了革命——这一革命表现在工艺技术方面——，生产关系也就发生了革命"。② 所以，推进经发展新动力的形成或者推进产业的转型升级，必须要注意与原有能力和产业发展现实相适应，而不是一窝蜂地采用所谓的全新的技术，这是由产业升级的内生规律决定的。

---

① 《马克思恩格斯全集》第31卷，人民出版社1998年版，第92—93页。
② 《马克思恩格斯文集》第八卷，人民出版社2009年版，第340页。

(二) 按比例分配社会劳动规律的约束

由劳动生产率提高所引致的产业内部或产业之间社会劳动配置的量或比例的变化,总要受到社会需要结构的限制。也就是说,产业升级引起的结构性变动不是无界限的,而是要受到国民经济整体结构的限制。可持续的经济发展,总是在不平衡的结构中实现结构的平衡。这一平衡过程既可以是市场价值规律的自发作用实现的,也可以是通过社会有计划地加以协调实现。如果某一部门的生产超出社会需要的范围,其结果要么是商品的市场价格以低于市场价值的方式出售,要么造成产品的积压而无法实现其价值,这是价值规律在一个产业部门内部发挥作用的表现形式。就一个经济体的全部产业部门来说,价值规律的贯彻同样要求这个经济体要在社会各产业部门按比例来分配社会劳动,这一点曾经被国内学术界称为"第二种含义社会必要劳动时间"的要求。对此,马克思指出,事实上价值规律所影响的不是个别商品或物品,而总是各个特殊的因分工而互相独立的社会生产领域的总产品;因此,不仅在每个商品上只使用必要的劳动时间,而且在社会总劳动时间中,也只把必要的比例量使用在不同类的商品上。这是因为条件仍然是使用价值。但是,如果说个别商品的使用价值取决于该商品是否满足一种需要,那么,社会产品量的使用价值就取决于这个量是否符合社会对每种特殊产品的量上的一定需要,从而劳动是否根据这种量上一定的社会需要按比例地分配在不同的生产领域。(我们在论述资本在不同的生产领域的分配时,必须考虑到这一点。)……在这里,社会需要,即社会规模的使用价值,对于社会总劳动时间分别用在各个特殊生产领域的份额来说,是有决定意义的。① 因此,劳动生产率变动所引起的产业向着更高效率和更高利润活动转移,或者社会劳动向非生产领域的更多配置——发展经济学结构主义所说的第三产业或服务业,必须以各产业部门之间的比例协调为前提。不仅如此,就是各个产业内部,其生产活动的配置也要遵循比例协调规律。如是,才能真正使产业升级成为可持续高质量发展的有效路径。

(三) 生产性劳动与非生产性劳动特性对产业升级的约束

从现象形态来看,发展经济学结构主义将产业结构的变动趋势描述为第三产业的产值和就业在国内生产总值中比重的不断提升,不将这一现象

---

① 《马克思恩格斯全集》第 46 卷 (上),人民出版社 2003 年版,第 716 页。

看作是客观的经济规律。如果单就经济发展的现象形态来说，社会劳动生产率的提高达到一定程度以后，物质生产领域生产同量使用价值所需要的资本和劳动力会相对减少，这样，就使非生产性劳动者在社会就业中的比例增加。但这种产业结构的变动，总要受到物质生产领域劳动生产率的限制。按照马克思的观点，一定社会的劳动性质——劳动的生产性和非生产性，总是由这种劳动的社会形式、劳动内容和劳动的特殊的使用价值决定的。其中，生产的社会性质是居于主导或支配性的因素。也就是说，判断一种劳动或劳动部门是生产性的还是非生产性的，首先是由这个劳动所隶属的社会关系决定的。正是在这个意义上，马克思从资本的生产性出发，考察了资本主义生产体系下劳动的分类问题，其将直接与资本相交换的劳动称之为生产性劳动，并将劳动的物质性作为资本主义生产体系下劳动生产性的补充定义。① 或者说，决定一种劳动是否是生产的，首先是由这种劳动所体现的这种生产方式的社会性质，即生产的社会关系决定的。在确定了这一点之后，生产性劳动才决定于其是否物化在商品或物质财富之中。对此，马克思说，生产劳动，除了与劳动内容完全无关、不以劳动内容为转移的具有决定意义的特征之外，又得到了与这个特征不同的第二个定义，补充的定义。② 如果抛弃劳动的社会关系一般地讨论劳动的生产性与否，那就是马克思批判斯密所说的"按苏格兰方式"去理解，或者是把某一历史阶段的生产方式永恒化。而且，随着资本主义生产方式的发展，资本主义生产过程的协作性质日益普遍，资本主义生产也日益表现为总体工人共同劳动的产品，随着劳动过程本身的协作性质的发展，生产劳动和它的承担者即生产工人的概念也就必然扩大。为了从事生产劳动，现在不一定要亲自动手；只要成为总体工人的一个器官，完成他所属的某一种职能就够了。③ 于是，生产劳动者的范围扩大了——工厂的监工、工程师等均被纳入生产劳动者的范围。总之，如果我们要给资本主义生产方式下的生产劳动一个准确的定义的话，那就是从单纯的一般劳动过程的观点出发，实现在产品中的劳动，更确切地说，实现在商品中的劳动，对我们表现为生产劳动。但从资本主义生产过程的观点出发，则要加上更切近的

---

① 《马克思恩格斯全集》第 33 卷，人民出版社 2004 年版，第 157—163 页。
② 《马克思恩格斯全集》第 26 卷（上），人民出版社 1972 年版，第 442 页。
③ 《马克思恩格斯全集》第 44 卷，人民出版社 2001 年版，第 582 页。

规定：生产劳动是直接增殖资本的劳动或直接生产剩余价值的劳动。[①] 从马克思对生产劳动的界定来看，一个社会劳动的配置比例，总是要以生产性劳动及其效率为前提，并受到生产性劳动效率的约束，这在现实世界就表现为发展必须以实体经济为中心。即使是发展非生产性部门——服务业或第三产业[②]，其前提也必须是在物质生产领域的生产力极大提高的基础上的发展。从本质上说，第三产业或服务业的发展尽管存在内循环过程（例如，金融业），但其产生与发展的根基始终是第一、第二次产业的需求。如果人为地推动第三产业的超常发展，使之超越第一、第二产业的需要，则整个经济体系的效率不仅不会有所提升，可能还会下降。这是因为，如果第一、第二次产业效率较低，那么人为推动第三产业的发展，也只能是以较低层次的服务业与之匹配，进而弱化整体经济效率。反过来，如果发展高层次的服务业，由于服务的对象层次较低，那么这种服务业很难嵌入第一、第二次产业而形成整体的效率和效益的提升。与此同时，过度发展第三产业，还可能导致经济整体"脱实向虚"，增加整个社会的投机性。对于这一点，我国学者王国平曾以拉美国家的产业结构为例给予了充分的说明。[③] 因此，推进产业结构升级，必须始终将实体经济发展放在核心位置。

五 结论与启示

上述的分析表明，不同于西方主流产业升级理论，马克思的产业升级思想是在生产力与生产关系矛盾运动的框架下，以资本主义生产方式发展演化（包括生产的技术方式、组织方式与社会方式）为主线，通过对资本主义积累体制及其矛盾的分析，揭示出不同资本如何在追求超额利润的内在动力和为应对资本主义竞争的外在压力的双重作用下，不断推动产业转型升级的原因及内在机理。结合社会分工和企业内分工的交互作用与转

---

① 《马克思恩格斯全集》第 49 卷，人民出版社 1982 年版，第 99 页。

② 这里，需要指出的是，按照马克思界定，第三产业部门的劳动也存在生产性劳动，特别是生产过程在流通领域的延续部分。

③ 王国平：《产业升级规律与中国特色的产业升级道路》，《上海行政学院学报》2013 年第 1 期。

化，马克思分析了产业多样化进程的推进机制与演化过程。由此可知，在马克思这里，产业升级是一个产业发展能力的累积与培育的动态过程。从本质上看，产业升级是加速产业高质量发展的手段，是一个产业发展的短期利益与长期利益的协调以及产业发展能力的螺旋式上升过程。因此，对产业升级路径的理解不能简单地理解为一个产业由价值链的低端环节向高端环节的攀升，或者由劳动密集型产业向资本密集型、技术密集型产业的转变，或者由第一次产业、第二次产业向第三次产业的转变过程，更不应将其看作是单纯的新产业对旧产业（包括成熟产业）的替代过程，而应该将其看作是一个国家或地区在遵循产业升级规律的前提下，基于自身能力积累和要素禀赋条件，不断推动产业经济向着符合经济、社会、环境和谐统一的目标实现良性发展的过程，这一进程既包括产业内部的结构升级，也包括产业间的结构升级和新技术向原有产业的渗透和拓展过程，这既包括生产力层面的因素，也包括生产关系层面的因素。因此，在产业升级政策的设计中，必须从生产力和生产关系两个层面入手，既要激励生产力层面的因素，也要激励生产关系层面的因素。特别是我们在推进供给侧结构性改革的进程中，必须将产业升级置于核心环节。与此同时，在培育增长新动能的过程中，必须合理地定位所谓的"增长三驾马车"的地位和作用：必须注重有指向的投资对产业升级的作用，不能以提升所谓的提升全要素生产率以培育新能动而削弱投资的产业技术进步作用，因为资本和技术本来就是不可分的。更不能盲目地以发达经济为样板，人为地、超越产业发展规律地过度发展所谓的消费型经济或服务型经济，而应始终将产业升级的重点放在向更高生产率的工业经济转型上，以保持工业体系的完备性。产业链的完整性、配套性和产业链的厚度等因素，可能恰恰是中国产业在全球竞争力的真正来源和保障。

经济全球化与全球治理的
新时代马克思主义视角

董小麟

摘要 马克思主义创始人对资产阶级由于开拓世界市场而发生的全球化进程进行了历史唯物主义的剖析，为后人提出了认识全球化与全球治理的基本理论与方法。面对当代经济全球化和全球治理的新的国际博弈格局，以习近平为代表的中国共产党人，以当代发展创新的马克思主义视野，对全球经济和全球治理中的问题、挑战与趋势，做了空前深刻的揭示，提出并实践着一系列新时代的创新解读和解决新问题的思想、方法和路径，为经济全球化与全球治理的正确走向做出对世界富有启迪的中国建议，丰富和发展了新时代马克思主义的全球化和全球治理理论，并使理论的创新在实践中不断形成丰硕成果。

关键词 经济全球化 全球治理 马克思主义 习近平新时代中国特色社会主义思想

人类经济活动的国际化现象已有几千年的历史。古代的"丝绸之路"开创性地带动了国际贸易活动的展开，并在贸易中推进着人类文明的交流，成为和谐平等的跨国界、跨民族的经济纽带。而资本主义生产方式的崛起，特别是工业革命以后，大大加快了经济国际化进程，使世界市场全面开拓，使经济全球化得以全面形成；而在这一进程中，又令国际经济重心从东方转移到西方，并借此构建了西方主导的全球治理格局。

马克思主义经典作家为我们奠定了认识全球化及其治理的科学理论与

[作者简介] 董小麟，中国《资本论》研究会副会长，二级教授；广东外语外贸大学、广东工业大学华立学院。

基本方法。面对当代经济全球化与全球治理新博弈，中国共产党人以当代马克思主义的视野，做出了新时代的阐发，提出了以构建人类命运共同体为基本主旨的中国方案。

一　《共产党宣言》对经济全球化的剖析与启迪

马克思、恩格斯的《共产党宣言》（以下简称《宣言》），发布于19世纪中叶西方主导的全球化进程加快拓展的时代，这部伟大著作内涵非常丰富，揭示了共产党人对历史、对时代、对未来社会所做的基本判断和所肩负的使命。其中一个重要内容，是它对经济全球化的形成、本质、特征、走向等的剖析和启迪，提供了我们解读近现代全球化发展趋势、发展规律的基本立场、基本方法。习近平指出："当前，世界多极化、经济全球化、社会信息化、文化多样化深入发展，各国相互关联、相互依存程度之深前所未有，充分印证了马克思、恩格斯在《共产党宣言》中所作的科学预见。"①

第一，《宣言》阐明了资本主义时代特别是工业革命以来世界市场的加快形成，打破了生产与消费过程中国家与民族的界限，使市场与资源配置的全球化格局成为一种生产力发展的总体趋势。《宣言》指出：大工业建立了由美洲的发现所准备好的世界市场。世界市场使商业、航海业和陆路交通得到了巨大的发展。这种发展又反过来促进了工业的扩展。……资产阶级，由于开拓了世界市场，使一切国家的生产和消费都成为世界性的了。使反动派大为惋惜的是，资产阶级挖掉了工业脚下的民族基础。古老的民族工业被消灭了，并且每天都还在被消灭。它们被新的工业排挤掉了，新的工业的建立已经成为一切文明民族的生命攸关的问题；这些工业所加工的，已经不是本地的原料，而是来自极其遥远的地区的原料；它们的产品不仅供本国消费，而且同时供世界各地消费。旧的、靠本国产品来满足的需要，被新的、要靠极其遥远的国家和地带的产品来满足的需要所代替了。②

---

① 习近平在中共中央政治局2018年4月23日下午就《共产党宣言》及其时代意义举行第五次集体学习会上的讲话。新华社2018年4月24日电，《人民日报》2018年4月25日。

② 《马克思恩格斯选集》第一卷，人民出版社2012年版，第404页。

第二，《宣言》阐发了全球化的经济必然影响文化和精神生产的国际交流，促进人与人的国际交往。《宣言》指出：资产阶级，由于一切生产工具的迅速改进，由于交通的极其便利，把一切民族甚至最野蛮的民族都卷到文明中来了。① 因此，物质的生产是如此，精神的生产也是如此。各民族的精神产品成了公共的财产。民族的片面性和局限性日益成为不可能，于是由许多种民族的和地方的文学形成了一种世界的文学。"而"随着资产阶级的发展，随着贸易自由的实现和世界市场的建立，随着工业生产以及与之相适应的生活条件的趋于一致，各国人民之间的民族分隔和对立日益消失。② 当然，这种"各国人民之间的民族分隔和对立日益消失"的现象虽然在当今旧的国际经济体系中难以充分形成，但作为一种趋势，必将要求变革与突破既有的全球治理体系而向前发展。

第三，《宣言》揭示资产阶级把它的生产方式引入了经济全球化进程，其生产关系对全球化的发展具有两面性。《宣言》指出：不断扩大产品销路的需要，驱使资产阶级奔走于全球各地。它必须到处落户，到处开发，到处建立联系。……它迫使一切民族——如果它们不想灭亡的话——采用资产阶级的生产方式。③ 这种以资本主义生产方式为主导的国际经济关系，体现了资本的本质在于自身利益最大化的驱动，而危机爆发是其结果之一，仅此就使整个资产阶级社会陷入混乱，就使资产阶级所有制的存在受到威胁。资产阶级的关系已经太狭窄了，再容纳不了它本身所造成的财富了。——资产阶级用什么办法来克服这种危机呢？一方面不得不消灭大量生产力，另一方面夺取新的市场，更加彻底地利用旧的市场。这究竟是怎样的一种办法呢？这不过是资产阶级准备更全面更猛烈的危机的办法。④

第四，《宣言》说明了经济全球化背景下全球治理体系的特征呈现西方主导的模式。《宣言》指出：正像资产阶级及其推进的工业革命在国内所带来的生产关系变革，使农村从属于城市一样，在世界市场和经济全球化演进中，它使未开化和半开化的国家从属于文明的国家，使农民的民族

---

① 《马克思恩格斯选集》第一卷，人民出版社 2012 年版，第 404 页。
② 同上书，第 419 页。
③ 同上书，第 404 页。
④ 同上书，第 406 页。

从属于资产阶级的民族，使东方从属于西方。① 这种格局的演化，使经济发展相对起步晚的国家和民族受国际剥削和掠夺，出现有形或无形的被殖民化，构造了全球治理中的国家与民族间的不平等地位，一些老牌的或新进入发达国家行列的西方强国在制造新的矛盾和问题，那种凌驾于其他国家和民族之上的强权政治、强权经济行为不断升级。在这种西方主导的全球治理格局中，一些独立良久的国家，仍长期处于最不发达国家行列；而一些新兴经济体，也不断遭受西方强权国家的打压。

二 当代中国对全球化与全球治理
面临新挑战的新判断

自马克思去世以后，从 19 世纪末至今的一个多世纪，资本全球化与劳动全球化、科技全球化达到了历史的新高度；与此同时，西方垄断资本的全球博弈也达到空前激烈甚至严重激化和恶化的高度。

对于经济全球化，某些发达国家为维护其既得利益，阻挠新兴经济体和广大发展中国家参与国际分工和世界市场平等竞争的努力，并不时以单边主义、孤立主义的思维和行为，把世界绝大多数国家和人民置于自己的对立面，企图扭转甚至阻止经济全球化的健康发展趋势。这正是《宣言》所说的"资产阶级的关系已经太狭窄了，再容纳不了它本身所造成的财富了"② 在全球范围的表现。

对于全球治理，某些西方国家对新兴经济体和发展中国家参与全球治理的积极性和正常进程，或者视而不见，或者视为洪水猛兽严加防范，甚至极力歪曲和妖魔化中国等新兴经济体不断在经济上增强自身实力、在政治与文化上逐渐赢取国际话语权的趋势，企图维持其国际经济、政治舞台上的垄断地位，维护国际经济政治旧秩序。

在经济全球化和全球治理面临一系列新挑战的时候，中国共产党以她作为《宣言》精神的忠实传人，对包括如何认识与推进经济全球化发展，如何构建全球治理的新时代新体系，做出了一系列当代马克思主义的科学

---

① 《马克思恩格斯选集》第一卷，人民出版社 2012 年版，第 405 页。
② 同上书，第 406 页。

阐发；这些思考与解答所体现的最新思想，是马克思主义中国化的最新成果——习近平新时代中国特色社会主义理论体系中的重要组成部分。

应该如何看待经济全球化的新发展、新态势？我们必须尊重全球化的客观趋势，坚持全球化的正确方向，辩证分析全球化中的问题与挑战，积极引领全球化的健康发展。习近平指出："世界经济的大海，你要还是不要，都在那儿，是回避不了的。想人为切断各国经济的资金流、技术流、产品流、产业流、人员流，让世界经济的大海退回到一个一个孤立的小湖泊、小河流，是不可能的，也是不符合历史潮流的。""经济全球化是社会生产力发展的客观要求和科技进步的必然结果，不是哪些人、哪些国家人为造出来的。经济全球化为世界经济增长提供了强劲动力，促进了商品和资本流动、科技和文明进步、各国人民交往"。[①] 同时，继承着《宣言》对经济全球化形成所做的历史唯物主义的论断精神，我们党对当代经济全球化存在的问题发展了新的辩证认识。习近平指出："经济全球化是历史大势，促成了贸易大繁荣、投资大便利、人员大流动、技术大发展。本世纪初以来，在联合国主导下，借助经济全球化，国际社会制定和实施了千年发展目标和 2030 年可持续发展议程，推动 11 亿人口脱贫，19 亿人口获得安全饮用水，35 亿人口用上互联网等，还将在 2030 年实现零贫困。这充分说明，经济全球化的大方向是正确的。当然，发展失衡、治理困境、数字鸿沟、公平赤字等问题也客观存在。这些是前进中的问题，我们要正视并设法解决，但不能因噎废食。"[②] "面对经济全球化带来的机遇和挑战，正确的选择是，充分利用一切机遇，合作应对一切挑战，引导好经济全球化走向。"[③]

应该如何构建当代全球治理新体系、新规则？我们必须坚持以构建人类命运共同体为主旨，坚持世界命运由各国在共同治理中实现共同掌握；要坚持依靠世界人民、服务世界和平与发展的全人类共同愿望。习近平在回顾近一个多世纪全球治理问题演化的历史时指出："回首最近 100 多年

---

① 习近平：《共担时代责任，共促全球发展——在世界经济论坛 2017 年年会开幕式上的主旨演讲》，《人民日报》2017 年 1 月 18 日。

② 习近平：《共同构建人类命运共同体——在联合国日内瓦总部的演讲》，《人民日报》2018 年 1 月 20 日。

③ 习近平：《共担时代责任，共促全球发展——在世界经济论坛 2017 年年会开幕式上的主旨演讲》，《人民日报》2017 年 1 月 18 日。

的历史，人类经历了血腥的热战、冰冷的冷战，也取得了惊人的发展、巨大的进步。20 世纪上半叶以前，人类遭受了两次世界大战的劫难，那一代人最迫切的愿望，就是免于战争、缔造和平。20 世纪五六十年代，殖民地人民普遍觉醒，他们最强劲的呼声，就是摆脱枷锁、争取独立。冷战结束后，各方最殷切的诉求，就是扩大合作、共同发展。这 100 多年全人类的共同愿望，就是和平与发展。然而，这项任务至今远远没有完成。"①习近平指出，为解决这个至今远未完成的任务，必须以构建人类命运共同体作为全球治理的核心理念，以实现"世界命运应该由各国共同掌握，国际规则应该由各国共同书写，全球事务应该由各国共同治理，发展成果应该由各国共同分享"②的目标。这就揭示了全球治理为了各国共同利益、为了服务世界人民，同时又必须依靠各国共同合作、依靠各国人民携手治理。为此，习近平在 2018 年 4 月的博鳌亚洲论坛上再次阐明了他的重要观点："从顺应历史潮流、增进人类福祉出发，我提出推动构建人类命运共同体的倡议，并同有关各方多次深入交换意见。我高兴地看到，这一倡议得到越来越多国家和人民欢迎和认同，并被写进了联合国重要文件。我希望，各国人民同心协力、携手前行，努力构建人类命运共同体，共创和平、安宁、繁荣、开放、美丽的亚洲和世界。"③

中国共产党人以新时代马克思主义的创新观念，为正确把握经济全球化和全球治理体系发展的前进方向和路径选择，给世界注入了强大的正能量。

三 在经济全球化与全球治理新格局中的中国行动

基于对经济全球化及全球治理新构建的客观要求和客观趋势，中国需要承担起新时代的大国使命。习近平指出："我们要坚定不移维护和发展我国发展利益，同时要坚定不移扩大对外开放，推动国际社会共担时代责

---

① 习近平：《共同构建人类命运共同体——在联合国日内瓦总部的演讲》，《人民日报》2018 年 1 月 20 日。

② 同上。

③ 习近平：《开放共创繁荣，创新引领未来——在博鳌亚洲论坛 2018 年年会开幕式上的主旨演讲》，《人民日报》2018 年 4 月 11 日。

任，合作应对经济全球化带来的挑战，推动经济全球化朝着更加开放、包容、普惠、平衡、共赢的方向发展，让不同国家、不同阶层、不同人群共享经济全球化带来的机遇。"① "中国人民将继续与世界同行、为人类作出更大贡献，坚定不移走和平发展道路，积极发展全球伙伴关系，坚定支持多边主义，积极参与推动全球治理体系变革，构建新型国际关系，推动构建人类命运共同体。"②

根据习近平新时代中国特色社会主义思想体系中的相关理念，经济全球化与全球治理新格局中的中国态度与行动，包含但不限于以下要点：

第一，中国已经并且将始终不渝地继续为经济全球化和全球治理做出积极贡献，积极承担大国使命。习近平说："中国的发展是世界的机遇，中国是经济全球化的受益者，更是贡献者。中国经济快速增长，为全球经济稳定和增长提供了持续强大的推动。中国同一大批国家的联动发展，使全球经济发展更加平衡。中国减贫事业的巨大成就，使全球经济增长更加包容。中国改革开放持续推进，为开放型世界经济发展提供了重要动力。"中国以实践，充分体现了"中国坚持对外开放基本国策，奉行互利共赢的开放战略，不断提升发展的内外联动性，在实现自身发展的同时更多惠及其他国家和人民"。③ 习近平向世界宣告："我在中共十九大报告中强调，中国坚持对外开放的基本国策，坚持打开国门搞建设。我要明确告诉大家，中国开放的大门不会关闭，只会越开越大！"④ "中国人民将继续与世界同行、为人类作出更大贡献，坚定不移走和平发展道路，积极发展全球伙伴关系，坚定支持多边主义，积极参与推动全球治理体系变革，构建新型国际关系，推动构建人类命运共同体。"⑤

第二，与历史上某些"强国必霸"相反，中国的发展不会对全球构成威胁。历史上，资本的国际化所驱动的经济全球化，是资本及资产者

---

① 习近平在中共中央政治局 2018 年 4 月 23 日下午就《共产党宣言》及其时代意义举行第五次集体学习会上的讲话。新华社 2018 年 4 月 24 日电，《人民日报》2018 年 4 月 25 日。

② 习近平：《开放共创繁荣，创新引领未来——在博鳌亚洲论坛 2018 年年会开幕式上的主旨演讲》，《人民日报》2018 年 4 月 11 日。

③ 习近平《共担时代责任，共促全球发展——在世界经济论坛 2017 年年会开幕式上的主旨演讲》，《人民日报》2017 年 1 月 18 日。

④ 习近平：《开放共创繁荣，创新引领未来——在博鳌亚洲论坛 2018 年年会开幕式上的主旨演讲》，《人民日报》2018 年 4 月 11 日。

⑤ 同上。

"它按照自己的面貌为自己创造出一个世界"。① 而中国方略绝不走西方列强走过的道路，因为中国对于历史上受资本主义强国欺凌的惨痛不会忘记。习近平明确指出："数百年前，即使中国强盛到国内生产总值占世界30%的时候，也从未对外侵略扩张。1840年鸦片战争后的100多年里，中国频遭侵略和蹂躏之害，饱受战祸和动乱之苦。……中国从一个积贫积弱的国家发展成为世界第二大经济体，靠的不是对外军事扩张和殖民掠夺，而是人民勤劳、维护和平。中国将始终不渝走和平发展道路。无论中国发展到哪一步，中国永不称霸、永不扩张、永不谋求势力范围。历史已经并将继续证明这一点。"② 因此，我们将坚持打造开放共赢的合作模式，因为"人类已经成为你中有我、我中有你的命运共同体，利益高度融合，彼此相互依存。每个国家都有发展权利，同时都应该在更加广阔的层面考虑自身利益，不能以损害其他国家利益为代价"。所以，"谁都不应该把自己的发展道路定为一尊，更不应该把自己的发展道路强加于人"。③

第三，中国要坚持开放发展的新发展理念，在开放中推进中国的改革与发展。"世界能够进入中国，中国也才能走向世界"。④ "我们提出建设开放型经济新体制，一个重要目的就是通过开放促进我们自身加快制度建设、法规建设，改善营商环境和创新环境，降低市场运行成本，提高运行效率，提升国际竞争力。"⑤ "我国是经济全球化的积极参与者和坚定支持者，也是重要建设者和主要受益者。我国经济发展进入新常态，妥善应对我国经济社会发展中面临的困难和挑战，更加需要扩大对外开放。"⑥ 习近平明确指出："马克思主义政治经济学认为，人类社会最终将从各民族的历史走向世界历史。现在，我国同世界的联系空前紧密，我国经济对世界经济的影响、世界经济对我国经济的影响都是前所未有的。在经济全球化深入发展的条件下，我们不可能关起门来搞建设，而是要善于统筹国内

① 《马克思恩格斯选集》第一卷，人民出版社2012年版，第404页。
② 习近平：《共同构建人类命运共同体——在联合国日内瓦总部的演讲》（2018年1月18日），《人民日报》2018年1月20日。
③ 习近平：《共担时代责任，共促全球发展——在世界经济论坛2017年年会开幕式上的主旨演讲》，《人民日报》2017年1月18日。
④ 同上。
⑤ 习近平在中央财经领导小组第十六次会议上的讲话，《人民日报》2017年7月18日。
⑥ 习近平在十八届中央政治局第十九次集体学习时的讲话，《人民日报》2014年12月7日。

国际两个大局，利用好国际国内两个市场、两种资源。"①

第四，中国不断以积极的态度为经济全球化和全球治理的合理化提供可行路径。包括"一带一路"倡议等和实际行动的实施，体现中国致力于不断谋求推进经济全球化中的平等合作、共赢发展的进程。首先，"一带一路"倡议体现了世界发展的新思想、新路径。"一带一路"倡议"聚焦政策沟通、设施联通、贸易畅通、资金融通、民心相通，聚焦构建互利合作网络、新型合作模式、多元合作平台，聚焦携手打造绿色丝绸之路、健康丝绸之路、智力丝绸之路、和平丝绸之路"②，这里特别需要注意的是，其中的"民心相通"，充分反映了中国强调全球治理立足于民心，"国之交在于民相亲，民相亲在于心相通"③ 的理念。"只要我们牢固树立人类命运共同体意识，携手努力、共同担当，同舟共济、共渡难关，就一定能够让世界更美好、让人民更幸福。"④ 可见，"一带一路"倡议不是简单地复制历史，而是历史在现实世界发展中的重构与升华，是马克思主义发展理念的全球视野的重大开拓，其内涵及效应十分丰富，不仅对全球经济发展发挥协调带动作用，而且体现了对全球治理体系新基础的再造。其次，"一带一路"倡议非常契合当今全球经济面临的问题，有利于全球经济再平衡，实现互利共赢发展。习近平指出："以'一带一路'建设为契机，开展跨国互联互通，提高贸易和投资合作水平，推动国际产能和装备制造合作，本质上是通过提高有效供给来催生新的需求，实现世界经济再平衡。"⑤ 最后，"一带一路"倡议是包容开放的体系，这与历史上西方列强谋一己之私或搞小圈子的全球化考量截然不同。习近平指出："'一带一路'建设植根于丝绸之路的历史土壤，重点面向亚欧非大陆，同时向所有朋友开放。不论来自亚洲、欧洲，还是非洲、美洲，都是'一带一路'建设国际合作的伙伴。'一带一路'建设将由大家共同商量，'一带

① 习近平在十八届中央政治局第二十八次集体学习时的讲话，《人民日报》2015 年 11 月25 日。

② 习近平在出席推进"一带一路"建设工作座谈会上的讲话，《人民日报》2016 年 8 月18 日。

③ 习近平在"一带一路"国际合作高峰论坛开幕式上的讲话，《人民日报》2017 年 5 月15 日。

④ 习近平《共担时代责任，共促全球发展——在世界经济论坛 2017 年年会开幕式上的主旨演讲》，《人民日报》2017 年 1 月 18 日。

⑤ 习近平在出席推进"一带一路"建设工作座谈会上的讲话，《人民日报》2016 年 8 月18 日。

一路'建设成果将由大家共同分享。"① 因此，在中国顺应全球经济与全球治理发展的客观规律，所提出和实施的理念与行动的前面，任何不以全人类的福祉为诉求的狭隘思维及逆势作为，都终将被历史淘汰。

① 习近平在"一带一路"国际合作高峰论坛开幕式上的讲话，《人民日报》2017 年 5 月 15 日。

明斯基式危机还是马克思式危机？

——兼评明斯基与马克思理论的折中主义整合

崔学东

摘要 随着新自由主义危机主要以金融危机形式呈现，特别是 2008 年国际金融危机的爆发，明斯基的分析框架成为学术时尚。一种代表性的观点认为，当前危机源自金融领域而非现实经济，危机更像明斯基式危机（金融危机）而非马克思式危机（现实危机），最完善的资本主义金融分析理论来自明斯基而非马克思。然而，明斯基的理论体系缺陷显著，对危机认识过于狭隘，对停滞—金融化缺乏有效解释，因而试图整合马克思和明斯基理论体系也成为学界的一种时尚，认为两者的结合才是全面的资本主义危机理论。这种折中主义整合没有也不可能取得实质性结果，不仅在于它对马克思的理论体系存在认识偏见，更忽略了两者在方法论、理论体系和阶级立场上都不具有互补和兼容性。厘清两者关系，有利于科学把握当代资本主义矛盾及危机的性质，更好地坚持马克思主义。

关键词 明斯基 马克思 金融危机 现实危机 折中主义

当代资本主义停滞—金融化趋势与金融危机现象，使学术界热衷于用明斯基的理论从金融视角解释危机。金融危机前后，西方的长期停滞表明了危机的现实根源与性质，证实了明斯基金融不稳定假设的片面性和马克思危机理论的科学性。因此，试图整合马克思和明斯基创建一套折中主义的危机理论既不可行也缺乏实践意义。

［作者简介］崔学东，南开大学经济系副教授，南开大学中国特色社会主义协同创新中心兼职研究员。

一 马克思的现实与金融危机分析

质疑马克思的观点认为，马克思没有系统完整的危机理论，只有危机的现实而没有金融分析。显然，这是对马克思理论的曲解。的确，马克思并没有专辟危机分析，这或许是他未完成写作计划的一部分，或许是作为资本主义矛盾激化的必然结果和以生产力破坏来强制恢复平衡的机制，危机已融为《资本论》分析的组成部分，无须完整的危机理论。但正如医学是根据病理学而非药方来诊断病因一样，政治经济学是以解析社会基本矛盾及其规律来揭示危机根源和性质。马克思运用唯物辩证法和劳动价值论，揭示了资本主义生产方式的本质和矛盾，为认识危机奠定了科学的理论基础。

（一）从商品货币包含危机的可能性到危机的资本主义现实性

马克思运用劳动价值论、历史和逻辑相统一的方法，从商品生产交换的演变过程中揭示了货币起源和资本的产生。商品、货币和资本都是有着内在联系的价值范畴或社会关系。这一抽象分析的意义在于：揭示不以资本主义发展阶段为转移的基本矛盾和危机根源；剥离研究危机条件时的非本质因素。商品货币内在矛盾包含着危机的可能性。在简单商品经济下，这一矛盾体现在以获取使用价值为目的的"物物交换"只有在交换双方的需求彼此匹配才能进行。货币出现后，交换的"目的不是直接消费，而是谋取货币，谋取交换价值"①，危机的可能性就是"商品形态变化本身，也就是商品必须转化为货币"。② 作为流通和支付手段，货币分别使商品买卖发生时空分离，可能在一定期限内一系列支付不能实现，从而形成两种危机可能性形式。马克思强调，由流通手段引起的商品形态变化的第一种形式是根本性的，而执行信用和支付手段引起的第二种形式是次要的。没有第二种可能性，第一种可能性也会发生，但没有第一种可能性，却不可能发生第二种可能性。第二种形式下，不仅是一般商品卖不出去，还因为与一定期限卖出为基础的一系列支付不能实现。因此，只要危机

---

① 《马克思恩格斯全集》第46卷（上），人民出版社1979年版，第94页。
② 《马克思恩格斯全集》第26卷（中），人民出版社1979年版，第580—581页。

的发生是由于商品买卖分离，一旦货币执行支付手段职能，危机就会发展为货币危机。这表明，基于信用的支付手段危机是由现实危机派生的。这里，货币必须被理解为价值范畴（即便是信用货币）而非简单的流通或支付手段。在资本主义危机中，生产资本和商品资本都会贬值，只有货币被当作价值储藏或闲置起来（紧缩期间企业储备现金的所谓"流动性偏好"现象）。资产阶级经济学家承认资本过剩但否认商品生产过剩和普遍性危机的错误是将货币仅视为流通手段。马克思指出，在研究危机条件时，"过分注意从货币作为支付手段的发展中产生的危机的形式，是完全多余的"。① 一切货币经济都存在危机可能性，但简单商品经济下仅仅是可能性，有简单的货币流通，甚至有作为支付手段的货币流通——这两者早在资本主义生产以前很久就出现了，却没有引起危机。② 资本主义是普遍化的商品经济，全部商品都有转化为作为价值化身的货币的必要性和困难，其问题不在于使用价值，而在于交换价值，特别在于增加剩余价值。③

（二）现实危机与金融危机是根源与先兆或表现形式的关系

马克思概括了与现实危机对应的两类货币危机（马克思仅在通信和报刊撰稿中使用"金融危机"）：一类是"任何普遍的生产危机和商业危机的一个特殊阶段"；另一类被称为货币危机的特种危机，"可以单独产生，只是对工业和商业发生反作用。这种危机的运动中心是货币资本……它的直接范围是银行、交易所和金融"。④ 可见，马克思并不否认独立金融危机的存在。不过，通过对 19 世纪中后期国际金融经济危机的考察，马克思更强调从社会再生产过程考察危机的根源、传导机制和性质，批判肤浅的认为"每次危机的最明显的导火线就是引起每次危机的唯一可能的原因"⑤，将每次危机"都解释为第一次在社会地平线上出现的孤立现象"⑥，用过度投机、滥用信贷、滥发通货来解释危机。危机有规则地重复发生绝非个别人的轻率冒失，而是这种生产制度所固有的，投机"本

---

① 《马克思恩格斯全集》第 26 卷（中），人民出版社 1979 年版，第 588 页。
② 同上书，第 585 页。
③ 同上书，第 564—565 页。
④ 《马克思恩格斯文集》第 5 卷，人民出版社 2009 年版，第 162 页。
⑤ 《马克思恩格斯全集》第 26 卷（下），人民出版社 1979 年版，第 130 页。
⑥ 《马克思恩格斯全集》第 12 卷，人民出版社 1979 年版，第 607 页。

身就是结果和表现，而不是终极原因和实质"。金融恐慌只是普遍危机的预兆和先声，随着危机的深入，"占第一位的是工业危机，其次才是金融困难"。① "在货币市场上作为危机表现出来的，实际上不过是表现生产过程和再生产过程本身的失常"②，"金融市场的波动决不反映贸易危机的强度和规模"。③ 马克思和恩格斯预见到，随着大工业的集中和垄断，"经常的停滞加一些轻微的波动将成为现代工业的常态"④，大规模商业投机和与之联系的交易所投机日趋普遍，这使人们从金融市场观察工业和世界市场运动，用金融危机解释一切，但金融市场只是"头足倒立地反映出工业市场的运动"⑤，它会有自己的危机，但对认识工业进程及其周期毫无用处，金融危机本身"只是一种症候而已"。⑥ 马克思还强调从世界范围考察资本主义危机，批判单从一国立场出发考虑通货、信用和危机的关系。黄金输出（贸易逆差）只是危机现象，根源于普遍性的生产过剩在国与国之间形成的贸易失衡，并通过各国竞相提高利率刺激黄金回流而加剧危机。因此，世界市场危机必须看作是资产主义经济"一切矛盾的现实综合和强制平衡"⑦，资产主义生产的一切矛盾"在普遍的世界市场危机中集中地暴露出来，而在局部的危机中只是分散地、孤立地、片面地暴露出来"。⑧ 这一分析有助于我们理解当代失衡的全球生产体系与西方停滞—金融化趋势的关系。马克思还揭示了为何滥发货币、滥用信用成为对任何危机过分简单却极受欢迎的解释，为何任何金融干预都会失败？货币和信用不是纯内生的经济范畴，源于它维护私人资本权威的上层建筑属性。资产阶级经济学和官方"把危机解释为滥用信用，就等于把危机解释为资本流通的表现形式"⑨，既是回避现实经济矛盾，也将解决方案转向银行法等金融改革。这里，"信用制度固然是危机的条件之一，但是危机的过程所以和货币和流通有关系，那只是因为国家政权疯狂地干预调节

---

① 《马克思恩格斯全集》第 12 卷，人民出版社 1979 年版，第 362 页。
② 《马克思恩格斯文集》第 6 卷，人民出版社 2009 年版，第 352 页。
③ 《马克思恩格斯全集》第 12 卷，人民出版社 1979 年版，第 363 页。
④ 《马克思恩格斯全集》第 21 卷，人民出版社 1979 年版，第 216 页。
⑤ 《马克思恩格斯全集》第 37 卷，人民出版社 1979 年版，第 487 页。
⑥ 同上书，第 485 页。
⑦ 《马克思恩格斯全集》第 26 卷（下），人民出版社 1979 年版，第 582 页。
⑧ 同上书，第 610 页。
⑨ 《马克思恩格斯全集》第 49 卷，人民出版社 1979 年版，第 292 页。

货币流通的工作，从而更加加深了当前的危机"①，任何政府干预都不会消除危机。正像交易所把持着国家信用一样，银行操纵着商业信用，这种金融贵族专制使"一切公共利益服从于他们的利益……把国家看作只是用来增加他们财产的工具和财源"。②

（三）从货币资本积累与现实积累关系及发展趋势来揭示危机的金融形式倾向

凯恩斯主义视金融为食利、非生产性"不结果实"的资本，主张金融抑制并视其为危机之源。新古典主流经济学走向另一极端，强调金融推动而不会偏离实体经济发展，否认危机，主张金融自由化。马克思认为，货币资本积累与现实积累统一于资本积累和社会再生产的总过程，但其发展呈现不平衡和错配趋势。货币资本有三种形式：职能资本运动过程中的货币资本；在生产过程以外不归职能资本家所有的借贷货币资本；以股票证券等形式存在的虚拟货币资本。这三类货币资本形式的发展反映了资本试图绕过生产过程在流动中谋求增值的客观要求。其中，虚拟货币资本"完全不决定于它们所代表的现实资本价值"，是现实和预期乃至想象的收入资本化，是对生产的索取权的幻想的资本价值积累，因而它的积累总是比现实资本处于更大的扩张和收缩之中，更具投机和金融危机倾向。借贷货币资本积累与现实积累虽有联系但两者运动并不完全一致。它或是现实积累扩大的结果，因为生产过程的货币资本积累是后两种货币资本积累的基础；或与现实积累扩大相伴随但是完全不同因素造成的，如商业信用好转还不需要银行信用，甚至在没有现实积累的情况下，通过各种纯技术手段（银行业务集中和准备金的增加，以及当代的"证券化"手段）也能扩大借贷资本积累；或是现实积累停滞的结果，即产业资本停滞收缩，过剩的货币资本转化为借贷资本。总之，由于信用制度的发展，货币资本积累有超越现实积累的速度和规模的发展趋势，并使再生产过程的全部联系都以信用为基础，使资本主义整个机体对经济的周期波动高度过敏。因而表面看来，整个危机表现为信用和货币危机，而现实买卖超过社会需求才是整个危机的基础。

---

① 《马克思恩格斯全集》第 27 卷，人民出版社 1979 年版，第 193 页。
② 《马克思恩格斯全集》第 44 卷，人民出版社 1979 年版，第 45 页。

二 明斯基的金融不稳定假设及其缺陷

作为一名凯恩斯主义学者，明斯基试图用"金融不稳定假设"同时否定马克思的现实危机理论，以及西方主流经济学的"有效市场假设"。明斯基把资本主义危机排他性归因于金融不稳定，称"资本主义是内在缺陷的——但金融不稳定不必然导致大萧条"①，相信政府干预会阻止金融危机演变为现实危机。对于主流经济学宣扬资本市场自动出清，否认金融投机，为金融自由化辩护的"有效市场假设"，明斯基用从对冲、投机到庞齐融资并导致债务通缩危机的金融不稳定机制予以反驳。与主流经济学充斥均衡思维，用外生冲击解释经济波动，从而限制其危机预见能力的动态随机一般均衡理论相比，明斯基的金融脆弱性假设契合了以债务扩张和资产泡沫为特征的金融危机现象，这是明斯基的敏锐卓识并被人们重新重视的原因。但是，假设和危机征象的契合并不意味着揭示了危机根源及机制，他在理论和实证上没有揭示金融不稳定与危机的必然联系，其大政府大银行政策更具误导性。

（一）金融不稳定假设的理论体系存在严重缺陷

明斯基的基本逻辑是"稳定导致不稳定"，即金融危机是资本主义"经济正常运行的结果"。② 这里的正常运行指的是实体经济，它基于卡莱茨基的垄断加价投资利润理论，包含固定利润率和利润份额，投资决定利润的实体经济超级均衡假设。金融不稳定是企业在"动物精神预期"支配下，在增长、投资、杠杆的同向变动过程中，财务状况不断恶化并最终导致债务违约危机的过程。该理论体系首先遭到后凯恩斯主义内部的"合成谬误"质疑，即投资企业的支出也是生产资本品企业的收入，即便投资是债务融资，企业部门的总债务和总收入是均衡的，投资扩张与杠杆

---

① Minsky, "Can 'It' Happen Again?" *Essays on Instability and Finance*, Armonk, N. Y.: M. E. Sharpe, 1982, Vii.

② H. Minsky, *Stabilizing an Unstable Economy*, McGraw Hill (1986), 2008, p. 5.

率上升导致的不稳定只适用于微观而非宏观。[①] 换言之，金融不稳定的微观假设不存在宏观上的必然联系。实体部门均衡和金融不稳定也各自存在逻辑自洽矛盾。前者假定投资决定利润，但又用心理预期解释企业投资、杠杆率变动和财务状况的逆转，并强调政府赤字干预是企业利润的保障。投资决定利润的线性因果关系，进而固定利润率和利润份额的假设与经验事实不符，这正是马克思所批判的利润被视为全部资本产物的观点，掩盖了剩余劳动剥削，忽略了利润率下降趋势规律这个和垄断无关并导致投资和信贷波动的真正原因，并使明斯基对生产停滞趋势选择性失明。与马克思的现实资本与虚拟资本的显著区别不同，明斯基的两种价格体系中的资产既可以是生产资料也可以是金融债权，这也使他模糊了金融与现实经济关系。假定债务为生产投资融资也与逻辑和现实经验不符。垄断使盈利性投资机会稀少，利润无法再投资于生产领域，更不可能进行债务性质的生产融资。停滞是垄断资本主义的常态，这是金融领域成为吸收剩余资本并转向资本积累过程的金融化，金融投机日益强化的根源。正是意识到明斯基理论体系的上述缺陷，西方非主流经济学界对其不断加以整合和形式化处理，试图打造"马克思—凯恩斯—熊彼特—金德尔伯格—明斯基综合"。但从过去 20 多年的进展来看，这种整合是肤浅的，在许多方面没有达成一致，全面综合的体系尚未实现[②]，依然没有改变忽视阶级冲突和现实经济，片面关注金融不稳定的基本方向。[③] 由于明斯基及其支持者拒绝劳动价值论和利润率下降趋势规律，整合明斯基的金融凯恩斯主义与马克思的生产关系分析就缺乏可通约的理论基础。

（二）金融不稳定假设缺乏经验支持

明斯基的不稳定假设针对的是企业而非家庭和银行的杠杆化，不能解释新自由主义阶段以及 2008 年以家庭债务违约引发的危机。拉沃和斯坦

[①] Lavoie and Seccareccia, "Minsky's Financial Fragility Hypothesis: A Missing Macroeconomic Link?" In P. Ferri and R. Bellofiore (eds.), *Financial Fragility and Investment in the Capitalist Economy: The Economic Legacy of Hyman Minsky*, Volume II. Cheltenham: Edward Elgar, 2001, p. 83.

[②] Jonathan P. Goldstein, "Heterodox Macroeconomics: Crotty's Integration of Keynes and Marx", *Review of Radical Political Economics*, 40 (3), 2009, 300.

[③] Fred Moseley, "Marx, Minsky and Crotty on crisis in Capitalism", in Goldstein and Hillard (eds.), *Heterodox Macroeconomics: Keynes, Marx and Globalization*, London & New York: Routledge, 2009, 140, p. 144.

瑞秋的研究表明，并不存在增长/企业投资和杠杆率的机械同向变动关系。[1] 20 世纪 80 年代以来，发达国家企业部门出现投资率下降而利润率上升的现象，企业留存利润被用于股份回购或现金囤积而非实际投资，公司债务主要用于避税等金融工程目的。[2] 企业超过家庭成为发达国家最大的私人储蓄来源。一项关于美国企业的研究发现，美国非金融公司的净债务、资本存量比从 1960 年的 10% 增至 1990 年的 20%，但此后到 2008 年持续下降，不但净债务消失还成为其他部门的净债权人。[3] 这表明，在经济周期的上升期，企业未必承担额外债务从而陷入财务脆弱性，实证不支持明斯基不稳定假设逻辑，反而证实了马克思关于货币资本与现实积累关系的分析。企业利润稳定并过度储蓄与金融化、频繁的金融危机，表面上契合了金融不稳定是资本主义经济正常运行结果的结论，但在忽视生产片面关注金融的前提下，这种笼统粗糙的结论也妨碍了明斯基及其支持者对关键问题的深入探讨，即便该框架拓展到家庭、银行、政府和开放经济，仍限于从总需求和分配来解释所谓的投资—利润联系悖论。这个悖论意味着企业投资率下降、停滞与金融化或许是成熟/垄断资本主义的常态。金融化不过是对生产停滞的修复，是共生现象而非现实经济正常运行的结果，即便金融危机结束也不会扭转衰退趋势。甚至连西方主流经济学界也日益担心"长期停滞"将成为西方经济的新常态，并把焦点转向了技术与生产力方面，主张推动"再工业化"和"制造业回岸"来缓解停滞危机。因此，明斯基并没有揭示危机发生的真正机制和原因。

（三）"大政府"与"大银行"干预的局限性

明斯基开出的政策药方是以大政府（赤字支出）帮助企业恢复利润，防止经济萧条；以大银行即中央银行充当最后贷款人，向金融机构注资保护，防止金融崩溃。由于无视金融化是修复停滞危机的反应，该政策在凯恩斯主义、民族经济、工业增长、福特制下或许有短期效果，长期则引发

① Lavoie and Seccareccia, "Minsky's financial Fragility Hypothesis: A Missing Macroeconomic Link?" In P. Ferri and R. Bellofiore (eds.), *Financial Fragility and Investment in the Capitalist Economy: The Economic Legacy of Hyman Minsky*, Volume II. Cheltenham: Edward Elgar, 2001, pp. 76-96.

② UNCTAD, *Trade and Development Report*, 2016, pp. 142-144.

③ Bakir, E. and Campbell, A., "Neoliberalism, the rate of profit and the rate of accumulation", *Science and Society*, Vol. 74 (3), 2010, p. 332.

"滞胀"危机；在新自由主义、全球化、后福特制、金融资本主义下，对工人阶级没有产生"涓滴效应"，而是促进了企业和金融机构损失和风险的社会化，社会利益的私有化，助长了金融投机，金融脆弱性的固有倾向更趋强化。这一矛盾被称为"明斯基悖论"。[①] 事实上，新自由主义阶段的财政赤字与公债，扩张性货币政策力度都远高于凯恩斯主义时期，但既没有抑制住金融不稳定性，更强化了停滞—金融化困局。明斯基把问题片面归结于金融，开出的药方自然是治标不治本，尽管这更符合金融资本的利益。由于回避了阶级分析，明斯基的框架不能揭示新自由主义紧缩政策人为强化停滞来抑制工资物价，并通过社会保障私有化将家庭收入注入资本市场，从而使量化宽松的货币政策选择性的支持信贷扩张和资产价格泡沫的动机，不懂得新"滞胀"（停滞与资产价格膨胀）是金融化积累的需要。尽管明斯基反对主流的"有效市场假设"，但视"创造性毁灭"为金融创新机制，虽是金融体系的不稳定根源，但政府干预只会加剧不稳定，因而更倾向于政府干预和放松金融管制的结合。这与新古典主流经济学、西方银行家所主张的放纵金融泡沫、待泡沫破灭后对问题企业和金融机构进行注资善后的"杰克逊霍尔共识"毫无本质区别，完全站在金融资本立场上[②]，也有悖于传统凯恩斯主义的食利者安乐死主张。早在 20 世纪 50 年代，美国马克思主义经济学家保罗·马特克曾批判西方主流保守派和伪社会主义者怀着各自目的，把国家干预和社会主义等同起来，把马克思和凯恩斯混为一谈。对凯恩斯主义而言，国家干预是资本主义制度内改良的一部分，是挽救资本主义。马克思不是资本主义改良派，他更关注资本主义的废除。[③] 因此，像贝洛菲奥这样的西方左翼经济学家，主张通过融合明斯基和马克思来揭示"劳动对金融的真正从属"[④] 就显得颇为荒诞。

---

① R. Pollin and G. Dymski，"The Costs and Benefits of Financial Instability：Big Government Capitalism and the Minsky Paradox"，in G. Dymski and R. Pollin（eds.），*New Perspectives in Monetary Macroeconomics：Explorations in the Tradition of Hyman P. Minsky*，Ann Arbor，University of Michigan Press，1994，p. 26.

② 崔学东：《新古典主流经济学范式的演变与危机》，《学习与实践》2012 年第 5 期。

③ Paul Mattick，"Marx and Keynes"，*Western Socialist*，Boston，Nov. – Dec.，1955.

④ Riccardo Bellofiore，"Crisis Theory and the Great Recession：A Personal Journey，from Marx to Minsky"，*Revitalizing Marxist Theory for Today's Capitalism*，12，Mar（2015），p. 82.

三　停滞常态与金融危机倾向的结构性根源

　　大衰退终结了新"滞胀"，还原了危机的现实根源和性质，但争议依然存在，原因之一是新自由主义危机发生在利润率上升期，利润率相对稳定使人们更相信危机的金融而非现实根源，或者虽承认生产停滞，但认为这是金融化挤占了产业利润和生产投资所致，利润的产生日益通过金融渠道而非生产和流通，以生产积累为中心的生产过剩危机不再适用。问题是，抽象和疲软上升的一般利润率能否作为否认现实危机的依据。马克思没有明确将利润率下降作为危机根源，而是指出："在崩溃一下子到来之前，营业总是非常稳定，特别兴旺。"① 即便将其作为危机考量指标也要透视背后的结构性因素。正如马克思用"这里是罗陀斯，就在这里跳吧"的借喻一样，这里的结构性因素是人所共知的。

（一）金融化作为盈利性修复手段强化了危机以金融形式呈现

　　在生产积累停滞背景下，金融化的积累和盈利性修复为：一是依靠放松金融管制和宽松货币政策，刺激信贷和虚拟资本扩张；二是采取私有化一切公共资产、资源和服务等"剥夺式积累"，以公共财政收入的私有化及其资本化来放大金融市场。例如，通过公私合伙制，基础设施转化为能给私人资本带来收入流的金融资产，并使公共预算更加依赖私人债务融资。社会保障（教育、医疗、养老等）私有化则将家庭收入引向地产和资本市场，刺激信贷和资产泡沫。这些措施本质上都是将劳动收入转化为资本利润特别是金融利润来提高资本盈利性。这体现在西方金融部门利润比重上升，劳动收入比重持续下降以及公共债务的刚性增加，并部分地解释了新自由主义的投资—利润悖论。但金融化修复不可持续，必然以金融危机形式呈现。一是由于工资就业停滞、家庭债务加剧、工资份额下降，对劳动收入的金融剥夺难以持续，从而引发家庭债务违约危机；二是政府不断增加赤字和债务来抵消私人部门去杠杆的影响，或不断的私有化来增大金融资产泡沫，必然引发财政赤字与公债危机；三是金融化政策使利润分割更有利于食利资本，推动非金融企业"脱实向虚"，但产业资本家转

---

　　① 《马克思恩格斯文集》第七卷，人民出版社 2009 年版，第 549 页。

向货币资本家会加剧生产和投机资本的过剩，降低一般利润率和利息率。这是当前西方国家利率零下限下，公司"过度储蓄"而净投资持续下降的本质。

（二）全球化作为积累的空间修复手段加剧了西方生产停滞危机

全球化是西方国家输出过剩资本和产能，克服盈利性危机的重要手段，本土利润率的下降更加依赖海外高利润率来弥补。美国公司的海外利润占比从 1950 年的 5% 增至 2008 年的 38%，留存利润占比从 1950 年的 2% 增至 2000 年的 120%。① 日本企业的海外利润占比从 1997 年的 28.6% 增至 2008 年的 52.5%。② 在全球价值链分工中，跨国公司凭借对技术专利商标等知识产权的垄断、价值链分割和生产外包的控制，逐步剥离了直接生产过程和生产投入，资本结构趋于虚拟化，获得了空间流动和领域投入的自由，强化了其在资源、市场、劳动和管制上的套利优势，盈利性在无生产投资的情况下得以提高，并通过利息、利润、外汇储备从外围回流到中心的金融市场支撑其金融化。③ 因此，西方国家的生产停滞绝非金融化挤压，或利润在职能资本和生息资本之间的零和分配，这不能解释投资—利润悖论以及"利润产生于金融渠道而非生产"的金融化幻觉。金融资本不是摆脱而是更加依赖对来自外围生产利润的提取。同时，生产功能的剥离及其离岸外包也导致西方国家产业链体系的连带流失效应，加剧了产业空洞化和生产停滞危机。以产能利用率为例，美国全部工业部门的产能利用率从 1967 年的 89% 下降至 2009 年的 67%。④ 日本从 1968 年的 137% 降至 2009 年的 69%。⑤ 欧元区从 1989 年的 85% 降至 2009 年的 70%。⑥

（三）全球化强化了外围国家的生产过剩和金融危机倾向

新自由主义积累体制的特征是中心资本主义的金融化和生产积累的外围化。它在导致西方国家陷入"去工业化"和停滞常态陷阱的同时，也

---

① 根据美国经济分析局（BEA）NIPA 数据 Table 6.19B – D、Table 6.21B – D 计算整理。

② International trade and Foreign direct Investment：Global Strategy for Japanese Companies：Environment as a New Growth Engine，*JETRO White Paper* 2009，p. 89.

③ W. Milberg，"Shifting Sources and Uses of Profits：Sustaining US Financialization with Global Value Chains"，*Economy and Society*，2008，37，pp. 420 – 451.

④ https：//fred. stlouisfed. org/series/TCU/.

⑤ https：//tradingeconomics. com/japan/capacity – utilization.

⑥ https：//tradingeconomics. com/euro – area/capacity – utilization.

将世界工业生产的重心和生产过剩压力转向了广大外围世界，特别是那些高度依赖 FDI 和纳入全球价值链分工的新兴与发展中国家。这种外资依附出口工业化的片面性在于：跨国资本将外围关键制造业锁定在低附加值和劳动力成本竞争的生产加工环节，隔绝对外围民族产业链的前后联系与技术溢出效应，导致外围畸形繁荣的外资出口工业和相对落后甚至停滞"去工业化"的民族经济，但在统计上却产生了 GDP 增长、产业升级、高技术出口和贸易顺差幻觉。由于"早熟去工业化"和缺乏生产性投资机会，外围国家的过剩资本以及跨国投机资本不断涌入外围国家的房地产和金融领域，经济日趋杠杆化，出现"超前金融化"和所谓"明斯基时刻"逼近风险。这种依附工业化模式，一方面使外围国家的产能受世界市场需求波动而起伏动荡，在全球停滞背景下遇到产能过剩的压力；另一方面随着金融开放和跨国资本对外围金融部门的控制，以及跨国资本在外围形成的利息、利润、外汇储备的中心回流超过净资本流入，外围国家面临国际收支失衡和财政困难，其金融市场更容易受到资本逃逸和国际游资冲击并爆发金融危机。

四　总结与评价

明斯基把危机归因于资本主义，这使一些人像结合哥特式建筑和古典建筑一样，试图将他与马克思等同起来，构建一个折中主义理论来解释危机。折中主义之所以行不通，一是马克思和明斯基在方法论、理论体系和政策立场上完全不同，不具兼容和互补性。明斯基的非历史分析使其危机分析片面地停留在他所谓的"货币经理人资本主义"，他视金融而非现实经济为危机根源，回避了劳动价值论和雇佣剥削，实质是将问题归结于金融而非资本主义本身，而日益依赖投机杠杆支持的经济是不可修复的制度。[1] 明斯基基于华尔街银行家，而马克思站在劳动者立场。[2] 二是马克思的唯物史观和劳动价值论揭示了资本主义生产方式的性质和基本矛盾，

---

[1]　J. B. Foster and R. W. McChesney, "Listen Keynesian, It's the system! Response to Palley", *Monthly Review*, 2010, p. 61.

[2]　Guglielmo Carchedi, "Behind and Beyond the Crisis" *International Socialism Review*, Oct. 11, 2011.

使其危机分析经得起资本主义发展阶段的考验，无须融入庸俗理论成分。正如伊万诺娃所评价的，马克思的危机解释至少有两个方面优于明斯基：大衰退的起源不在于金融部门，而是加剧资本积累矛盾的失衡的全球生产体系；实践证明，相信社会问题有货币金融根源，并诉之于货币金融手段来解决是不可行的。[①]"停滞"是垄断资本主义的常态，虚拟资本背离和超越现实资本积累是资本摆脱"僵硬性"束缚，谋求流动性和增殖性相统一的结果，不仅使危机更多以金融形式呈现，也是垄断资本社会化其风险和损失的手段。

① N. Maria Ivanova, "Marx, Minsky, and the Great Recession", *Review of Radical Economics*, 2012, 45 (1), pp. 60 – 61.

《资本论》第二版跋中的科学批判

陈俊明

摘要 《资本论》的副标题是政治经济学批判，它与正标题所展示的理论再现紧密联系，相辅相成。这种批判贯穿全书，也贯穿在《资本论》的第二版跋中。从批判的角度来理解领会第二版跋，当可更深入地领会马克思科学批判的原则、方法及表达。首先，坚持历史分析，联系不同的历史阶段来评判客观的资本运动和主观的资产阶级经济学。其次，坚持辩证分析，用以占有思想材料，分析其各种发展方式，探寻这些形式的内在联系。最后，采取多种方法来表现理论的批判性，包括直接的和间接的批判。并且还对粗俗的表象、观念加以科学的改造，将它们转变为科学的范畴。

关键词 《资本论》 第二版跋 科学批判

政治经济学批判贯穿《资本论》全书，当然也贯穿它的序言和跋中。与《资本论》第一版序言侧重阐明和批判客观对象有所不同，第二版跋则突出批判的方法：首先是历史方法，区别对待不同发展阶段、国家的资本运动和资产阶级经济学；其次是研究方法，批判要坚持唯物辩证法；最后是叙述方法，追求通俗易懂、连贯一体的叙述，在叙述中对资产阶级经济学进行直接的批判和间接的批判。这些都是极为重要的理论资源，具有深刻的理论意义和现实意义。

[作者简介] 陈俊明，经济学博士，泉州师范学院经济研究所教授，博士生导师。

一 区别对待不同发展阶段、国家的资本运动、资产阶级经济学

历史唯物主义强调，任何社会过程都是历史发展的，而历史发展又是有阶段的。马克思看待、批判资本主义，秉持的就是这种观点、方法。据此，在《资本论》第二版跋中，马克思不仅强调资本主义是"历史上过渡的发展阶段"，而且这个大过程本身也有不同的发展阶段。发展阶段不同，社会的主要矛盾当然不同，它决定着被主要矛盾制约的社会经济发展状况带上阶段的特征，也决定着不同阶段的统治阶级思想、理论存在一定的差异。当然，也体现了资本主义社会是从较低阶段上升到较为发达阶段的必然性、逻辑，因而也体现了资本主义的自我批判。在资本主义的不同发展阶段，无产阶级对资本主义、资产阶级及其经济理论的态度也有不同。

决定这些不同发展阶段的，是生产力发展的升级以及社会主要矛盾的转换。就英国而言，1820—1830 年，资本主义进入较为发达阶段的特征还不很明显，一方面，"大工业刚刚脱离幼年时期；大工业只是从 1825 年的危机才开始它的现代生活的周期循环，就证明了这一点。另一方面，资本和劳动之间的阶级斗争被推到后面：在政治方面是由于纠合在神圣同盟周围的政府和封建主同资产阶级所领导的人民大众之间发生了纠纷；在经济方面是由于工业资本和贵族土地所有权之间发生了纷争"。只是到"1830 年，最终决定一切的危机发生了"。[①]

在这里，马克思告诉读者，《资本论》研究的对象是历史发展的，即使是典型对象，也有其"幼年时期"和"资本主义生产的一定成熟阶段"[②]，或者说，有其初级阶段和较为发达阶段。弄清对象有不同的发展阶段很重要，它意味着对象是通过阶段上升实现历史发展的，也包含这样的提示：他要再现的主要是较为发达阶段的对象，要批判的也主要是这一阶段的对象。由于这种上升是资本借助生产力的发展、通过自身的力量而

---

① 《资本论》第一卷，人民出版社 1975 年版，第 16—17 页。
② 同上书，第 331 页。

实现的，是资本在一定的时期内还具有自我革新、自我批判的表现，所以，马克思的科学批判也包含客观地反映对象的这种自我批判。

在这里，马克思还告诉读者，大约在 1830 年以后，英国社会的主要矛盾已经从封建主同资产阶级、贵族土地所有权同工业资本之间的矛盾上升为资产阶级和无产阶级之间的矛盾。

政治是经济的集中表现，当"法国和英国的资产阶级夺得了政权。从那时起，阶级斗争在实践方面和理论方面采取了日益鲜明的和带有威胁性的形式"。① 这些论述，将典型对象置于更为具体的条件下来研究，这也是不可忽略的。虽然在《资本论》中，还没有实际结合，但也是以政权等上层建筑的存在和影响为前提的。只有这样，典型对象才是有"骨骼""有血有肉"的。②

资本主义的阶段上升，资产阶级对工人的剥削统治程度也随之提升。所以，对它的科学批判也有所不同。由于西欧资本主义国家分别处于不同的发展阶段，对它们的批判也应有所不同。在这里，马克思还指出，德国的资本主义经济发展比英国晚，所以，"在资本主义生产方式的对抗性质在法英两国通过历史斗争而明显地暴露出来以后，资本主义生产方式才在德国成熟起来"。③

与此相适应，不同国家的资产阶级经济学也各有不同。在这里，马克思不仅区分了英国的和德国的两部分，对英国这一部分又以阶级斗争状况区分为两个不同时期。"英国古典政治经济学是属于阶级斗争不发展的时期的。它的最后的伟大的代表李嘉图，终于有意识地把阶级利益的对立、工资和利润的对立、利润和地租的对立当作他的研究的出发点，因为他天真地把这种对立看作社会的自然规律。这样，资产阶级的经济科学也就达到了它的不可逾越的界限。"④ 但李嘉图有意无意地将阶级矛盾当成自然现象，将它永久化而无意研究它的原因和斗争的条件，不仅表明他天然地具有错误的历史观，葬送了其理论进一步发展的可能，也在根本上导致其理论错误的产生。显然，李嘉图的科学研究中，已经内在地包含着错误的倾向。在他之后，资产阶级经济学就彻底走向庸俗化了。

---

① 《资本论》第一卷，人民出版社 1975 年版，第 17 页。
② 《列宁选集》第一卷，人民出版社 1995 年版，第 9 页。
③ 《资本论》第一卷，人民出版社 1975 年版，第 19 页。
④ 同上书，第 17 页。

从马克思的分析可以看出，来自资本运动内部的客观批判，使各个阶段资产阶级学者的经济理论陷入困境。在生产力转型发展进入一个新的阶段，资本运动从 1825 年的危机开始了它的现代生活的周期循环，这些客观条件的变化导致资本运动也随之发生变化，需要有新的理论来解释新阶段的新现象，但是，原有的资产阶级古典经济学却故步自封，以至于破产，并成了整个资产阶级经济学庸俗化的催化剂。而法国和英国的资产阶级夺得了政权之后，"阶级斗争在实践方面和理论方面采取了日益鲜明的和带有威胁性的形式。它敲响了科学的资产阶级经济学的丧钟。现在问题不再是这个或那个原理是否正确，而是它对资本有利还是有害，方便还是不方便，违背警章还是不违背警章。不偏不倚的研究让位于豢养的文丐的争斗，公正无私的科学探讨让位于辩护士的坏心恶意"。① 从此，庸俗化资产阶级经济学就成了主流了。

因此，马克思确定地说："只要政治经济学是资产阶级的政治经济学，就是说，只要它把资本主义制度不是看作历史上过渡的发展阶段，而是看作社会生产的绝对的最后的形式，那就只有在阶级斗争处于潜伏状态或只是在个别的现象上表现出来的时候，它还能够是科学。"② 一旦资本主义进入较为发达阶段，情况就必然发生变化。实际上，也有一些先知先觉的人，已经看到了这一点。"在李嘉图活着的时候，就有一个和他对立的人西斯蒙第批判资产阶级的经济科学了。"③

但庸俗经济学家也并非铁板一块，马克思还发现，也有一些"还要求有科学地位、不愿单纯充当统治阶级的诡辩家和献媚者的人，力图使资本的政治经济学同这时已不容忽视的无产阶级的要求调和起来。于是，以约翰·穆勒为最著名代表的毫无生气的混合主义产生了"。④ "在这种情况下，资产阶级政治经济学的代表人物分成了两派。一派是精明的、贪利的实践家，他们聚集在庸俗经济学辩护论的最浅薄的因而也是最成功的代表巴师夏的旗帜下。另一派是以经济学教授资望自负的人，他们追随约·穆勒，企图调和不能调和的东西"。⑤ 可见，马克思对庸俗经济学并非"一

---

① 《资本论》第一卷，人民出版社 1975 年版，第 17 页。

② 同上。

③ 同上。

④ 同上。

⑤ 同上书，第 18 页。

棍子打死"，对约翰·穆勒，多少还是有一点怀有好感。至少他还有独立
的人格，"不愿单纯充当统治阶级的诡辩家和献媚者"，因而还能看到并
承认无产阶级的要求，看到资产阶级对这种要求的拒斥，而力图将两者调
和起来。在自由资本主义仍然上升的阶段，这种混合主义对资产阶级阶级
的影响是微不足道的，而对无产阶级则具有腐蚀、欺骗的作用。在阶级斗
争接近尖锐化的时候，这种腐蚀和欺骗的作用也越大。

　　在这里，马克思还突出地批判了德国的资本运动和与其相适应的资产
阶级经济学的落后。因为德国的经济与英国相比出于不同的经济时代。
"在资本主义生产方式的对抗性质在法英两国通过历史斗争而明显地暴露
出来以后，资本主义生产方式才在德国成熟起来……因此，当资产阶级政
治经济学作为一门科学看来在德国有可能产生的时候，它又成为不可能
了"。"德国人在资产阶级经济学衰落时期，也同在它的古典时期一样，
始终只是学生、盲从者和模仿者，是外国大商行的小贩。德国社会特殊的
历史发展，排除了'资产阶级'经济学在德国取得任何独创的成就的可
能性，但是没有排除对它进行批判的可能性。"① 因为这个时候的德国无
产阶级比德国资产阶级在理论上已经有了更明确的阶级意识。

　　马克思客观地说：在德国，直到现在，政治经济学一直是外来的科
学。德国的"专家还是命运不好。当他们能够公正无私地研究政治经济
学时，在德国的现实中没有现代的经济关系。而当这种关系出现时，他们
所处的境况已经不再容许他们在资产阶级的视野之内进行公正无私的研究
了"。之所以这样，客观上是因为它生不逢时。只是从 1848 年起，资本主
义生产在德国才迅速地发展起来，1848 年以前，在德国的现实中没有现
代的经济关系。经济关系也不够发达，存在决定意识，"不太发达的德国
经济关系必然要在头脑里产生混乱"②，不可能产生现代的资产阶级经济
学。1848 年以后，"他们所处的境况已经不再容许他们在资产阶级的视野
之内进行公正无私的研究了"。③ 如果从主观上看，则有立场和方法等问
题。德国的资产阶级经济学并非独创，而是从英国那里贩来的。马克思这
样评论："别国的现实在理论上的表现，在他们手中变成了教条集成，被
他们用包围着他们的小资产阶级世界的精神去解释，就是说，被曲解

　①　《资本论》第一卷，人民出版社 1975 年版，第 19 页。
　②　《马克思恩格斯〈资本论〉书信集》，人民出版社 1976 年版，第 159 页。
　③　《资本论》第一卷，人民出版社 1975 年版，第 16 页。

了。"正因为这样，它不仅把英法等国的资本理论教条化，还用"小资产阶级世界的精神"来曲解，形成了大资产阶级和小资产阶级思想的大杂烩。而且，德国的资产阶级学者"不能把在科学上无能为力的感觉完全压制下去，他们不安地意识到，他们必须在一个实际上不熟悉的领域内充当先生，于是就企图用博通文史的美装，或用无关材料的混合物来加以掩饰。这种材料是从所谓官房学……抄袭来的"①，是各种知识材料的混合物。恩格斯也说："这种著作就其乏味、肤浅、空洞、冗长和抄袭情况来说，只有德国的长篇小说才能与之相比。"②

马克思联系英国、德国当时的资本运动不同时期的状况来评判这两国的资产阶级经济学，这是很有意义的。它表明，任何经济思想都是当时经济发展状况的某种反映。马克思曾说：每一个原理都有其出现的世纪。当然这里指的是正确的原理。

二　科学方法的批判性

在第二版跋中，马克思比较集中地介绍了他应用的方法，其中同样洋溢着浓浓的批判性。

在第一版序言中，马克思已经说明，经济学的研究需要抽象力。但对这种抽象力及其运用，那里还没有充分的阐述。在这里，他进一步指出，这种抽象力，实际上就是一种理论思维能力。当然，这种能力的运用还需一定的方法，而运用思维能力的主体对思维与存在的不同看法，又形成这种方法的基础。换句话说，有奠定在唯物主义基础上的，也有奠定在唯心主义基础上的思维方法。

在马克思看来，思维方法不仅有唯物的、唯心的、辩证的、素朴的或经验的等不同，因为教育、社会流传、自身发展需要等原因，还有阶级的区别，甚至还有历史发展阶段的区别。在第二版跋中，他特地引用一个维也纳的工厂主迈尔在普法战争期间发行的一本小册子中的话："被认为是德国世袭财产的卓越的理论思维能力，已在德国的所谓有教养的阶级中完

---

① 《资本论》第一卷，人民出版社 1975 年版，第 15 页。

② 《马克思恩格斯选集》第二卷，人民出版社 1995 年版，第 37 页。

全消失了，但在德国工人阶级中复活了。"① 尽管迈尔是工厂主，骨子里蔑视工人阶级，认为他们不配拥有卓越的思维能力，但他却不得不承认，德国的工人阶级已经拥有这种卓越的理论思维能力，并发出"所谓有教养的阶级"丧失卓越理论思维能力的哀叹。这表明，思维能力是有阶级性的，其发展是有阶段性的，是可被批判继承的。从时间上看，这本著作发表于1871年，其时《资本论》已经出版了好几年。所以，这个工厂主最感到可怕的，是这种卓越的理论思维能力在代表工人阶级的马克思《资本论》中复活。显然，马克思对此不仅是赞同的，在借此强调理论思维能力及其品位的重要性的同时，还以德国工人阶级继承了这种能力而感到由衷的高兴。实际上，也是由此表示，《资本论》就是"卓越的理论思维能力"的具体运用。同样面对"所谓有教养的阶级"丧失卓越理论思维能力，工厂主迈尔表明的只是一种哀叹，马克思则是用《资本论》这样的重磅武器来标榜这种能力的复活，表达了对"所谓有教养的阶级"理论思维能力消失的批判。

在工人阶级中复活的卓越的理论思维能力，实际上就是马克思运用的唯物辩证法。它是在对诸种错误思维方式的科学批判基础上建立起来的。主要是批判黑格尔辩证法的唯心性和神秘性。

在第二版跋中，他明确地说："将近三十年以前，当黑格尔辩证法还很流行的时候，我就批判过黑格尔辩证法的神秘方面。"指出黑格尔的"辩证法，在其神秘形式上，成了德国的时髦东西，因为它似乎使现存事物显得光彩"。② 但这种神秘性妨碍了这种辩证法的普及推广，更不能改变现存事物失色的命运。不过，他并不因此而将它完全否定，他发现："辩证法在黑格尔手中神秘化了，但这决不妨碍他第一个全面地有意识地叙述了辩证法的一般运动形式。在他那里，辩证法是倒立着的。必须把它倒过来，以便发现神秘外壳中的合理内核。"③ 在对它进行根本性的批判和改造之后，他创立了唯物辩证法："我的辩证方法，从根本上来说，不仅和黑格尔的辩证方法不同，而且和它截然相反。在黑格尔看来，思维过程，即他称为观念而甚至把它变成独立主体的思维过程，是现实事物的创造主，而现实事物只是思维过程的外部表现。我的看法则相反，观念的东

———————————

① 《资本论》第一卷，人民出版社1975年版，第15页。
② 同上书，第25页。
③ 同上。

西不外是移入人的头脑并在人的头脑中改造过的物质的东西而已。"① 无疑，这种颠倒就是一种批判，是一种解构，因为有批判，不仅出发点截然相反，而且整个理论体系也被马克思重构了。

由此观之，马克思的辩证法，首先是客观唯物的。它虽然是思维着的头脑的产物，但并不是"自我产生着的概念的产物，而是把直观和表象加工成概念这一过程的产物"。② 作为工人阶级的科学思维，客观唯物的性质最为根本。在《资本论》第二版跋中，马克思说得更明确："我的辩证方法，从根本上来说，不仅和黑格尔的辩证方法不同，而且和它截然相反。在黑格尔看来，思维过程，即他称为观念而甚至把它变成独立主体的思维过程，是现实事物的创造主，而现实事物只是思维过程的外部表现。我的看法则相反，观念的东西不外是移入人的头脑并在人的头脑中改造过的物质的东西而已。"③ 不言而喻，这种特性是对黑格尔"实证唯心主义"④ 的根本性批判。

其次，它是历史的，要反映对象历史发展的逻辑。关于理论历史性的重要意义和马克思在这方面的批判，恩格斯有很深刻的评论："黑格尔的思维方式……有巨大的历史感作基础。形式尽管是那么抽象和唯心，他的思想发展却总是与世界历史的发展平行着，而后者按他的本意只是前者的验证。真正的关系因此颠倒了，头脚倒置了"不过，"他是第一个想证明历史中有一种发展、有一种内在联系的人……他的基本观点的宏伟，就是在今天也还值得钦佩。"恩格斯认为："这个划时代的历史观是新的唯物主义观点的直接的理论前提，单单由于这种历史观，也就为逻辑方法提供了一个出发点。"⑤ 也就是说，这种逻辑本身就是历史的。但这种历史，不是像历史书籍那样叙述历史，而是以逻辑的方式反映客观对象的历史发展，包括其中包含的发展逻辑。换句话说，逻辑过程本身以自身的逻辑与历史统一，来逻辑地反映客观对象发展过程的逻辑与历史统一。显然，这与黑格尔的逻辑与历史统一的方法是有区别的。

最后，它是辩证的，因而是批判的。一般而言，辩证法强调矛盾的对

---

① 《资本论》第一卷，人民出版社 1975 年版，第 25 页。
② 《马克思恩格斯全集》第 46 卷（上），人民出版社 1979 年版，第 39 页。
③ 《资本论》第一卷，人民出版社 1975 年版，第 24 页。
④ 《马克思恩格斯文集》第一卷，人民出版社 2009 年版，第 510 页脚注。
⑤ 《马克思恩格斯选集》第二卷，人民出版社 1995 年版，第 42 页。

立统一，突出运动和普遍联系，但这是从一般的意义来说的。而在研究资本运动的时候，就不能只作一般的对立统一分析、普遍联系分析，因为马克思并不满足于一般地阐明资本运动的矛盾，而是要揭示资本运动为何、如何被否定的。所以，在第二版跋中，马克思说："辩证法，在其合理形态上，引起资产阶级及其夸夸其谈的代言人的恼怒和恐惧，因为辩证法在对现存事物的肯定的理解中同时包含对现存事物的否定的理解，即对现存事物的必然灭亡的理解；辩证法对每一种既成的形式都是从不断的运动中，因而也是从它的暂时性方面去理解；辩证法不崇拜任何东西，按其本质来说，它是批判的和革命的。"① 虽然从肯定到否定，也是对立统一分析，但它突出了否定、批判和革命的品格，因而与黑格尔的辩证法彻底划清了界限，从而引起了资产阶级及其学者恼怒和恐惧，让无产阶级学会和掌握批判及必要的武器。如果只是一般地分析资本运动的矛盾，资产阶级及其代言人也有做过，虽然做得不好，所以，不会因马克思的矛盾分析而感到恼怒和恐惧的。

最重要的，它是无产阶级的。在社会经济领域中，社会批判绝非个人的事情，能够对一定对象进行彻底科学批判的人，除他个人的各种素质、品质外，还一定有自己的阶级立场。在阶级社会中，来自对立阶级的批判才是最令人恐惧的。而无产阶级以它所处的特殊地位和利益、以它所拥有的最广大的人数、以它是最先进生产力的代表，它具有最广阔的视野、最深的洞察力，对资产阶级及其制度的刻骨仇恨，具有最强的批判精神和力量。一方面，它的队伍需要扩大，因而需要有自己的代表，以便能够掌握和运用这种辩证唯物的逻辑思维来再现客观对象；另一方面，马克思也自觉自愿地站在无产阶级的立场上，代表它对旧的所有制关系以及由此产生的观念进行批判。他曾在给友人的信中说："工人阶级永远可以把我当作一个忠诚的先锋战士。"② 在这里，他又自豪地宣称："就这种批判代表一个阶级而论，它能代表的只是这样一个阶级，这个阶级的历史使命是推翻资本主义生产方式和最后消灭阶级。这个阶级就是无产阶级。"③

这样的科学思维方式，显然是对资产阶级经济学家非科学的思维方式的批判。对这种思维方式，恩格斯给予极高的评价："马克思对于政治经

① 《资本论》第一卷，人民出版社 1975 年版，第 24 页。
② 《马克思恩格斯〈资本论〉书信集》，人民出版社 1976 年版，第 189 页。
③ 《资本论》第一卷，人民出版社 1975 年版，第 18 页。

济学的批判就是以这个方法作基础的，这个方法的制定，在我们看来是一个其意义不亚于唯物主义基本观点的成果。"①

在这里，马克思还特地阐述了科学研究方法：研究必须充分地占有材料，分析它的各种发展形式，探寻这些形式的内在联系。这一句话，似乎很直白，实际上包含着很多玄机，不能作一般化理解。只要联系这一说明的上下文，即它是在俄国学者考夫曼的一大段评论之后提出的，就应该意识到，这种研究方法的实质既是实证的，还是辩证的、历史的。

关于"充分占有材料"，指的不仅仅是思想材料，还有实际材料。思想材料包含当时的材料，也包括思想史的材料。占有思想史材料，既可以了解前人对相关问题的不同看法，也可以由此透视他们研究的客观对象的发展。至于实际材料，那就看研究者的立场和眼界了。站在资产阶级的立场上，看到的是别的企业如何赚钱，看到的是眼前的事情。但站在无产阶级的立场上，则眼界开阔、长远，既注意一国的情事，又联系世界的情势，还会因为自身的发展、与其他阶级的联系的发展，还要注意经济的发展史。要真正了解资本运动，就一定要了解它的发展史。当然，实际材料经过处理后都变成了思想材料，但它在理论过程中发挥的作用非常重要。马克思说："思维过程本身是在一定的条件中生长起来的，它本身是一个自然过程。"② 所以，充分占有和研究材料，是思维过程发展的重要条件。这些条件包含客观条件和理论条件，其中客观条件主要是内外资本运动的具体状况。换言之，思想材料包括过往的经济思想史的和经济史的材料，包括当时的经济思想和经济状况材料。一般来说，材料越充分，研究越可靠。不过，材料是不断发掘和增加的，而且良莠并存。正如恩格斯所说："历史常常是跳跃式地和曲折地前进的，如果必须处处跟随着它，那就势必不仅会注意许多无关紧要的材料，而且也会常常打断思想进程；并且，写经济学史又不能撇开资产阶级社会的历史，这就会使工作漫无止境，因为一切准备工作都还没有做。"③ 所以，占有材料还得科学地处理材料，将无关宏旨、可能引起思维混乱的各种材料撇开。但是，对经济研究来说，最重要的是抓准、将眼界放宽。这可以从考夫曼的评论中看出。他不

---

① 《马克思恩格斯选集》第二卷，人民出版社 1995 年版，第 43 页。
② 《马克思恩格斯〈资本论〉书信集》，人民出版社 1976 年版，第 282 页。
③ 《马克思恩格斯选集》第二卷，人民出版社 1995 年版，第 43 页。

仅在这一段评论中把马克思运用的实际方法描述得相当恰当①，而且还从必然性变化的角度相当精准地论述了《资本论》的基本思想："马克思竭力去做的只是一件事：通过准确的科学研究来证明一定的社会关系秩序的必然性，同时尽可能完善地指出那些作为他的出发点和根据的事实。为了这个目的，只要证明现有秩序的必然性，同时证明这种秩序不可避免地要过渡到另一种秩序的必然性就完全够了，而不管人们相信或不相信，意识到或没有意识到这种过渡。"② 虽然考夫曼没有明确地分析马克思是如何进行实证的科学研究，但我们从中却可以发现，马克思所运用的材料不是共时态的，而是历时态的，不是阶段性的，而是过程性的。

考夫曼作为一个资产阶级学者，从心底里根本不可能赞同马克思的价值观和理论倾向，但他却根据对《资本论》第一卷、《政治经济学批判序言》的深入理解，能够认识到这一点，并且认可这一点，的确表明他有一定的理论良知，也表明马克思的这种历史观体现了一种无与伦比的科学逻辑，有巨大的说服力、影响力。他还肯定："马克思给自己提出的目的是，从这个观点出发去研究和说明资本主义经济制度，这样，他只不过是极其科学地表述了任何对经济生活进行准确的研究必须具有的目的……这种研究的科学价值在于阐明了支配着一定社会机体的产生、生存、发展和死亡以及为另一更高的机体所代替的特殊规律。马克思的这本书确实具有这种价值。"③ 尽管考夫曼不适应"德国辩证法"的叙述方式，但却十分了解这种叙述中透露的基本思想，并公正地承认这本书的科学价值。可见，只有正确理解马克思的科学方法，才能深入理解马克思的基本思想和基本逻辑。

无数人读过《资本论》《〈政治经济学批判〉序言》，也都站在无产阶级的立场上，对其中关于历史唯物主义的话都很熟悉，但绝大多数人对《资本论》《〈政治经济学批判〉序言》的认识还达不到考夫曼的水平。这也是很值得深思的。

充分占有材料，不仅是研究资本运动实际过程的需要，而且也是论证过程客观性的需要。在论证中，不但要有丰富的历史资料，而且时时要有实证材料的验证。正如恩格斯所说："采用这个方法时，逻辑的发展完全

---

① 《资本论》第一卷，人民出版社 1975 年版，第 23 页。
② 同上书，第 20 页。
③ 同上书，第 23 页。

不必限于纯抽象的领域。相反，它需要历史的例证，需要不断接触现实。因此这里插入了各种各样的例证，有的指出各个社会发展阶段上的现实历史进程，有的指出经济文献，以便从头追溯明确作出经济关系的各种规定的过程。"①

充分占有思想材料，还意味着科学处理的必要。古典经济学如李嘉图之辈也曾收集了不少的思想材料，但有基于唯心史观，不能很好地筛选处理，以至于将孤立的猎人、渔夫与 1817 年伦敦交易所通用的年息表联系起来。马克思批判了他的错误。当然，在注意将收集到的各种材料进行分类。首先，将关于"资本的形成史"② 和"已经形成的、在自身基础上运动的资产阶级社会"③ 的材料分开。研究不能"胡子眉毛一把抓"，在选定了研究对象之后，还要按照一定的逻辑来处理它们，以及它们运动的各种条件，将它们分门别类，安排它们各自的出场次序以及上升条件。也就是说，先要对有关后者的材料进行去粗取精、去伪存真的改造制作，即马克思所说的"经过更切近的规定"。④ 再从总体中抽出个别、从复杂中提取简单、从高级回溯低级，这就必须运用抽象力。否则，将复杂的对象、条件与简单的对象条件混搭在一起，即使在某种意义上能获得一些共同的规定，但也是不科学的。17 世纪的经济学家从生动的整体、人口、民族、国家、若干国家等开始；虽然他们最后从分析中找出一些具有决定意义的抽象的一般的关系，如分工、货币、价值等，但并不完全科学。所以，马克思说："例如在经济学上从作为全部社会生产行为的基础和主体开始，似乎是正确的。但是，更仔细地考察起来，这是错误的。"⑤

关于"分析它的各种发展方式"，当然是指客观对象的发展方式。考察对象的发展方式，是立足当时，追溯以往，放眼未来。换句话说，就是从其起点开始，将起点与现实、未来联系起来。这是资产阶级学者不愿意做并感到疑惑的，他们囿于其唯心史观，将资本主义当成是自然的过程，因而不会去考察它的发展方式。所以，这样的研究，就包含着对资产阶级经济学的批判和超越。在《资本论》中，客观对象是历史发展的，有不

---

① 《马克思恩格斯选集》第二卷，人民出版社 1995 年版，第 45 页。
② 《马克思恩格斯全集》第 46 卷（上），人民出版社 1979 年版，第 456 页。
③ 同上书，第 206 页。
④ 同上书，第 37 页。
⑤ 同上。

同的但又彼此连续的发展阶段。正如恩格斯所说："我们的理论……是一连串互相衔接的阶段的那种发展过程的阐明。"①

就以对价值形式的研究为例，它涉及许多实证材料和理论材料。实证材料就是在历史上早已发生的商品交换：X 量商品 A = Y 量商品 B，以及在此基础上发展起来的货币、资本等特殊形式。正是在这个问题上，资产阶级学者却熟视无睹。"象亚当·斯密和李嘉图，把价值形式看成一种完全无关紧要的东西或在商品本性之外存在的东西。这不仅仅因为价值量的分析把他们的注意力完全吸引住了。还有更深刻的原因。劳动产品的价值形式是资产阶级生产方式的最抽象的、但也是最一般的形式，这就使资产阶级生产方式成为一种特殊的社会生产类型，因而同时具有历史的特征。因此，如果把资产阶级生产方式误认为是社会生产的永恒的自然形式，那就必然会忽略价值形式的特殊性，从而忽略商品形式及其进一步发展——货币形式、资本形式等等的特殊性。"② 显然，分析对象的发展形式，与批判对象是紧密联系的。

关于"探寻这些形式的内在联系"，至少应该包含两方面的意思：一是各种形式的内在联系；二是这些形式的内在联系。占有材料、分析其发展方式，只是研究的手段，其进一步的目的是揭示其内在联系。但是，内在联系有很多侧面、层面、阶段，所以，需要有科学的方法，才能揭示和连接。

在经济思想史上，斯密、李嘉图等也有意于此，也运用了一定的抽象力，并发现、描述了价值规律、资本运动规律，这些都可以说是内在联系。但是，他们的抽象力运用存在问题，一方面，是"抽象力不足"，"抽象还不够深刻，不够完全"③，没有将该抽象的因素抽象掉，"还没有把问题在初级形式上解决，就先在复杂化了的形式上进行探讨"④，结果所揭示的内在联系并不彻底、科学；另一方面，在李嘉图克服前人不重视各种形式内在联系之间的关系的弊病之后，又企图将它们直接联系起来，即将比较具体的关系也强制地当成比较抽象的关系，并强行将它与比较抽

---

① 《马克思恩格斯〈资本论〉书信集》，人民出版社 1976 年版，第 475 页。
② 《资本论》第一卷，人民出版社 1975 年版，第 98 页脚注（32）。
③ 《马克思恩格斯全集》第 26 卷（中），人民出版社 1973 年版，第 112 页。
④ 《马克思恩格斯全集》第 13 卷，人民出版社 1963 年版，第 47 页。

象的关系联系起来，也就是说，"他的抽象是形式的，本身是虚假的"。①
以致前后不同形式的内在联系之间的联系中断。

马克思在批判斯密和李嘉图错误或不足的时候，也发现他们研究的意
义。在此基础上，他对有关客观对象的材料进行了一系列的科学处理，分
别考察不同规模的对象的内在联系，并科学地将这些内在联系通过一定的
中介联系起来，实现了内在联系的转型升级，使不同逻辑阶段揭示的规定
一脉相承，不断丰富而臻于具体化。这种内在联系的建立和合理运用，赋
予他的理论以历史与逻辑的统一性。在第二版跋中，马克思还特地引用学
界的评论，来阐明他的理论的这一特点："1871 年，基辅大学政治经济学
教授尼·季别尔先生在他的《李嘉图的价值和资本理论》一书中就已经
证明，我的价值、货币和资本理论就其要点来说是斯密—李嘉图学说的必
然的发展。使西欧读者在阅读他的这本出色的著作时感到惊异的是纯理论
观点的始终一贯。"② 这是很不容易的，也是破天荒的。是马克思"把辩
证方法应用于政治经济学的第一次尝试"。③

三 叙述方法的批判性

马克思的科学方法包括研究方法和叙述方法。关于叙述方法，马克思
非常重视，他自信地说，"没有人会比我本人更严厉地评论《资本论》的
文字上的缺点"。他以唯物辩证法为指导，"实际上出色地叙述了劳动和
资本的关系，这个问题在这里第一次得到充分而又互相联系的叙述"。④
恩格斯非常中肯的建议，又使他叙述的明确性有更大的提升。

《资本论》的科学叙述使它具有非常的影响力。同马克思的观点完全
敌对的《星期六评论》在其关于《资本论》德文第一版的短评中说道：
它的叙述方法"甚至使最枯燥无味的政治经济学问题具有一种独特的魅
力"。⑤ 1872 年 4 月 20 日的《圣彼得堡消息报》也说："除了少数太专门

① 《马克思恩格斯全集》第 26 卷（中），人民出版社 1973 年版，第 112 页。
② 《资本论》第一卷，人民出版社 1975 年版，第 20 页。
③ 《马克思恩格斯〈资本论〉书信集》，人民出版社 1976 年版，第 239 页。
④ 同上书，第 224 页。
⑤ 转引自《马克思恩格斯〈资本论〉书信集》，人民出版社 1976 年版，第 283 页。

的部分以外，叙述的特点是通俗易懂，明确，尽管研究对象的科学水平很高却非常生动。"这篇评论还坦率地挖苦"大多数德国学者"，说"这些学者……用含糊不清、枯燥无味的语言写书，以致普通人看了脑袋都要裂开"。① 当然，这篇评论也只是从通俗易懂的表达方式论事着眼。但是，如果意识到马克思的叙述并非仅仅生动地叙事，还洋溢着明确的价值、充满着对资本主义制度、资产阶级学者的深刻批判，并且水平很高，那么，这种极高品位而富有学术性、批判性的叙述"对现代德国民族主义自由主义教授的著作的读者说来，要裂开的是和脑袋完全不同的东西"了。② 文字变成炸弹，而且直击资本运动及其理论的要害。

马克思的科学叙述实际上也是对有些资产阶级学者的反衬。他批评《韦斯明斯特评论》上一些经济论文通篇都是些老生常谈。"竭力用假科学的行话来点缀自己的胡诌。这种假科学性决不会使内容（它本身等于零）更为明白易懂。正好相反。它妙就妙在使读者高深莫测，绞尽脑汁，最后才得出一个使人放心的结论：这些吓人的话所包藏的不过是一些口头禅而已。"③ 诚然，马克思也曾赞赏过李嘉图：其著作的"头两章给人以高度的理论享受，因为它们简明扼要地批判了那些连篇累牍、把人引入歧途的老观念，从分散的各种各样的现象中吸取并集中了最本质的东西，使整个资产阶级经济体系都从属于一个基本规律。这头两章由于其独创性、基本观点一致、简单、集中、深刻、新颖和洗炼而给人以理论上的满足"，但是，它却并非一贯到底，"再往下读这本著作时这种理论上的满足就必然会消失。总的说来令人感到疲倦和乏味。进一步的阐述已经不再是思想的进一步发展了"。④ 可见，叙述不仅要明确易懂，更重要的是始终一贯。

一般而言，叙述就是平铺直叙，应该是价值无涉。但马克思的叙述却骨子里带有批判性。它要体现辩证法的批判精神，就必然在论证、论述过程中融入激情、激愤，让文字变成投枪和炸弹，飞向资本主义制度、资本运动、资产阶级经济学，所以堪称是工人阶级的"圣经"。

马克思叙述采取多种方法来表现理论的批判性。

---

① 《资本论》第一卷，人民出版社 1975 年版，第 20 页脚注。
② 同上书，第 19 页脚注。
③ 《马克思恩格斯〈资本论〉书信集》，人民出版社 1976 年版，第 274—275 页。
④ 《马克思恩格斯全集》第 26 卷（中），人民出版社 1973 年版，第 186 页。

首先，直接的批判，这是不言而喻的。有的似乎平直的叙述，实际上是字字血、声声泪。在工作日、机器大工业、资本主义积累和原始积累等章节中，字里行间都渗透着浓浓的无产阶级感情，都充满着对资本罪恶的控诉和批判。但更重要和直接的是，分析论证资本运动对工人阶级造成的巨大灾难，指出其不可避免地要被消灭，剥夺者要被剥夺。同时也直接地批判维护资本主义制度的资产阶级经济学的伪科学性和欺骗性。

其次，间接的批判，它又包含两个方面。一方面是针对客观对象，通过深入的研究，阐明资本运动的规律和条件，阐明它在发展达到一定阶段，就不再能符合生产力发展的要求，从而间接地批判其存在的合理性。就此而言，马克思甚至不惜用巨大的篇幅来描述生产力如何发展的规律——如社会总资本再生产的规律——和图景，客观地反映资本运动如何从顺应、推动生产力发展，到破坏、限制生产力发展的条件的演化过程。另一方面是针对资产阶级经济学，深入地批判资产阶级学者的浅薄、虚伪、误打误撞。就后者而言，既有通过揭示资本运动的客观规律来反衬资产阶级经济学的错误，又有通过巧妙的逻辑安排，来给庸人制造理解的陷阱。这种方法既能把复杂的对象运动"科学地……表达出来"，还能造成特别的效果。例如，针对比较抽象的规定与比较具体的现象之间的差距产生的人们认识的矛盾，他告诉恩格斯："如果我想把所有这一类怀疑都预先打消，那我就会损害整个辩证的阐述方法。相反地，这种方法有一种好处，它可以到处都给那些家伙设下陷阱，迫使他们过早地暴露出他们的愚蠢。"[①] 对此，马克思不无得意地对友人说：这是"通过叙述方式本身使庸俗观点无计可施"。[②]

诚然，马克思也坦诚地说："万事开头难，每门科学都是如此。所以本书第一章，特别是分析商品的部分，是最难理解的。"[③] 也许因为这样，也有些"博学的作家"抱怨马克思"对他们的理解能力要求过高"。[④] 实际上，除第一章外，其他章节都很通俗，而且，马克思对第一章也是尽量写得通俗易懂，对工人来说，并不困难。甚至工厂主也能看懂。马克思的叙述方法使《资本论》产生极大的社会影响。他很自信地说，不仅"《资

---

① 《马克思恩格斯〈资本论〉书信集》，人民出版社 1976 年版，第 219 页。
② 同上书，第 234 页。
③ 《资本论》第一卷，人民出版社 1975 年版，第 7 页。
④ 《马克思恩格斯〈资本论〉书信集》，人民出版社 1976 年版，第 283 页。

本论》在德国工人阶级广大范围内迅速得到理解";①"工人,甚至工厂主和商人都懂得我的书,并且了解得很清楚"。② 最意想不到的是,竟然还有一些资产阶级学者通过这种具有特色的叙述深入了解《资本论》所表达的历史辩证法。俄国的考夫曼甚至还在述评中很客观又很辩证地介绍、评价了马克思的研究和叙述。

以上说的是代表无产阶级对他的批判。此外,还有客观地描述资本运动的自我批判。就后者而言,这既散见于相关章节的描述中,例如,资本为了攫取超额剩余价值,而主动地采用新的生产方式,这就是一种自我改进。但资本运动自我批判并不仅仅表现在这种鸡零狗碎的革新上,而表现在为适应因资本有机构成较大程度的提高而采取的机制、体制的创新上,例如,价值结构的转型,从 $c+v+m$ 转型为 $c+v+p$(p 为平均利润)。这种转型,表明资本适应生产力的发展而自我批判。在理论上表明这样的转型、自我批判,当然要借助一定的中介,因而不能在一章一节一处的论述中,而要跨越篇章。

根据第二版跋的相关论述、《资本论》的实际运用,以及马克思书信中的提示,我们至少应有九个方面的认识:

其一,有思辨的、先验的形式,又能联系现实的理论再现,但其实质是对唯心主义的批判。特别是对商品价值形式的分析,层层深入,有些表述相当抽象,例如说"价值是无差别的人类劳动的等同性的物的形式"等,很典型的欧洲式表述,让人乍一看来莫名其妙。从这种表述形式看,的确与黑格尔很相像。在第二版跋中,马克思公开承认:"我是这位大思想家的学生,并且在关于价值理论的一章中,有些地方我甚至卖弄起黑格尔特有的表达方式。"③ 而且,从抽象上升到具体,呈现的好像是一个先验的结构。但马克思很明确地说:"我的阐述方法和黑格尔不同,因为我是唯物主义者,黑格尔是唯心主义者。黑格尔的辩证法是一切辩证法的基本形式,但是,只有在剥去它的神秘形式之后才是这样,而这恰恰是我的方法的特点。"④ 他很确定地说明,理论过程的"叙述方法自然要取决于

---

① 《资本论》第一卷,人民出版社 1975 年版,第 15 页。
② 《马克思恩格斯〈资本论〉书信集》,人民出版社 1976 年版,第 283 页。
③ 《资本论》第一卷,人民出版社 1975 年版,第 24 页。
④ 《马克思恩格斯〈资本论〉书信集》,人民出版社 1976 年版,第 254 页。

对象本身的性质"。①

其二，是材料特殊处理、结构的科学化。马克思自豪地说："不论我的著作有什么缺点，它们却有一个长处，即它们是一个艺术的整体。"②《资本论》的结构，"整个内联系是德国科学的辉煌成就"。③ 也就是说，它表述的任何一个理论观点都是整个理论体系的组成部分，都必须与整个理论体系联系起来理解，才是正确的。这个整体既表现为有内外联系的层面结构，也表现为有转型发展的几个阶段性结构。这样，它必然会在形式上不断地造成一些联系实际的困难，但是，这不是辩证叙述的缺陷，反而有特殊的功能。可以到处为庸俗经济学家设下陷阱，迫使他们过早暴露出他们的愚蠢。而且，这样的结构变化，还有一个特殊的作用，即反映客观过程的历史发展及其逻辑。

其三，是与条件合理安排紧密联系。理论思维不是头脑的任意活动，在《资本论》中，"思维过程本身是在一定的条件中成长起来的"，④ 叙述不过是这一过程的反映。它不能将一切思想材料一下子就和盘托出，而是随条件（含研究阶段）的变化不断推进的。这样，在不同的条件下、不同阶段中，所叙述的同一规定既有不同的内容，又一脉相承，表现为升级的关系。在叙述过程中，条件是必不可少的。马克思说过："叙述的辩证形式只有明了自己的界限时才是正确的。"⑤ 也就是说，叙述是要设置界限的。

其四，叙述既是为了理论再现，也是为了进行科学批判。在《资本论》中，叙述并非一般的叙事，更多的是揭示、解释、提示等。揭示对象的运动规律、本质，并用之以解释现象、表象，深入浅出，转型升级提示发展趋势。但《资本论》有个副标题——政治经济学批判，因此，叙述的过程，无处不渗透着、实施着批判。也就是说，叙述包括"正面的叙述"和"倾向性的结论"。⑥

其五，叙述方法本身就是辩证方法。马克思说得很清楚："'材料中

① 《马克思恩格斯全集》第 2 卷，人民出版社 1957 年版，第 7 页。
② 《马克思恩格斯〈资本论〉书信集》，人民出版社 1976 年版，第 196 页。
③ 同上书，第 202 页。
④ 同上书，第 282 页。
⑤ 《马克思恩格斯全集》第 46 卷（下册），人民出版社 1980 年版，第 513—514 页。
⑥ 《马克思恩格斯〈资本论〉书信集》，人民出版社 1976 年版，第 244 页。

的自由运动'只不过是对一种处理材料的方法——即辩证方法——的描述而已。"① 所谓在"材料中的自由运动",一方面是有用的材料充分,另一方面是不受它们困惑,在对它们筛选梳理的基础上自主灵活地运用,按照自己的研究目的、价值观,充分调动它们,既有静态的分析,又有动态的探讨。全书的叙述不拘一格,包含着比较不通俗的部分,这是"对象的抽象性质"决定的,"可是只要科学的基础一奠定,通俗化也就容易了"。② 此外,整部著作都很通俗,连工人都能读懂。

其六,《资本论》的叙述是"事后思索"的反向倒推。马克思说:"对人类生活形式的思索,从而对它的科学分析,总是采取同实际发展相反的道路。这种思索是从事后开始的,就是说,是从发展过程的完成的结果开始的。"③ 他生活在资本主义较为发达的阶段,其时价值已经转型、利润率已经平均化并且倾向下降。在完全了解其中的奥秘之后,因为这些现象相当复杂,如果一开头就将最复杂的东西端出来,那就必然造成阐释的困难,所以,他的叙述只能反向进行。要阐明利润率平均化,就要先阐明什么是利润率,为此,又要先阐明它如何从剩余价值率转化而来,一路倒推,直至简单商品。因此,这样的叙述就使材料有了按一定逻辑发展的内在要求,"材料的生命一旦观念地反映出来,呈现在我们面前的就好像是一个先验的结构了"。④ 反观资产阶级经济学,全都结构松散,缺乏内在联系。

其七,《资本论》的叙述当然要借助一般的术语,但它还依靠马克思自己创立的新的范畴,如劳动二重性、剩余价值、不变资本、可变资本、剩余价值率、资本有机构成等全新的革命性的范畴。这些范畴大都反映对象的内在规定,从而不能直接表现对象的外在表象。而后者全都是由资产阶级经济学的一系列流行术语表现的。而《资本论》既要再现对象具体,当然也要反映对象的社会表象,因此,就要考虑自己的术语在什么样的情况下如何与流行的术语对接,让人知道他所说的正是资产阶级经济学所说的那些情况。介绍说,要对那些粗俗的表象、观念加以科学的改造,将它

---

① 《马克思恩格斯〈资本论〉书信集》,人民出版社 1976 年版,第 311 页。
② 同上书,第 170—171 页。
③ 《资本论》第一卷,人民出版社 1975 年版,第 91 页。
④ 同上书,第 23 页。

们从"平凡生活的范畴"转变为科学的范畴①，并将它摆在科学的政治经济学范畴体系中的合理位置上，表明内在规定会因为竞争和人为的因素而颠倒地表现为这些表象、观念。只有这样，才能"同英法两国的经济学家的用语一致"②，以便说明资产阶级学者的错误，澄清由此产生的各种混乱，说明产生这种错误、混乱的主、客观条件及理论渊源。

其八，这样的叙述还体现了无产阶级思维的客观性、辩证性。明确、准确的叙述本身似乎是没有阶级性的，但这只是指一般的思维。但是，对政治经济学这门阶级性极强的科学来说，要求的当然不能是一般的思维，而要有科学的思维方式，才能有科学的叙述方法。这就要求思维者要能够客观、公正、不偏不倚地研究，有较宽的眼界，但对资产阶级学者来说，这却是不容易做到的。所以，马克思说："就是最优秀的经济学家，甚至李嘉图本人一旦走上通常的资产阶级思维的道路，便陷于纯粹幼稚的妄谈。"③ 在马克思看来，资产阶级思维和无产阶级思维是有根本区别的。

其九，《资本论》的叙述方法马克思的首创，是"通过批判使一门科学第一次达到能把它辩证地叙述出来的水平"。④ 是"把辩证方法应用于政治经济学的第一次尝试"。⑤ 在法文版序言中，他还说："我所使用的分析方法至今还没有人在经济问题上运用过，这就使前几章读起来相当困难。"⑥

综上所述，《资本论》的叙述方法充满着科学的批判。

---

① 卢森贝：《〈资本论〉注释》第二卷，三联书店 1963 年版，第 118 页。
② 《资本论》第一卷，人民出版社 1975 年版，第 649 页（33）。
③ 《马克思恩格斯〈资本论〉书信集》，人民出版社 1976 年版，第 129 页。
④ 同上书，第 123 页。
⑤ 同上书，第 239 页。
⑥ 《资本论》第一卷，人民出版社 1975 年版，第 26 页。